Kein Problem

Third stage German
A BBC Radio course to follow
Kontakte and *Wegweiser*

Exercises and Grammar Notes
VERA UTTON **and** URSULA RUNDE

Wissenswertes
URSULA RUNDE

Syllabus Consultant
CHRISTOPHER CANDLIN
Department of Linguistics
University of Lancaster

Course Producer
RODNEY MANTLE

Series Producer
IRIS SPRANKLING

British Broadcasting Corporation

Kein Problem is a third-stage German course consisting of
20 half-hour Radio programmes in two terms. First broadcast
from 30 September 1979 to 7 December 1979 and from 6 January 1980
to 14 March 1980 on Sundays at 2pm on Radio 4 (VHF).
Repeated the following Fridays at 11pm on Radio 4 (VHF).

2 LP records (or tape cassettes) containing much of the
interview material in this book are available through booksellers
or from BBC Publications, P.O. Box 234, London, SE1 3TH.

A set of Tutor's Notes specially prepared by the BBC for use
with adult classes and study groups following the course are
available from: The Language Centre, Brighton Polytechnic,
Falmer, Brighton, East Sussex, price £1.20.

Additional programmes are to be broadcast during the Christmas
holiday period.

Illustrations by David Brown and Brian Robins
Diagrams by Hugh and Sue Ribbans

Published to accompany a series of programmes prepared in
consultation with the BBC Continuing Education Advisory Council

Published by the British Broadcasting Corporation
35 Marylebone High Street, London W1M 4AA

© The Authors and the British Broadcasting Corporation 1979
First published 1979

Printed in England by Whitstable Litho Ltd, Whitstable, Kent
Set in 9pt Univers Medium 689 Monophoto by Tradespools Ltd, Frome, Somerset
ISBN: 0 563 16144 2

Contents

Introduction 4

Revision Notes 6

KÖLN 9

1 Das war aber kompliziert! 10
  Making sure you've understood

2 Das Beste, was es gibt! 19
  Talking about what you like to drink

3 Wie haben Sie die Wohnung
  gefunden? 28
  Talking about moving house

4 ... nebenbei noch ein bißchen
  Fliegen 37
  Talking about sport

5 Können Sie das bitte
  wiederholen? 45
  Some revision — and a bit more
  besides

6 In welche Schule gehst du? 54
  Saying du

7 Sie funktioniert nicht mehr 62
  Getting repairs done

8 Davon bin ich überzeugt! 72
  Talking about beliefs and convictions

9 Habt ihr ein Känguruh gesehen? 80
  Saying ihr — more about du — and
  some revision

10 Kölle alaaf! — Der Kölner
  Karneval 88
  Talking about club activities

MÜNCHEN 99

11 Was können Sie mir empfehlen? 100
  Asking for and giving
  recommendations

12 Es hat auf den Bahamas
  geschneit! 110
  Talking about the weather

13 Warum sind Sie nach München
  gekommen? 119
  Explaining why you did something

14 Ich würde kündigen! 128
  Talking about what you would do
  if . . .

15 Auch Samstag und Sonntag
  geöffnet! 137
  Talking about your work

16 Was hätten Sie in Moskau tun
  müssen? 147
  Revision — and a bit more besides

Warum Steingaden? 156

STEINGADEN 157

17 Da hat es wenig Freizeit
  gegeben 158
  Steingaden — damals und heute

18 Steingaden wird nie eine
  Großstadt 166
  Wie sind die Aussichten?

19 Wie sieht ein Alltag für
  Sie aus? 175
  Leben und arbeiten auf dem Dorf

20 Dienstag ist Chorprobe 185
  Freizeit in Steingaden

Key to the Chapters 196
  Übungen, Hören und Verstehen,
  Wissenswertes

Grammar summary 219

Glossary 230

Introduction

Kein Problem is the last stage of a three-year cycle of German courses for adults. It is primarily for those who followed the two earlier BBC courses, *Kontakte* and *Wegweiser*, but anyone with a fairly good knowledge of the language will find *Kein Problem* useful in extending their ability to understand and speak colloquial German. If you stay with the course to the end, conversing in German should be 'no problem'.

The course

Like the previous courses, it is built around real-life interviews recorded in Germany which reflect the views of a cross-section of ordinary Germans and their way of life. The first half of *Kein Problem* concentrates on Cologne and its people, chapters 11–16 give a picture of life in Munich and the last four chapters focus entirely on the inhabitants of Steingaden, a small Bavarian village.

As you will inevitably hear a variety of accents and dialects in your contacts with German people, *Kein Problem* gradually introduces dialectal speech – first a slight Cologne accent, then a mild but distinctly southern German accent and finally a fairly strong Bavarian dialect. The aim is to help you understand these accents – not to encourage you to imitate them.

Many of the basic structures included in *Kontakte* and *Wegweiser* are revised and further developed alongside more complex speech patterns, such as you will meet in ordinary everyday conversations. Sometimes the language may not seem strictly grammatical, but this is a common feature of spoken language.

The programmes

Each weekly broadcast gives you a chance to hear the interviews and offers plenty of opportunity for practising the language aloud. Any difficult points are explained. The more advanced *Hören und Verstehen* interviews are intended to help you develop comprehension, and you should always try to get the overall sense rather than worry about understanding every single word. The last four programmes contain no specific *Hören und Verstehen* interviews as all of the interviews are intended primarily for comprehension.

The book

Each chapter includes the text of the interviews heard in the broadcasts, a summary of the main linguistic points (*Überblick*), exercises (*Übungen*) and some background information in German (*Wissenswertes*) relating to the topics discussed in the interviews. *Wissenswertes* has the additional purpose of giving you practice in reading German. As with *Hören und Verstehen*, you should try to understand the "gist" and be less concerned with looking up every word in the dictionary. For both these sections there is a key at the back of the book containing essential vocabulary and difficult expressions.

The book also contains a glossary, a key to the exercises and a grammar summary. Immediately following this introduction you will find some *Revision Notes* summarising the main points introduced in *Kontakte* and *Wegweiser*. Have a look at them before embarking on the course.

4

LP records/cassettes

The two LP records (or cassettes) contain most of the interviews printed in this book and included in the programmes. You can use them to familiarize yourself – in your own time – with the basic course material and to practise your understanding of conversational German.

Tutor's Notes

These have been specially prepared for tutors running study groups or classes linked to *Kein Problem*. They contain suggestions for classroom activities and ways of practising the language points introduced in the course.

Learning with *Kein Problem*

There is no one way and no "best" way of learning a foreign language. As with any other skill, the more you practise, the better you get at it. The best study advice therefore is to do little and often, and to make a point of revising and consolidating what you have learnt in the programmes. Make as much as you can of the book and the cassettes or records in whatever combination suits you best. If it helps you to be familiar with the course material before the broadcast, read through the relevant chapter first, but leave the exercises until after you have heard the programme.

Linked classes

Getting together with other people following the course can be a great help. You can find out if there is a class in your area linked to *Kein Problem* by contacting the Local Education Authority. A list of centres running linked classes and details of residential courses will be available by sending a stamped addressed envelope to:
Educational Broadcasting Information (30/CE)
BBC, London W1A 1AA.

Achievement Test

You can check how much progress you have made by taking a voluntary assessment test devised and administered by the University of Cambridge Local Examinations Syndicate. If you are going to a linked class, ask your tutor about entering. If you are following *Kein Problem* by yourself, you can get an entry form by writing to the Cambridge Local Examinations Syndicate, 17 Harvey Road, Cambridge, CB1 2EU not later than the end of December 1979, and enclosing a stamped addressed envelope.

A chance to visit Germany

Travel bursaries will be awarded by the Federal German Government to the most deserving students taking the test.

Revision Notes

Before you start the course, go through these Notes; they summarize the main points introduced in the two earlier courses *Kontakte* and *Wegweiser*.

Using public transport

How to ask about arrival and departure times:

Wann	fährt der nächste Zug nach Köln?
	kommt der Zug in Köln an?

How to buy a train ticket:

Einmal	erster Klasse	einfach	nach Köln
Zweimal	zweiter Klasse	hin und zurück	

— and reserve a seat or couchette:

Ich möchte	zwei Plätze reservieren		Ich fahre	am Mittwoch
	oben	liegen		mit dem Intercity
	unten			um 20.10 Uhr
	Raucher/Nichtraucher			nach Berlin

Travelling by bus or tram:

Welcher Bus	fährt	nach Neuß?
Welche Straßenbahn		zum Flughafen?
		zur Königsallee?

Travelling by taxi:

Zum Bahnhof,	
Zur Hauptpost,	bitte.
Nach Kaarst,	
Jägerstraße 81,	

Booking a taxi in advance:

Ich möchte ein Taxi vorbestellen

Shopping

How to ask the price of something:

Was kostet	der Pullover?
	die Bluse?
	das Hemd?
Was kosten	die Handschuhe?

— and say you'll take it:

Den	
Die	nehme ich
Das	
Die	

How to say you do or don't like something:

Der Pullover	gefällt mir	gut	Der	gefällt mir	gut
Die Bluse		nicht	Die		nicht
Das Hemd			Das		
Die Handschuhe	gefallen mir		Die	gefallen mir	

6

Eating in a restaurant

How to order from the menu:

Ich möchte bitte	einen Krabbencocktail
	ein Sahnesteak
Wir möchten bitte	zwei Viertel Rotwein

Asking for the bill:

Die Rechnung, bitte!
Ich möchte bitte zahlen

— and leaving a tip:

Danke schön, das stimmt so!

Getting things done

How to request a service:

| Könnten Sie bitte | | den Luftdruck prüfen? |
| | | meine Tasche nähen? |

Könnten Sie	mir	mit dem Gepäck helfen?
	uns	einen Aschenbecher bringen?
		ein Taxi bestellen?

How to say you'd like to have something done:

Ich möchte	diesen Anzug	reinigen	lassen
	diese Sachen		
	diesen Film	entwickeln	

| Ich möchte mir | das Haar | schneiden | lassen |
| | die Haare | waschen und legen | |

How to ask when things will be ready:

| Wann | ist der Anzug | fertig? |
| | sind die Bilder | |

— and when you can collect them:

| Wann kann ich | den Anzug | abholen? |
| | die Bilder | |

How to make an appointment:

| Ich möchte bitte | einen Termin |
| | zu Herrn Doktor |

— and ask when you can come:

Wann kann ich kommen?
Kann ich morgen früh kommen?

Getting to know people

Exchanging personal details:

Wie ist	Ihr Name?	Meine	Adresse ist Bergstraße 14
	Ihre Adresse?	Die	
	Ihre Telefonnummer?	Unsere	Telefonnummer ist 43 58 39

Haben Sie Telefon?

Ja, ich habe Telefon
Nein, ich habe kein Telefon

Exchanging information about where you come from and where you live:

Woher kommen Sie? Wo kommen Sie her?	Ich komme aus	Frankfurt Ostengland

Wie wohnen Sie?	Ich wohne Wir wohnen	in	einem Einfamilienhaus einem Bungalow einer Mietwohnung

Wieviele Zimmer haben Sie?	Ich habe drei Zimmer, Küche und Bad
Wie sind Sie eingerichtet?	Wir sind modern eingerichtet

Haben Sie einen	Garten?	Ja, ich habe einen großen Garten
	Balkon?	Nein, wir haben keinen Balkon

Exchanging information about work . . .

Was sind Sie von Beruf?	Ich bin	Tankwart Sekretärin

Wann fangen Sie morgens mit der Arbeit an?	Ich fange morgens um	8 Uhr halb acht	an

Wann haben Sie Feierabend?	Ich habe	um 17 Uhr um 5 Uhr	Feierabend

. . . and leisure:

Wieviel Urlaub haben Sie?	Ich habe	4 Wochen 23 Arbeitstage	Urlaub im Jahr

Haben Sie ein Hobby?	Ja, ich bin Philatelist

Was machen Sie	in Ihrer Freizeit?	Ich wandere gern
	abends?	Im Sommer arbeite ich im Garten
	am Wochen- ende?	Abends höre ich Musik

Exchanging views and expressing opinions:

Was halten Sie	von der gleitenden Arbeitszeit? vom heutigen Großstadtleben?	Meiner Meinung nach	bringt sie nur Vorteile ist es zu hektisch

Glauben Sie, daß	die gleitende Arbeitszeit Nachteile hat? er heute abend anruft?	Nein, ich glaube, daß	sie nur Vorteile bringt er morgen anruft

Describing people:

Wie sieht	Ihr Mann Ihre Frau	aus?	Er Sie	sieht	gut nett	aus

Er ist schlank, mittelgroß und blond

Was für ein Mensch ist	er? sie?	Er Sie	ist ein	ruhiger netter	Mensch

Note
ß is equivalent to 'ss' and is used at the end of a word (*Paß, Fuß*), before a consonant (*heißt, Fußball*), after a long vowel (*Straße, Füße*), or vowel combination (*weiß, draußen*). In Germany it is always used in books, newspapers, etc.

Köln

Das war aber kompliziert!

Making sure you've understood

Herr Sieron im Kölner Verkehrsamt

Im Kölner Verkehrsamt

1   *Sabine Rautenberg möchte das Prätorium besuchen.*

Frau Rautenberg   Entschuldigen Sie bitte, können Sir mir sagen, wie ich zum Prätorium komme?

Herr Sieron   Ja, selbstverständlich. Schönen guten Tag! Wenn Sie sich umschauen wollen, bitte, da ist der Wallrafplatz, da Hohe Straße, bis zur zweiten Querstraße: Große Budengasse, nach links; anschließend Kleine Budengasse, 30 Meter weiter auf der rechten Seite das rote Backsteingebäude.

Frau Rautenberg   Oh, das war aber kompliziert! Können Sie das noch mal kurz bitte wiederholen?

Herr Sieron   Ganz kurz: Wallrafplatz, Hohe Straße, Große Budengasse nach links, in die Kleine Budengasse, 30 Meter auf der rechten Seite.

Frau Rautenberg   Von wann bis wann ist da geöffnet, bitte?

Herr Sieron   Es ist täglich geöffnet von 10 bis 17 Uhr, montags geschlossen.

wenn Sie sich umschauen wollen   if you'd just look round

2   *Michael Marx interessiert sich für ostasiatische Kunst.*

Herr Marx   Schönen guten Morgen! Ich bin fremd in Köln und habe gehört, daß es in Köln ein Museum für Ostasiatische Kunst gibt. Können Sie mir erklären, wie ich dorthin komme?

Herr Sieron   Ja. Schönen guten Tag! Ja. Das ist ein schöner Fußgängerweg. — Oder wollen Sie mit der Straßenbahn fahren?

Herr Marx   Nein, ich gehe gerne zu Fuß.

Herr Sieron   Wenn Sie sich umdrehen, sehen Sie den Wallrafplatz, da gehen Sie auf die Hohe Straße, die Geschäftsstraße — Fußgängerparadies sozusagen — bis zum Kaufhof. Da gabelt sich die Straße nach rechts: Schildergasse. . . .

Herr Marx   Wie weit ist das — entschuldigen Sie bitte, wenn ich Sie unterbreche. Wie weit ist es bis zum Kaufhof ungefähr?

Herr Sieron   Ja, bis zum Kaufhof haben Sie ungefähr 800 Meter.

Herr Marx   Kann ich das verfehlen?

Herr Sieron   Können Sie nicht verfehlen. Sie müssen auf der Hohe Straße bleiben, also es ist nicht zu verfehlen.

Herr Marx   Muß ich dann geradeaus, oder?

Herr Sieron   Dann, wenn Sie am Kaufhof sind, gehen Sie nach rechts: Schildergasse da bis zum Neumarkt, kommen zur Hahnenstraße und bleiben auf der rechten Seite der Hahnenstraße, und ungefähr nochmal sagen wir 700 Meter — sehen Sie schon die Hahnentorburg*, und da ist das Museum untergebracht. Öffnungszeiten: 10 bis 17 Uhr.

Herr Marx   Danke schön.

Herr Sieron   Bitte schön. Viel Spaß!

Fußgängerparadies sozusagen	what you might call a pedestrians' paradise
da gabelt sich die Straße	then the road forks
können Sie nicht verfehlen	you can't miss it
muß ich dann geradeaus?	should I go straight on then?

Das Museum für Ostasiatische Kunst ist jetzt nicht mehr in der Hahnentorburg, sondern am Aachener Weiher.

Im Hauptbahnhof Köln

3   *Herr Willeken arbeitet bei den Kölner Verkehrsbetrieben (KVB).*

Frau Bär   Guten Tag! Ich möchte zur Römischen Grabkammer nach Weiden. Könnten Sie mir sagen, wie ich dahin komme?

Herr Willeken   Römische Grabkammer in Weiden, das ist die Linie 51. . . Ja, da gehen Sie hier herunter in die U-Bahn und fahren mit der Linie 5 in Richtung Ossendorf bis Friesenplatz. Am Friesenplatz überqueren Sie die Kreuzung und gehen die erste Straße rechts, in die Kamekestraße. Das ist die Abfahrtsstelle des Omnibusses Linie 51 nach Weiden. Da kann ich Ihnen aber jetzt leider nicht sagen, wo Sie aussteigen müssen. Da fragen Sie am besten den Fahrer.

Frau Bär   Das war etwas viel. Könnten Sie es bitte noch einmal wiederholen?

Herr Willeken   Selbstverständlich. Sie gehen hier in die U-Bahn, auf die Linie 5 in Richtung Ossendorf, fahren bis Friesenplatz, steigen aus, überqueren die Kreuzung Friesenplatz, die erste Straße rechts, in die Kamekestraße. Dort ist die Abfahrtsstelle der Linie 51, und die fährt Sie nach Weiden.

Kölner Verkehrsbetriebe	Cologne Transport
das ist die Abfahrtsstelle	that's where the . . . leaves from
auf die Linie = nehmen Sie	
die Linie	

4   *Herr Pieper ist Informationsbeamter bei der Deutschen Bundesbahn (DB).*

Frau Konitzky   Guten Tag. Ich möchte gerne den Drachenfels besuchen. Wie komme ich da am besten hin? Per Bahn, oder?

Herr Pieper   Für Drachenfels gibt es drei Möglichkeiten mit der Bundesbahn: linksrheinisch und rechtsrheinisch, und von Mehlem die Fähre. Sie fahren mit der Bundesbahn rechtsrheinisch bis Königswinter, linksrheinisch bis Bonn, mit der Straßenbahn nach Königswinter. Oder Sie fahren mit der Bundesbahn über Bonn hinaus bis Mehlem, mit der Fähre, rüber nach Königswinter.

Frau Konitzky   Das ist ein bißchen viel auf einmal. Kann ich das bitte noch einmal hören, von Köln aus?

Herr Pieper   Am besten kommen Sie mit der Bundesbahn bis Königswinter; die zweite Möglichkeit besteht bis Bonn, von Bonn mit der Straßenbahn; die dritte Möglichkeit über Bonn hinaus nach Mehlem, mit der Fähre nach Königswinter.

linksrheinisch	along the west bank of the Rhine
Sie fahren . . . über Bonn hinaus	you go on . . . beyond Bonn
die zweite Möglichkeit besteht	another alternative would be

Eine Karte vom Kölner Stadtzentrum finden Sie auf Seite 15; Information über öffentliche Verkehrsmittel in deutschen Städten auf Seite 52.

Hören und Verstehen

Herr Maretsch ist echter Kölner und kennt seine Heimatstadt sehr gut. Köln hat einen berühmten Dom und viele interessante Museen und Kirchen. Die Kirchenglocken können sehr laut sein. Und die Kölner sind humorvoll und tolerant.

Frau Denning   Was muß man in Köln gesehen haben?

Herr Maretsch   Um den Ursprung der Stadt kennenzulernen und auch viel von ihrem Wesen, müßte man das Römisch-Germanische Museum besuchen und selbstverständlich den Dom. Er ist immer noch das Zentrum, obwohl leider viele Leute glauben, wenn sie den Dom gesehen haben, dann kennen sie Köln. Das stimmt natürlich nicht.

Frau Denning   Welche anderen Sehenswürdigkeiten hat Köln?

Herr Maretsch   Köln hat auch noch sehr viele bedeutende Museen, wobei ich betonen möchte, daß viele Museen wie das Römisch-Germanische Museum oder das Wallraf-Richartz-Museum* oder das Schnütgen-Museum* Dinge zeigen, die kölnischen Ursprungs sind. Wir haben Kirchen in Köln hier, die wirklich europäische Bedeutung haben, vor allen Dingen die Kirche St. Maria im Kapitol, aber auch die Kirche St. Gereon, ein großer Zentralbau, der im Ursprung noch römisch ist, zudem auch die Kirche St. Aposteln. Mir fällt da übrigens eine Geschichte ein. Wenn in der Innenstadt das Glockengeläute beginnt, wo der Dom ist, die Andreaskirche, dann gibt es schon ein beachtliches Konzert. Manche Leute mögen das nicht. Da ist mal eine Reisende gekommen — es ist aber schon lange her, das war noch zu der Zeit, als Köln die Kirchenstadt war, im wahrsten Sinne des Wortes, das Rom des Nordens, es war also im 18. Jahrhundert — diese Reisende hat sich bei ihrem Herbergsvater beschwert, sie hätte nicht schlafen können, das wäre ein unentwegtes Geläute von Kirchenglocken gewesen, worauf der Herr meinte: ,,Ja, meine Dame, so haben die alten Kölner früher immer die Hexen aus der Stadt vertrieben!''

Frau Denning   Wie würden Sie die Mentalität des Kölners bezeichnen?

Herr Maretsch   Also der Kölner ist ein sehr heiterer Mensch und ein sehr toleranter Mensch. Typisch für den Kölner ist ja auch ein Ausspruch in der Mundart: ,,Jeck, loß jeck elans†.'' Das heißt: Jeder Mensch hat seine Marotten, jeder Mensch hat seine Eigentümlichkeiten, wenn Sie so wollen, und wenn man nun sagt: ,,Jeck, loß jeck elans'', dann heißt das: ,,Jeck, laß den anderen Jeck vorbei. Laß ihn in Ruhe.''

*Im Wallraf-Richartz-Museum findet man alte und moderne Bilder. Das Schnütgen-Museum ist in einer Kirche, und man sieht dort zum Beispiel religiöse Skulpturen.

†Kölner Dialekt: In diesem Dialekt sagt man zum Beispiel nicht ,,gut'', sondern ,,jut'', also nicht ,,geck'', sondern ,,jeck''. (In standard German, *Geck* means ''fool'', but in Cologne people often say e.g. *Er ist ein bißchen jeck* meaning something like ''He's a bit barmy''.)

You will find the key to *Hören und Verstehen* on page 196.

Überblick

How to ask the way – politely:

Entschuldigen Sie bitte. Ich möchte

zum Zoo
zur Fußgängerzone

| Können | Sie mir | sagen, | wie ich | dahin | komme? |
| Könnten | | erklären, | | dorthin | |

If you're not quite sure how to get there:

Muß ich da geradeaus, oder?
Ich fahre mit der Straßenbahn, oder?
Wie fahre ich am besten? Mit dem
    Bus, oder?

Possible answers:

An der Kreuzung gehen Sie rechts
Ja, das stimmt, mit der Linie 51

Nein, fahren Sie mit der Bundesbahn

How to interrupt a complicated explanation:

Entschuldigen Sie, wenn ich Sie unterbreche.

Wie weit ist das?
Wie heißt die Straße?
Wo ist die U-Bahn-Station?

– and ask for a repeat:

Das war (aber)	kompliziert	
	etwas	viel
	ein bißchen	

| Können | Sie das bitte | wiederholen? |
| Könnten | | noch einmal sagen? |

If you have doubts about finding your way:

Kann ich das verfehlen?

Possible answers:

Es ist nicht zu verfehlen
Es ist ganz leicht zu finden
Das können Sie nicht verfehlen

| Am besten fragen Sie | den Fahrer |
| | noch mal |

– or if you're completely lost:

Ich habe mich verlaufen (if you're walking)
Ich habe mich verfahren (if you're driving)

If you want to check on the use of *können, müssen, wollen*, see page 223.

Übungen

1 Die Kölner Stadtmitte

Sie sind in Köln und möchten verschiedene Sehenswürdigkeiten besuchen – aber wie kommen Sie dorthin? Jedes Mal stehen Sie an der Ecke Hohe Straße/ Schildergasse und fragen.

Stimmt die Auskunft? Ja oder nein?

a Sie wollen zur Minoritenkirche:
   „Da gehen Sie hier die Hohe Straße entlang in Richtung Hauptbahnhof, dann
   nach 400 Metern links in die Breite Straße, und gleich an der Ecke sehen
   Sie sie schon auf der rechten Seite. Sie ist nicht zu verfehlen!"

b Sie möchten die Apostelnkirche besichtigen:
   „Ja, da gehen Sie hier am besten geradeaus bis Neumarkt, zirka 600 Meter,
   und auf der anderen Seite des Neumarkts sehen Sie sie gleich. Es ist ganz
   leicht zu finden."

c Sie möchten zur Kirche St. Maria im Kapitol:
   „Gehen Sie hier links die Hohe Straße entlang und dann rechts in die
   Cäcilienstraße, und da sehen Sie sie schon."

d Sie wollen zum Dom:
   „Gehen Sie hier rechts, die Hohe Straße entlang, immer geradeaus, bis Sie
   zum Wallraf-Richartz-Platz kommen. Gehen Sie dann noch ein paar Meter
   weiter, und dann sehen Sie die Türme auf der rechten Seite – ganz plötzlich.
   Das können Sie nicht verfehlen!"

2 Mit der Fähre, oder?

Sie sind Photograph und wollen die Messe PHOTOKINA in Köln besuchen.

a Vom Hauptbahnhof möchten Sie zum Messegelände gehen. Was fragen Sie?

Sie ....?

Kölner Gehen Sie über die Hohenzollernbrücke, dann zum Rheinufer
hinunter, am Ufer entlang unter der Brücke, und dort ist das
Messegelände.

Sie ....! ....?

Kölner Selbstverständlich. Ganz kurz: über die Hohenzollernbrücke, zum
Rheinufer hinunter, am Ufer entlang – und da ist es schon!

b Sie haben gehört, in der „Bastei" kann man gut essen. Aber das Restaurant
liegt auf der anderen Rheinseite. Sie fragen, wie Sie am besten dorthin
kommen. Vielleicht mit der Fähre?

Sie ....? ....?

Kölner Ja, das stimmt, mit der Fähre sind Sie in zehn Minuten dort.

Sie ....?

Kölner Die nächste Fähre fährt in fünf Minuten.

Sie ....?

Kölner Nein, zur „Bastei" ist es dann nicht mehr weit. Gehen Sie 150 Meter
rechts, also in Richtung Theodor-Heuss-Ring, und schon sind Sie da!

Sie ....?

Kölner Nein, das ist nicht zu verfehlen, aber am besten fragen Sie auf der
anderen Rheinseite noch mal.

3 Ich habe mich verlaufen!

Sie verbringen Ihren Urlaub in Monschau in der Eifel. Heute wollen Sie zu Fuß
einen Ausflug zur *Höfener Mühle* machen – das ist eine Wanderung von ungefähr
zwei Stunden. Nach drei Stunden sind Sie noch nicht da. Da kommt ein Förster
Vielleicht kann er Ihnen helfen?

a *Sie* (Stop him politely. Say you are lost.)
 Förster Ja, wohin wollen Sie denn?

b *Sie* (You want to go to the *Höfener Mühle*.)
 Förster Da sind Sie hier falsch!

c *Sie* (Ask how to get there.)
 Förster Gehen Sie hier links bis zum See.

d *Sie* (You have to go back?)
 Förster Ja, dort müssen Sie nach *rechts* gehen. Also gehen Sie zurück zum
 See, zirka 200 Meter, dann gehen Sie nach rechts, und wenn Sie zur
 Kreuzung kommen, sehen Sie den Wegweiser „Zur Höfener Mühle".

e *Sie* (That was complicated – ask him to repeat it.)
 Förster Also, zurück zum See, dann rechts bis zur Kreuzung, und dort sehen
 Sie den Wegweiser.

f *Sie* (Ask if you can miss it.)
 Förster Nein, kein Problem! Das ist ganz leicht zu finden.

g *Sie*   (How far is it, approximately?)
  Förster   Ungefähr 2 km. Wenn Sie mehr als eine halbe Stunde gehen, dann haben Sie sich wieder verlaufen!

h *Sie*   (Thank him.)
  Förster   Bitte schön.

4 Silbenrätsel

Bilden Sie Wörter mit diesen Silben. Alle Wörter finden Sie in den Dialogen.
ab — aus — bu — de — den — di — en — ent — fähr — fahrts — gas — ge — ge — gen — hah — he — ho — isch — isch — le — markt — nen — neu — noch — nungs — öff — ra — rechts — rhein — röm — schul — se — se — se — stel — stras — stras — tag — ten — un — zei

a .... Eine Geschäftsstraße von Köln.

b .... Die ...... der Linie 51 ist in der Kamekestraße.

c .... Diese Straße fängt am Neumarkt an.

d .... Frau Konitzky möchte die Information ...... einmal hören.

e .... Frau Rautenbergs erstes Wort.

f .... Nach der Schildergasse muß Herr Marx über den ...... gehen.

g .... Schönen guten ......!

h .... Die ...... des Museums sind von 10 bis 17 Uhr.

i .... Es gibt andere Möglichkeiten, aber so fährt man am besten von Köln nach Königswinter.

j .... Es gibt eine Große und eine Kleine ....

k .... Vom Verkehrsamt bis zum Kaufhof sind es ...... 800 Meter.

l .... Frau Bär möchte zur ...... Grabkammer.

m .... Am Kaufhof muß Herr Marx nach rechts, nicht ....

Wenn Sie alle Anfangsbuchstaben haben, dann haben Sie auch den Namen eines Gebäudes in Köln ....

Wissenswertes

Köln am Rhein: Wie sind die Kölner?

Köln liegt im Rheinland, und die ersten Rheinländer hatten keltisches Blut. Schon vor 2500 Jahren lebten Kelten dort, wo jetzt Köln liegt. Und heute nennt man die Rheinländer die Iren Deutschlands: Sie sind katholisch, sie reden gern, sind kontaktfreudig und humorvoll, sind — so heißt es — nicht immer sehr zuverlässig und trinken viel. Dazu haben sie auch einen guten Grund: Das Kölsch — ihr Lieblingsbier — schmeckt wirklich gut. „Kölsch" ist übrigens nicht nur ein Biername — alles, was typisch für Köln und die Kölner ist, nennt man so. Man spricht von kölschem Dialekt, kölscher Lebensart, kölschem Karneval.

Zwei echte kölsche Typen sind Tünnes und Schäl. Es hat sie nie wirklich gegeben, aber jeder Kölner identifiziert sich ein bißchen mit ihnen, und in ganz Deutschland erzählt man sich Witze über sie.

"Schäl, es gibt doch nichts
Schöneres als ein Glas Kölsch!"
"Doch, Tünnes, zwei Glas Kölsch!"

Köln – eine römische Stadt . . .

Die Stadt selber haben die Römer im Jahre 50 vor Christus gegründet – und ihr auch den Namen gegeben: *Colonia*. Die Römer blieben 400 Jahre. Sie bauten ein Prätorium, Thermen, Tempel, Villen und Paläste. Das alte römische Straßensystem sieht man heute noch. Und in Köln können Sie auch einen Römerturm, Reste der alten römischen Stadtmauer, die Grabkammer in Weiden und schließlich das Römisch-Germanische Museum besuchen.

. . . eine mittelalterliche Stadt . . .

Aber das ist nicht alles. Im Mittelalter war Köln eine reiche Handelsstadt, und eine reiche Stadt mußte damals viele Kirchen bauen. Köln baute St. Gereon, St. Ursula, St. Maria im Kapitol, die Apostelnkirche und natürlich – 500 Jahre lang – den Dom, die größte gotische Kathedrale in Nordeuropa. Der Dom ist leicht zu finden – 50 Meter vom Hauptbahnhof.

. . . und auch eine moderne Stadt

Heute ist Köln eine der größten und wichtigsten Städte in der Bundesrepublik (BRD). Schon immer war es – durch die Schiffahrt auf dem Rhein – ein bedeutender Verkehrsknotenpunkt, und heute kommen Autobahnen und Eisenbahnlinien hinzu. Wer mit dem Zug von Paris nach Warschau, von Ostende nach Basel oder von Antwerpen nach München fahren will, kommt automatisch über Köln. Aber Köln ist mehr als nur eine Stadt zwischen zwei Zügen. Geschäftsleute aus aller Welt besuchen die Industrie- und Handelsstadt. Kölns bekanntester Exportartikel ist natürlich das "Eau de Cologne", aber es gibt noch viel mehr Industrieprodukte: Maschinen, Chemikalien, Papier, Textilien, Elektroartikel . . . Ein Kulturzentrum ist Köln auch. Es hat eine Universität und mehrere Hochschulen, ein Opernhaus und mehrere Theater. Und nur in Köln gibt es drei Rundfunkhäuser: den *Westdeutschen Rundfunk* für Nordwestdeutschland, den *Deutschlandfunk* für Europa und die *Deutsche Welle* für Asien, Amerika, Afrika. . . .

Information:
Verkehrsamt der Stadt Köln, Am Dom, Unter Fettenhennen 19, D – 5000 Köln 1.

You will find the Key to *Wissenswertes* on page 197

2 Das Beste, was es gibt!
Talking about what you like to drink

1   *Als echter Kölner trinkt Harald Linnartz am liebsten ein Glas Kölsch oder einen Rheinwein.*

Frau Denning	Herr Linnartz, trinken Sie gern?
Herr Linnartz	Ja, ich trinke sehr gern ein Glas Bier.
Frau Denning	Welches Bier bevorzugen Sie denn?
Herr Linnartz	Ja, unser Bier hier in Köln, und zwar das Kölsch frisch vom Faß.
Frau Denning	Trinken Sie ab und zu auch schon mal eine Flasche Wein?
Herr Linnartz	Wenn wir gut essen, dann trinken wir auch Wein. Dann muß es auch ein guter Wein sein. Und der schmeckt uns dann auch.
Frau Denning	Mögen Sie lieber Rotwein oder Weißwein?
Herr Linnartz	Ich bevorzuge dann Weißwein.
Frau Denning	Schmeckt Ihnen der Wein besser, wenn er herb ist oder wenn er süßer ist, lieblicher?
Herr Linnartz	Ja, ich bevorzuge einen lieblichen Wein.
Frau Denning	Haben Sie eine Vorliebe für ein bestimmtes Anbaugebiet?
Herr Linnartz	Das an und für sich nicht, nur vielleicht von der Tradition her bevorzuge ich dann den Rheinwein.

vom Faß	draught
das an und für sich nicht	not really
von der Tradition her	by tradition

2   *Der Lieblingswein von Klaus und Gabi Passavanti ist Moselwein. Im Winter trinken sie sehr gern „Glühwein".*

Frau Denning	Trinken Sie viel Wein?
Frau Passavanti	Ja, regelmäßig, aber mäßig. Wir haben durch meine Schwiegereltern Beziehungen zu einem Winzer an der Mosel und trinken also regelmäßig Moselwein.
Frau Denning	Ist Moselwein Ihr Lieblingswein?
Herr Passavanti	Ja, aber das ist vorherbestimmt durch meine Eltern, die hatten immer Moselwein zu Hause.
Frau Denning	Trinken Sie lieber herben Wein oder süßen Wein?
Herr Passavanti	Das kommt auf die Gelegenheit an. Manchmal süß, manchmal herb.
Frau Denning	Schmeckt Ihnen auch Rotwein?
Frau Passavanti	Ja, sogar sehr gut.
Frau Denning	Wenn Sie abends so gemütlich hier sitzen, was trinken Sie dann?
Frau Passavanti	Oh, jetzt im Winter trinken wir sehr gerne einen Glühwein, brauen ihn selbst zusammen. . . .
Frau Denning	Wie machen Sie den Glühwein?
Frau Passavanti	Ich erhitze Rotwein, ziemlich viel sogar, weil wir gerne Glühwein trinken, und süße ihn und würze ihn auch mit Nelken und anderen Gewürzen, die halt in den Glühwein reinkommen.

Frau Denning	Gibt es da einen bestimmten Rotwein, den man am besten nimmt, um Glühwein zu machen?
Frau Passavanti	Ach, wir bevorzugen einen italienischen Rotwein, weil er sehr preisgünstig ist und auch sehr gut schmeckt.

regelmäßig, aber mäßig	often, but in moderation
Beziehungen zu einem Winzer	connections with a wine-grower
das kommt auf ... an	that depends on ...
Glühwein	siehe *Wissenswertes*, Seite 27
wir brauen ihn selbst zusammen	we make it ourselves
die halt ... reinkommen	that go into ...

3

Wolfgang Müller, einer unserer Interviewer, ist ein großer Trinker. Das fängt schon beim Frühstück an – mit Tee und Kaffee.

Fräulein Witt	Wie trinken Sie denn den Kaffee?
Herr Müller	Schwarz. Schwarz wie meine Seele.
Fräulein Witt	Und den Tee?
Herr Müller	Den Tee mag ich recht stark mit etwas Zucker oder Zitrone, aber keine Milch.
Fräulein Witt	Was trinken Sie sonst gerne?
Herr Müller	Ja, das richtet sich nach meinen Stimmungen. Zum Durstlöschen in jedem Fall ein schön kaltes Bier. Flaschenkölsch kann ich nicht ausstehen, aber Kölsch vom Faß, das ist das Beste, was es gibt.
Fräulein Witt	Was trinken Sie zum Essen?
Herr Müller	Zum Essen trinke ich Bier, aber auch sehr oft Wein.
Fräulein Witt	Welchen Wein trinken Sie denn am liebsten?
Herr Müller	Ja, wenn Sie mich so direkt fragen, bevorzuge ich französischen Weißwein. Weißen Bordeaux. ...
Fräulein Witt	Warum trinken Sie den am liebsten?
Herr Müller	Ich mag nicht so gerne saure Sachen, und diese französischen Weißweine, insbesondere der Bordeaux, der hat eben eine milde Süße und ist doch kräftig, würzig, und deshalb bevorzuge ich den.
Fräulein Witt	Wie ist das mit deutschen Weinen? Da gibt es doch auch süße?
Herr Müller	Ja, gibt es* auch sehr gute Weine, besonders die badischen Weine. Aber jeder hat so seine, wie bei der Musik, 'ne Lieblingsplatte, und so ist eben mein Lieblingswein dann dieser Bordeaux.
Fräulein Witt	Was, würden Sie sagen, trinken Sie am liebsten von allen Getränken, die es gibt?
Herr Müller	Oh je! Am liebsten von allen Getränken. ... Das richtet sich nach der Gelegenheit. Beim gemütlichen Fernsehen ist mir ein alter Kognak sehr lieb, nach dem Essen ein Calvados, und nachmittags ein gutgekühlter Whisky, und – mittags, 'ne Flasche Bier, das richtet sich also rein nach den Umständen.
Fräulein Witt	Was würden Sie nie trinken?
Herr Müller	Oh je, Milch!

das richtet sich nach	that depends on
zum Durstlöschen	for quenching my thirst
ein schön kaltes Bier	a really cold beer
kann ich nicht ausstehen	I can't stand
ne = eine	

*So spricht man oft. Korrekt ist: „da gibt es".

Hören und Verstehen

*Heinz Maretsch spricht über Essen und Trinken in Köln. Der Kölner
ißt gern einen „Halben Hahn" – das ist ein Brötchen mit Käse. Am
liebsten trinkt der Kölner „Kölsch" – das Kölner Bier. Kölsch soll
sehr gesund sein. Am besten trinkt man Kölsch vom Faß in Kölner
Wirtschaften. Diese Wirtschaften sind oft rustikal, und die Ober
heißen „Köbes".*

Frau Denning	Was ißt man am besten in Köln?
Herr Maretsch	Für den kleinen Hunger, wenn man wenig Zeit hat und nur einen kleinen Imbiß nehmen will, dann würde ich sagen, greifen Sie mal zu und bestellen Sie sich einen „Halben Hahn". Das ist allerdings kein Geflügel, sondern das ist ein Röggelchen, das ist eine Art Brötchen, sehr knusprig – und dazu Holländer Käse. Aber da kommt es auch drauf an, daß der Käse das richtige Alter hat. Er darf nicht zu alt sein, er darf aber auch nicht zu jung sein. Also, man muß schon darauf achten, wohin man geht. Nicht überall bekommt man den gleich guten „Halben Hahn".
Frau Denning	Was trinkt der Kölner am liebsten?
Herr Maretsch	Der Kölner trinkt in der Regel sein Kölsch. Das ist ein leicht bekömmliches Bier, sehr gesund, wird sogar von Ärzten empfohlen, denn es spült die Nieren. Wenn man keine Nierensteine bekommen will, muß man Kölsch trinken. Es ist leicht säuerlich, bekömmlich und äußerst schmackhaft.
Frau Denning	Wo trinkt man dieses Kölsch am besten?
Herr Maretsch	Dieses Kölsch muß man in kölschen Wirtschaften trinken. Dort ist es am schmackhaftesten, weil es direkt vom Faß kommt.
Frau Denning	Wie sieht so eine typisch kölsche Wirtschaft aus?
Herr Maretsch	Sie ist einfach, sie ist sehr rustikal. Auch Bänke gibt es vielfach, einfache Tische, und dann diese kleinen zylinderförmigen Kölschgläser. Und da kommen die kölschen Köbesse, die es Ihnen servieren, die haben so einen Kranz, so einen sogenannten Bierkranz, da gehen so sechs bis acht Gläser drauf, und dann wird das frisch vom Faß gezapft.
Frau Denning	Und woher kommt dieser Name „Köbes"?

Herr Maretsch	„Köbes" ist ja an und für sich ein Vorname und heißt „Jakob" und in kölnisch eben, kölnischer Mundart: „Köbes". Und dieser Name „Jakob" – „Köbes" – ist eine Bezeichnung gewesen für die mittelalterlichen Brauknechte. Das waren die Knechte, die in den alten, mittelalterlichen Brauhäusern gearbeitet haben, und die sind heute die Kellner, wenn Sie so wollen, in den kölschen Wirtschaften. Der Köbes hat ja seine eigenartige Tracht noch. Die haben dieses blaue Wams und den großen Lederschurz und die Tasche an der linken Seite hängen.
Frau Denning	Kann man als Gast ohne weiteres einen Kellner mit „Köbes" ansprechen?
Herr Maretsch	Ja, das müssen Sie sogar. Das ist also deplaciert zu rufen: „Kellner!" oder „Herr Ober!" Der Mann heißt: „Köbes", und den ruft jeder: „Köbes!"

Überblick

If you want to know if someone enjoys a drink, you could ask:

Trinken Sie | gern?
viel?

Possible answers:

Nein, an und für sich nicht

Ja, | ich trinke sehr gern ein Kölsch
wir trinken regelmäßig, aber mäßig

What do they like?

Was trinken Sie | gern?
am liebsten?

That depends . . .

Das kommt auf | das Essen
die Umstände
meine Stimmung
die Gelegenheit | an

Das richtet sich nach | dem Essen
den Umständen
meiner Stimmung
der Gelegenheit

Schmeckt Ihnen der Wein besser, wenn er herb oder süß ist?

Mir schmecken süße Weine besser

Trinken
Mögen | Sie lieber herben oder süßen Wein?

Ich trinke lieber herben Wein
Süßen Wein mag ich nicht

Or, to be more specific:

Welches Bier trinken Sie am liebsten?

Am liebsten trinke ich Pils
Löwenbräu ist das Beste, was es gibt

Welchen Wein bevorzugen Sie?

Ich bevorzuge einen Rheinwein

Was ist Ihr Lieblingswein?

Mein Lieblingswein ist Moselwein

Haben Sie eine Vorliebe für
einen bestimmten Wein?
eine bestimmte Sorte?
ein bestimmtes Anbaugebiet?

Ja, ich | bevorzuge
trinke am liebsten | Weißwein

Übungen

1 Das Weinseminar

Herr und Frau Johnson sind Weinkenner und besuchen ein Weinseminar in Bad Kreuznach. Dort gibt es die berühmten Naheweine. Frau Johnson schreibt einen Brief an ihre englischen Freunde.

Sie hat etwas zu viel Wein probiert, und diese Wörter kann man nicht lesen:

Flaschen	lieber	Qualitätswein	Hobby
gern	Lieblings	regelmäßig	Vorliebe
herbe	mäßig	süßer	Wein

Complete the letter:

Bad Kreuznach, den 3. Oktober 1979

Liebe Freunde,

Das Weinseminar ist sehr interessant. Am interessantesten sind natürlich

die .... proben. Die Naheweine sind .... Weine. Die trinkt

Walter besonders .... Ich trinke .... einen Ahrwein, zum

Beispiel den Mayschosser Laacherberger, der ist etwas .... Es ist ein

sehr guter Wein — ein .... Zu Hause trinken wir .... , aber

.... — aber hier ist das sehr schwer! Unsere .... weine sind

zwei Moselweine, der eine heißt Piesporter Treppchen und der andere — Zeller

Schwarze Katz! Hier sind zwei Etiketten:

Auf deutsch heißt unser .... „Weinflaschenetikettensammeln"!!

Wenn es Sie interessiert, zeigen wir Ihnen nächste Woche noch mehr

Weinflaschenetiketten und erzählen Ihnen mehr über das Weinseminar. Wir

bringen dann einige .... Wein mit. Haben Sie eine .... für

eine bestimmte Sorte?

Mit freundlichen Grüßen

Ihre

Pauline & Walter Johnson

2 Wolfgang Müller – privat!

A Lesen Sie Interview 3 auf Seite 20 noch einmal und fragen Sie Wolfgang Müller, was er gern trinkt. Was antwortet er?

		Sie	*Wolfgang*
a	How does he like his coffee?	....	....
b	What about tea?	....	....
c	What else does he like to drink?	....	....
d	What does he drink with meals?	....	....
e	What beer does he like most?	....	....
f	What's his favourite wine?	....	....
g	What does he like after meals?	....	....
h	What does he never drink?	....	....

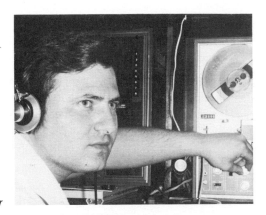

Wolfgang Müller

B Auch Musik spielt eine große Rolle in Herrn Müllers Leben. Seine Lieblings-komponisten sind Mozart, Vivaldi und Johann Strauß, aber es kommt auf die Gelegenheit an, welche Schallplatte er hört. Abends hört er gerne moderne Rhythmen: große Orchester wie zum Beispiel Bert Kaempfert und Ray Conniff. Sonntags vormittags hört er am liebsten eine Oper von Mozart, zum Beispiel „Die Zauberflöte" oder „Die Entführung aus dem Serail". Jazz mag er überhaupt nicht.

Wie beantwortet er Ihre Fragen?

a *Sie*   Herr Müller, hören Sie gern Musik?
   Herr Müller ....

b *Sie*   Haben Sie eine Vorliebe für bestimmte Komponisten?
   Herr Müller ....

c *Sie*   Hören Sie auch manchmal andere Musik?
   Herr Müller ....

d *Sie*   Was hören Sie abends zum Beispiel?
   Herr Müller ....

e *Sie*   Was sind Ihre Lieblingsorchester?
   Herr Müller ....

f *Sie*   Und was hören Sie am Wochenende?
   Herr Müller ....

g   *Sie*   Ich habe zwei Karten für ein Jazz-Konzert. Möchten Sie
                        mitkommen?

    Herr Müller   ....

    Sie   Oh, wie schade!

Und Sie? Hören Sie gern Musik? Haben Sie eine Vorliebe für bestimmte
Komponisten? Was sind Ihre Lieblingsorchester?

3   Gute Stimmung – guter Wein!

Sie sind auf Geschäftsreise in Köln. Ihr deutscher Geschäftspartner lädt Sie am
Abend zu einer Flasche Wein in den Gürzenich – das traditionelle Festhaus der
Stadt – ein.
Im Gürzenich bringt Ihnen der Ober die Weinkarte:

Rhein- Pfalz- und Naheweine

Rh = Rheinhessen   Rg = Rheingau   Pf = Pfalz   N = Nahe

201	1974er	Bechtheimer Pilgerpfad, Qualitätswein	Rh	16,—
204	1974er	Rüdesheimer Rosengarten, Qualitätswein	Rg	20,—
211	1975er	Forster Schnepfenpflug, Kabinett	Pf	21,—
222	1975er	Niersteiner Ratsherren Wein, Kabinett	Rh	24,—
236	1975er	Oestricher Doosberg Riesling, Kabinett	Rg	25,—
231	1974er	Mainzer Domherr Spätlese, Qualitätswein mit Prädikat	Rh	27,50
240	1974er	Kreuznacher Brückes Riesling, Spätlese	N	33,—

A

a *Ihr Partner*   Trinken Sie gern deutschen Wein?

    Sie   (Say you don't drink very much but your favourite wines are
                        German ones.)

b *Ihr Partner*   Was für einen Wein trinken Sie am liebsten?

    Sie   (That depends on your mood.)

c *Ihr Partner*   Und wie ist Ihre Stimmung heute abend?

    Sie   (Very good! You'd like to drink a Rhine wine – perhaps No. 236?)

d *Ihr Partner*   Den kann ich nicht empfehlen.

    Sie   (Why not?)

e *Ihr Partner*   Es ist ein sehr herber Wein. Vielleicht einen Rotwein?

    Sie   (You don't like red wine – you prefer white wine.)

f *Ihr Partner*   Oder diesen Wein: Qualitätswein mit Prädikat, Rheinhessen,
                      1974er – ein sehr gutes Jahr!

    Sie   (What's that, *Qualitätswein mit Prädikat?*)

g *Ihr Partner*   Es ist nicht nur ein guter Wein, sondern ein ausgezeichneter Wein.
                      Möchten Sie ihn einmal probieren?

    Sie   (Yes, very much.)

B

a   Welche Nummer hat der Wein?

b   Wie heißt er?

c   Wieviel kostet eine Flasche?

4 Was trinkt Herr Basting gern?

Fräulein Witt Was trinken Sie gern?

Herr Basting Mit dem Trinken ist es sehr unterschiedlich. Gelegentlich mal ein Glas Sekt, mal ein gutes Glas Wein und viel alkoholfrei, vor allem Mineralwasser.

Fräulein Witt Was für Wein trinken Sie?

Herr Basting Moselwein, Saarweine und mit Vorliebe italienische und französische Landweine.

Fräulein Witt Warum bevorzugen Sie diese Weine?

Herr Basting Das sind sehr leichte Weine, man kann etwas mehr trinken. Am nächsten Tag kann man arbeiten.

a Wie oft trinkt Herr Basting Sekt und Wein?
b Welches alkoholfreie Getränk trinkt er am liebsten?
c Welche deutschen Weine schmecken Herrn Basting am besten?
d Welche ausländischen Weine trinkt er sehr gern?
e Was trinkt er lieber – deutsche oder ausländische Weine?
f Warum bevorzugt er diese Weine?
g Was kann man am nächsten Tag machen?

5 Bierfaß – Rätsel

Hier stimmt etwas nicht!

Welcher Slogan steht auf dem Faß?

....

Das ist auch das Motto von Herrn Müller!

Wissenswertes

Trinken Sie gern?

Wenn ja, dann haben Sie drei gute Gründe, die BRD zu besuchen:

1 Sie können länger trinken. Die meisten Wirtschaften sind bis ein Uhr nachts geöffnet.

2 Sie können öfter trinken. Man kann in deutschen Gasthäusern, Restaurants, Cafés und Snackbars zu jeder Tageszeit alkoholische Getränke bestellen.

3 Sie können besser trinken. Die Auswahl an Bieren, Weinen, Schnäpsen, Likören und Cocktails ist enorm. Sie können oft billiger trinken. Eine Flasche Wein z.B. kann man ab DM 3 kaufen.

Bier

Nur Kaffee trinken die Westdeutschen lieber als Bier. Alle Bürger zusammen geben jährlich Millionen von Mark für ihr Bier aus. Das beste Geschäft machen die großen Brauereien, wie z.B. *Dortmunder Union, Schultheiß, DAB-Hansa* oder *Holsten*. Es gibt aber auch viele mittelgroße und kleine Brauereien. Alle Brauereien haben

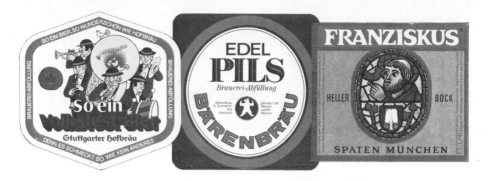

ihre eigenen Bieretiketten und Bierdeckel. Viele Leute sammeln diese gern. Für die beste Sammlung gibt es sogar einen Preis – den *goldenen Bierdeckel!* Jedes Jahr bekommt der Gewinner diesen Preis vom *Internationalen Brauerei-Souvenir-Sammler-Verband* in Stuttgart.

Wein

Bier heißt Fernsehen, Jeans und offenes Hemd. Wein heißt Kerzenlicht, langes Kleid und dunkler Anzug. Noch trinken die Deutschen weniger Wein als Bier, aber der Weinkonsum steigt von Jahr zu Jahr. Die meisten deutschen Weine sind Weißweine, aber man baut auch Rotwein an – vor allem in Baden und Franken. Deutsche Weine haben oft komische Namen, wie *Krötenbrunnen, Hungerbiene, Katzenbeißer.* . . . Das sind die Namen der Weinberge, wo man die Trauben anbaut.

Seit dem *Deutschen Weingesetz* von 1971 gibt es drei Güteklassen für Weine: *Tafelwein* (ein einfacher Wein), *Qualitätswein* (ein guter Wein), und *Qualitätswein mit Prädikat* (ein sehr guter Wein). *Prädikat* bedeutet, daß der Wein eine Art Auszeichnung bekommen hat. Sie können z.B. auf einem Weinetikett lesen: *Qualitätswein mit Prädikat, Spätlese.* Das bedeutet, daß man die Trauben für diesen Wein später als die Trauben für gewöhnlichen Wein geerntet hat. Und je später die Erntezeit (in der Weinsprache: Lesezeit), umso besser der Wein. Die Trauben für Weine mit dem Prädikat *Eiswein* z.B. erntet man erst im Dezember. Eine Flasche Eiswein kann bis zu 1000 DM kosten.

Was soll ich sonst noch probieren ?

Das kommt darauf an, wohin Sie fahren. In Süddeutschland können Sie *Schorle* trinken (Wein mit Mineralwasser), in Münster *Altbierbowle* (Altbier mit Früchten), in Berlin *Berliner Weiße mit Schuß* (ein besonders leichtes Bier mit Himbeersaft), in Stuttgart *Moschtbowle* (junger Wein mit Früchten) und in München eine *Radlermaß* (Bier mit Zitronenlimonade).

In jedem deutschen Restaurant können Sie einen *Glühwein* bestellen, aber Sie können ihn auch selbst zu Hause machen:

> 1 Liter Rotwein langsam erhitzen, nach Geschmack Zimt, Nelken, Zucker und etwas Zitronensaft hinzufügen.

Information:
Deutsche Wein-Information   *oder* Wines from Germany Information Service
Postfach 1707   121 Gloucester Place
Fuststraße   London W1H 3PJ
D – 6500 Mainz

1   *Bernd und Sabine Rautenberg haben lange gesucht und endlich eine neue Wohnung gefunden. Aber die neue Wohnung war sehr alt. Sie haben sie renoviert und viel selbst gemacht.*

*Bei Rautenbergs
im Badezimmer*

Frau Denning	Wie haben Sie diese Wohnung gefunden, Frau Rautenberg?
Sabine	Wir haben uns jeden Freitagabend den *Stadt-Anzeiger* gekauft und haben uns damit in die Kneipe gesetzt und haben die Annoncen alle durchstudiert und haben angerufen.
Frau Denning	Mußten Sie eine Kaution bezahlen?
Bernd	Für diese Wohnung nicht.
Frau Denning	Wie haben Sie das mit dem Umzug gemacht?
Sabine	Ja, wir haben uns einen „Flitzer" gemietet und die Möbel da reingepackt und hierher verfrachtet.
Frau Denning	Was ist ein „Flitzer"?
Sabine	Das ist ein Mietwagen.
Frau Denning	Und Sie haben die Arbeit dann selbst gemacht?
Bernd	Ja, mit Freunden.
Sabine	Ja, mein Bruder hat geholfen und Bekannte von meinem Mann.
Frau Denning	Wieviele Zimmer hat diese Wohnung?
Sabine	Drei Zimmer hat die Wohnung. Die war in einem verhältnismäßig schlimmen Zustand. Wir haben also sehr gründlich renovieren müssen.
Frau Denning	Haben Sie die – das selbst renoviert?
Bernd	Ja, das haben wir selbst renoviert. Aus finanziellen Gründen.
Frau Denning	Wer von Ihnen beiden hat da das meiste getan?
Sabine	Oh, ich glaube, wir haben beide gleich viel getan.
Frau Denning	Konnten Sie sich die Aufgaben etwas aufteilen?
Sabine	Ja, einer oben streichen, einer unten, je nach Größe!
Frau Denning	Konnten Sie selbst einiges herstellen für diese Wohnung?
Sabine	Ich habe Vorhänge genäht und Bilder aufgehangen* und auch welche dazu gemalt, Wände bemalt. . . .

28

Frau Denning	Haben Sie irgendwelche besonderen Motive an die Wände gemalt, oder was meinen Sie damit?
Sabine	Ja, im Badezimmer. Eine große Kröte, Käfer, Blumen, Pflanzen....
Frau Denning	Sind Sie immer einverstanden mit der Wahl Ihrer Frau?
Bernd	Ja, meistens. Die Bemalung habe ich mir sogar gewünscht.

wir haben uns damit in die Kneipe gesetzt	we took it along to the pub
gleich viel	the same
einer oben streichen	one of us painted up top
je nach Größe	depending on size
habe ich mir sogar gewünscht	I actually asked for

*Korrekt ist: „aufgehängt".

2   *Die Familie Martinsdorf hat früher an einer sehr lauten Straße gewohnt. Jetzt wohnt sie in einem ruhigen Eigenheim. Der Umzug war aber fürchterlich – zu viele Helfer!*

Herr Müller	Warum sind Sie umgezogen?
Frau Martinsdorf	Wir konnten nachts nicht schlafen, außerdem war es eine Wohnung in einem Mehrfamilienhaus, unsere Kinder mußten immer sehr viel Rücksicht nehmen: Sie durften nur zu bestimmten Zeiten Musik machen, sie durften nur zu bestimmten Zeiten ihre Freunde mitbringen, mußten zu bestimmten Zeiten sich ruhig verhalten, und wir möchten gerne, daß unsere Kinder noch bei uns bleiben.
Herr Müller	Wer hat den Entschluß gefaßt, eine neue Wohnung zu suchen?
Frau Martinsdorf	Ich.
Herr Müller	Wie haben Sie die Wohnung gefunden hier, oder das Eigenheim?
Frau Martinsdorf	Ich habe lange gesucht. Ich habe Zeitungen verfolgt und habe meine Bekannten darauf aufmerksam gemacht, und dann habe ich tatsächlich durch Freunde diesen Tip bekommen, und dann habe ich von einem Tag zum anderen das Grundstück gekauft.
Herr Müller	Sie haben also dann den Entschluß gefaßt zu bauen.
Frau Martinsdorf	Ja.
Herr Müller	Wie lange hat der Bau gedauert?
Frau Martinsdorf	Etwa eineinhalb Jahre.
Herr Müller	Wie war das mit dem Umzug?

Frau Martinsdorf Ach, das war – das war ein mittleres Erdbeben! Das war
fürchterlich! Wir hatten an sich einen Möbelwagen bestellt. Aber
erstens mal hatten wir viel zu viele Umzugsleute: Das waren die
Freunde unserer Kinder, sowohl Mädchen als auch Jungens; und
mit großem Hallo und mit Singen und mit ein bißchen Tanzen
dazwischen haben sie mir alles in die großen Kisten geworfen und
dann fortgeschleppt, und ich hab' ja nichts mehr wiedergefunden.
Es ist fürchterlich.

ich habe Zeitungen verfolgt	I kept my eye on the papers
ein mittleres Erdbeben	a bit of an earthquake
wir hatten an sich . . . bestellt	we'd actually ordered . . .
ich habe ja nichts wiedergefunden	I couldn't find anything at all
mit großem Hallo	with a lot of commotion
ich hab' = ich habe	

Hören und Verstehen

*Das neue Haus hat die Familie Martinsdorf viele Nerven gekostet.
Besonders schwierig waren die Pläne – Frau Martinsdorf wollte in
jedem Zimmer Sonne haben. Ihr erster Eindruck vom Haus im
Rohbau war nicht sehr gut. Aber jetzt fühlt sich die ganze Familie
sehr wohl dort. Die Martinsdorfs haben mit Freunden und
Handwerkern – und einem Hund! – ein traditionelles Richtfest
gefeiert. Die Einweihung des Hauses ist ein guter Grund für eine
Party nach der anderen. . . .*

Herr Müller   Wieviel Pläne haben Sie gemacht?
Frau Martinsdorf Ich glaube, sechs oder sieben. Dann haben wir zu viert, die ganze
Familie, jeden Abend um den Tisch gesessen und haben einen
Plan gemacht. Also wir drei Frauen haben unsere Wünsche
geäußert, und danach hat mein Mann den Plan gemacht. Es hat
Nächte gekostet, es hat Nerven gekostet, es war ganz schlimm.
Für mich war das Wichtigste, daß ich zu jeder Tageszeit Sonne in
dem Raum habe, in dem ich arbeite. Wenn die Sonne mich nicht
aus dem Schlafzimmer lockt, stehe ich überhaupt nicht auf. Also
muß im Schlafzimmer Sonne sein. Dann muß die Sonne sein im
Frühstückszimmer,* und die Sonne muß sein in der Küche. Am
Nachmittag halte ich mich im Wohnzimmer auf, und dann muß
dort die Sonne scheinen. Und das haben wir geschafft.
Herr Müller   Wie war Ihr Eindruck, als Sie das Haus zum ersten Mal im Rohbau
gesehen haben?
Frau Martinsdorf Oh, Schreck! Welche Hütte! Es war so klein und so niedrig und so,
so gar nicht so, wie ich mir das eigentlich früher vorgestellt hatte.
Aber wir fühlen uns jetzt ganz wohl.
Herr Müller   Wann war Richtfest?
Frau Martinsdorf Das war an einem sehr kalten Tag im vergangenen Winter. Und
wir haben auch ein richtiges Richtfest gefeiert, und zwar: Der
Zimmermann stand oben auf dem Dach und sprach seinen
Richtspruch, und dann hat er ein Glas zertrümmert, und dann

haben wir auf das Haus getrunken. Der Architekt hat uns alles Gute gewünscht, der kam mit einem großen Strauß Blumen; und dann kam die Freundin meiner Tochter mit Brot und Salz, und dann sind wir durch das ganze Haus gegangen und haben das Salz zerstreut,† damit es auch Glück bringt, und dann hörten wir plötzlich einen Aufschrei, ja, und ein Lachen aus dem Keller. Da waren andere Freunde mit ihrem Hund gekommen, und gerade in dem Augenblick, als er oben sprach, ja, und ganz feierlich seinen Richtspruch sagte, da tat der Hund unten etwas, etwas, na ja, was man eigentlich in einem Haus nicht tut.

Herr Müller	Wann haben Sie Einweihung gefeiert?
Frau Martinsdorf	Wir haben mehrmals Einweihung gefeiert. Wir haben erst mit den Handwerkern Einweihung gefeiert, dann haben wir mit Architekt und anderen Leuten noch mal Einweihung gefeiert, und dann haben wir mit den jungen Leuten, die den Umzug gemacht haben, gefeiert, und die ganz große Fête steht noch bevor.

*So spricht man oft. Korrekt ist: „Dann muß die Sonne im Frühstückszimmer *sein*." Throughout the course you will note many examples where speakers do not strictly adhere to the conventional word order.
†Frau Martinsdorf hat sich versprochen: sie wollte „verstreut" sagen.

Überblick

How to ask why someone moved:

Warum sind Sie umgezogen?

Possible answers:

Die Wohnung war zu klein
Wir durften keine Musik machen
Wir konnten nachts nicht schlafen
Wir mußten immer auf die anderen
    Bewohner Rücksicht nehmen

Who took the decision:

Wer hat den Entschluß gefaßt,
    zu bauen?
    eine neue Wohnung zu suchen?

Ich
Meine Frau
Die ganze Familie

How someone found their new home
or the plot they built on:

Wie haben Sie
  das Haus
  diese Wohnung
  das Eigenheim
  das Grundstück
gefunden?

Ich bin zu | einem Makler
            | einer Agentur | gegangen

Ich habe | einen Tip bekommen
        | lange gesucht
        | jeden Tag die Zeitungen
           studiert

Was a deposit needed?

Mußten Sie eine Kaution bezahlen?

Ja, DM 500
Für diese Wohnung nicht

If it was a new house, how long did it take to build?

Wie lange hat der Bau gedauert?   10 Monate
                                          Etwa eineinhalb Jahre

How was the move itself?

Wie war der Umzug?   Das war fürchterlich!

Wie haben	den	Umzug	
Sie	das mit dem	gemacht?	

Wir haben einen Möbelwagen bestellt
Wir haben uns einen „Flitzer" gemietet

Did the new home need redecorating?

Mußten Sie	die Wohnung	renovieren?
	das Haus	

Nein, es war alles in Ordnung

Ja,	sie	war in einem schlimmen
	es	Zustand

Who did it?

Haben Sie	die Arbeit	selbst	getan?
	die Wohnung		renoviert?

Ja,	aus finanziellen Gründen
	und mein Bruder hat geholfen
	das haben wir alleine gemacht

– and who did most?

Wer hat	das meiste getan?
	die meiste Arbeit gemacht?

Wir haben beide gleich viel getan
Meine Frau hat das meiste gemacht

For a summary of how to talk about the past see page 221.

Übungen

1 Eine ungewöhnliche Wohnung

Auf einer Party lernen Sie Herbert kennen. Früher hat er in einer Großstadt gewohnt – jetzt wohnt er auf dem Wasser! Er erzählt Ihnen von seinem neuen Leben:

(Fill in the blanks using the words given below)

angefangen	gekauft	geworden	mußte
aufgehört	gemacht	hatte	umgezogen
gedauert	gesehen	konnte	wollte

„Ich .... früher eine schöne Wohnung in der Stadt. Letztes Jahr bin ich 65

.... und habe mit der Arbeit .... Ich .... etwas Interessantes

machen und bin .... Aber nicht in eine Wohnung! In der Zeitung habe

ich eine Annonce für ein Hausboot .... und habe es von einem Tag zum

anderen .... Das Boot war in einem ziemlich schlechten Zustand, und

ich .... viel renovieren. Im Mai habe ich mit der Arbeit .... ; ich habe

alles selbst ...., also hat es sehr lange .... Im September ....

ich endlich in mein neues „Haus" einziehen, und ich muß sagen, ich bin

sehr glücklich dort. Ich möchte nicht mehr in die Stadt zurück!"

2 Wie haben Sie die Wohnung gefunden?

Lesen Sie Interview 1 auf Seite 28 noch einmal und wählen Sie die richtige Antwort.

A Wie haben Herr und Frau Rautenberg ihre neue Wohnung gefunden?
    a   Sie haben jeden Freitagabend den *Kölner Stadt-Anzeiger* gelesen.
    b   Jeden Samstag haben sie das *Hamburger Abendblatt* gelesen.
    c   Jeden Freitag haben sie die *Frankfurter Nachrichten* gekauft.
    d   Sie haben jeden Tag Bekannte angerufen.

B Wie sind Rautenbergs umgezogen?
    a   Frau Rautenbergs Bruder hat alles gemacht.
    b   Eine Firma hat den Umzug gemacht.
    c   Die Rautenbergs haben sich einen „Flitzer" gemietet.
    d   Bekannte von Frau Rautenberg haben mitgeholfen.

C Warum haben Rautenbergs alles selbst renoviert?
    a   Weil sie so viel Zeit haben.
    b   Weil Renovieren ihr Hobby ist.
    c   Weil sie nicht viel Geld haben.
    d   Weil es nicht viel Arbeit ist.

D Wer hat das meiste getan?
    a   Herr Rautenberg.
    b   Frau Rautenberg.
    c   Frau Rautenbergs Bruder.
    d   Herr und Frau Rautenberg haben gleich viel getan.

E Welche Motive hat Frau Rautenberg an die Wände gemalt?
    a   Schiffe auf dem Rhein.
    b   Tiere und Pflanzen.
    c   Kinder beim Spiel.
    d   Den Kölner Dom.

3 Warum ist Herr Molis so müde?

Gestern ist Herr Molis umgezogen. Dafür hatte er einen Tag frei. Da ein Umzug heute sehr teuer ist, hat er alles allein gemacht. Seine neue Wohnung hat drei Zimmer, Küche, Bad und WC, aber sie ist in einem schlechten Zustand. Jetzt sitzt Herr Molis in seinem Büro am Schreibtisch – und schläft! Im Traum sieht er eine schöne, große Vier-Zimmer-Wohnung in einer herrlichen Wohngegend. Er träumt von einem Mann, der auf einer Leiter steht und die Wände tapeziert. Da klingelt das Telefon! Der Mann fällt von der Leiter, und Herr Molis wacht auf.

Stimmt das, oder stimmt das nicht?
    a   Heute hat Herr Molis frei.
    b   Er ist gestern umgezogen.
    c   Er hat einen Möbelwagen bestellt.
    d   Herr Molis liegt im Bett und schläft.
    e   Seine neue Wohnung hat vier Zimmer, Küche, Bad und WC.
    f   Er muß die Wohnung renovieren.
    g   Seine Sekretärin lacht, und er wacht auf.

4 Ein mittleres Erdbeben

A Lesen Sie Interview 2 auf Seite 29 noch einmal. Dann fragen Sie Frau Martinsdorf über ihren Umzug.

a ....? Wir konnten nachts nicht schlafen. Die Autos waren so laut!

b ....? Ich habe den Entschluß gefaßt, eine neue Wohnung zu suchen.

c ....? Ja, auch den Entschluß zu bauen.

d ....? Der Bau hat etwa eineinhalb Jahre gedauert.

e ....? Ach, der Umzug war fürchterlich – wie ein mittleres Erdbeben!

f ....? Nein, wir haben das nicht allein gemacht.

g ....? Viel zu viele Umzugsleute haben geholfen.

h ....? Das waren die Freunde unserer Kinder.

i ....? Sie haben alles in die Kisten geworfen; ich habe später nichts mehr wiedergefunden.

B Lesen Sie Interview 1 auf Seite 28 noch einmal. Wie beantwortet Frau Rautenberg diese Fragen?

a Wie haben Sie Ihre neue Wohnung gefunden?
b Mußten Sie eine Kaution bezahlen?
c Wie haben Sie das mit dem Umzug gemacht?
d Haben Sie die Arbeit selbst gemacht?
e Und wer hat die Wohnung renoviert?
f Was haben Sie an die Wände des Badezimmers gemalt?

5 Kreuzworträtsel

Nicht vergessen!
Ä = AE
Ö = OE
Ü = UE

Waagerecht

6   Die Kinder haben alles .... die Kisten geworfen.
9   Die große Fête bei Martinsdorfs steht .... bevor.
10   Familie Martinsdorf hat einen .... gemacht.
13   Rautenbergs mußten keine Kaution .... ihre neue Wohnung zahlen.
15   Wenn man eine Wohnung finden will, muß man die .... in der Zeitung studieren.
16   Frau Rautenberg sagt: „Mein Bruder hat geholfen und Bekannte von .... Mann".
17   Für Frau Martinsdorf war der Umzug ein mittleres ....
19   Die ganze Familie hat um den .... gesessen.
22   „Oh Schreck!" – das war Frau Martinsdorfs erster .... von ihrem Haus.
23   Auch Rautenbergs hatten Umzugsleute – Frau Rautenbergs .... und Bekannte von ihrem Mann.
26   Frau Martinsdorfs Motto: „ .... wieder!"
27   Was hat Frau Rautenberg genäht?
28   Rautenbergs haben ihre Möbel in einen „Flitzer" .... gepackt.
29   Am .... ist Frau Martinsdorf immer im Wohnzimmer.

Senkrecht

1   An den Wänden in Rautenbergs Badezimmer sieht man ....
2   Beim Richtfest bringt Salz ....
3   Für ihren .... haben Rautenbergs einen „Flitzer" gemietet.
4   Frau Martinsdorf hatte viel zu viele ....
5   Rautenbergs Wohnung hat .... Zimmer.
7   Frau Martinsdorf hat lange gesucht und dann einen .... bekommen.
8   Zu jeder .... muß sie viel Sonne haben.
11   Rautenbergs haben sich die .... geteilt.
12   Frau Martinsdorf hatte .... Möbelwagen bestellt.
14   Bernd und Sabine .... haben endlich eine neue Wohnung gefunden.
18   Der Plan hat Nächte und .... gekostet.
20   Ohne .... steht Frau Martinsdorf nicht auf.
21   Als sie ihr Haus im Rohbau gesehen hat, war es für Frau Martinsdorf nur eine ....
24   Frau Martinsdorf hatte die Zeitungen verfolgt, und .... hat sie einen Tip bekommen.
25   In jedem .... muß Frau Martinsdorf Sonne haben.

Wissenswertes

Wohnungssuche und Hausbau

„Karl, Karl, steh auf! Telefon!"
„Mmmm ... was? Wer ist es denn?"
„Die Anzeige, Karl! Du weißt doch – die Wohnung ..."
„Aber die Leute können doch nicht schon um fünf Uhr morgens. ..."

Doch, sie können! In der BRD suchen jede Woche Tausende von Leuten eine Wohnung, und viele stehen oft sehr früh auf. In vielen Städten erscheinen die meisten Wohnungsannoncen immer freitags oder samstags in der Zeitung. Ab und

zu kann man die ersten Exemplare schon abends kaufen, aber meistens kommen sie
früh morgens heraus. Am besten kauft man sie gleich am Pressehaus. Und dann
schnell ans Telefon!

Aber: Der erste ist nicht immer der beste . . .

. . . jedenfalls nicht bei deutschen Vermietern, denn die haben Ansprüche:
,,Keine Kinder!'' ,,Keine Hunde!'' ,,Keine Ausländer!'' ,,Wohngemeinschaft? Nicht in
meinem Haus!'' ,,Sind Sie beide überhaupt verheiratet?'' ,,Was sind Sie von Beruf?
Journalist? Nein, das ist mir zu unsicher!''

Wohnungssuche ist teuer

Viele Leute studieren jedes Wochenende die Annoncen und finden doch keine
Wohnung. Dann gehen sie zu einem Wohnungsmakler oder einer Agentur. Das ist
natürlich nicht billig. Und wenn man endlich eine Wohnung gefunden hat, gibt es
oft noch mehr Kosten: Man muß z.B. eine *Kaution* bezahlen; und manchmal auch
Abstand. Das heißt: Der frühere Mieter zieht zwar aus, aber er hat die Wohnung
renoviert, oder er hat Teppiche, Gardinen oder Möbel zurückgelassen. Dafür muß
man ihm Abstand zahlen – bis zu zehntausend Mark –, auch wenn man die Sachen
gar nicht haben will.

Der Staat hilft beim Hausbau

Kein Wunder, daß viele Bundesbürger keine Lust haben, in Mietwohnungen zu
leben. Sie wollen ihre eigenen vier Wände haben. Häuser und Wohnungen kann
man kaufen, aber die meisten Westdeutschen lassen ihr Eigenheim von einem
Architekten nach eigenen Plänen bauen. Der Staat hilft bei der Finanzierung. Es gibt
Prämien für Leute, die auf ein Haus sparen. Man nennt sie ,,Bausparer''. Und dann
gibt es noch billige staatliche Kredite und Steuererleichterungen.

Trotzdem – das eigene Heim bleibt für die meisten Deutschen ein Traum. Über die
Hälfte wohnen zur Miete.

Frau Esser   Frau Denning

1   *Irmgard Esser spielt schon seit vielen Jahren Tennis und Hockey. Sie ist Mitglied eines großen Vereins. Beim Tennis macht ihr das Kölsch nach dem Spiel viel Spaß, Hockey macht ihr Spaß, weil es ein Mannschaftssport ist.*

Frau Denning	Frau Esser, treiben Sie Sport?
Frau Esser	Ja, etwas Sport treibe ich noch: Ich spiele Tennis, ich spiele noch etwas Hockey – nicht mehr so viel wie früher.
Frau Denning	Sind Sie in einem Verein?
Frau Esser	Ja. Im *Rot-Weiß Köln*. Jedes Mitglied, das im *Rot-Weiß* ist, kann Tennis spielen, Hockey spielen und schwimmen. Wir haben auch ein eigenes Schwimmbad.
Frau Denning	Wieviele Mitglieder hat dieser Verein?
Frau Esser	Zirka 1200.
Frau Denning	Wann haben Sie Tennis spielen gelernt?
Frau Esser	Ich habe mit dem Tennis angefangen während des Krieges, aber das war nicht viel. Dann habe ich nach dem Kriege hier im *Rot-Weiß* etwas gespielt und bin dadurch eben zum Hockey gekommen, und dann hat mir Hockey sehr viel mehr Spaß gemacht.
Frau Denning	Wie lang hat es gedauert, bis Sie richtig Tennis spielen konnten?
Frau Esser	Ich habe es nie gelernt!
Frau Denning	Was macht Ihnen am Tennisspielen am meisten Freude?
Frau Esser	Die Zeit nach dem Tennis. Das Kölsch anschließend.
Frau Denning	Und was macht Ihnen am meisten Spaß, wenn Sie Hockey spielen?
Frau Esser	Der Mannschaftssport. Ich finde, Mannschaftssport ist sehr viel schöner. Man trifft sehr viel mehr Leute, es ergeben sich sehr viel mehr Kontakte als im Tennis.

was macht Ihnen am meisten Freude/Spaß?	what do you enjoy most?
es ergeben sich mehr Kontakte	you get to meet more people

2   *Heinz Basting hat viele Hobbys, aber Fliegen ist sein Lieblingssport.*

Fräulein Witt	Was machen Sie denn in Ihrer Freizeit?
Herr Basting	Ich beschäftige mich mit Sport: Mit Vorliebe spiele ich Tennis, ich fahre gerne Motorrad, Photographieren tue ich auch, und nebenbei noch ein bißchen Fliegen.
Fräulein Witt	Was ist denn Ihr Lieblingssport?
Herr Basting	Fliegen.
Fräulein Witt	Fliegen Sie in einem Verein?
Herr Basting	Ja.
Fräulein Witt	Was ist das für ein Verein?
Herr Basting	Der *Kölner Klub für Luftsport.*
Fräulein Witt	Wieviele Leute sind da drin?
Herr Basting	Der *Kölner Klub* hat insgesamt 500 Mitglieder: Davon sind etwa 300 Motorflieger, 150 Segelflieger, der Rest sind Modellflieger, Fallschirmspringer und Ballonfahrer. Motorflugzeuge haben wir sieben Stück: Davon sind vier Zwositzer und die restlichen, Viersitzer.
Fräulein Witt	Was fliegen Sie denn lieber?
Herr Basting	Je größer — je lieber*, je höher — je lieber* und je schneller — je lieber*.
Fräulein Witt	Wie sind Sie denn zu diesem Sport gekommen?
Herr Basting	Ursprünglich habe ich angefangen, kleine Modellchen zu bauen, viel gelesen, und dann wuchs die Lust zum Fliegen.
Fräulein Witt	Wie haben Sie angefangen?
Herr Basting	Ich habe angefangen mit Segelflug. Ich war damals 17 Jahre alt. Die Anfänge waren wunderschön. Es war damals in Ostpreußen auf ganz primitiven einfachen Segelflugzeugen ohne eine Kabine, also ohne Cockpit, mit keinen Instrumenten, so richtig naturverbunden.
Fräulein Witt	Sind Sie gleich alleine geflogen?
Herr Basting	Jawohl. Allerdings nicht sofort hoch. Erstmal 5 Meter, dann 10 Meter, dann 50 Meter hoch und dann 100 Meter.
Fräulein Witt	Was hebt eigentlich Ihr Fliegerhobby so von den anderen Sporthobbys ab?
Herr Basting	Beim Fliegen geht es insbesondere darum: Man ist losgelöst von allem, man ist frei und bewegt sich im Raum, sieht die Erde aus einer ganz anderen Perspektive. Jeder Flug ist anders, jedes Wetter ist anders und immer schöner noch.

Photographieren tue ich auch (colloquial) = ich photographiere auch

dann wuchs die Lust zum Fliegen	then I got keen on flying
was hebt ... ab?	what distinguishes ... ?
beim Fliegen geht es insbesondere darum ...	the most important thing about flying is ...
losgelöst von allem	cut off from everything

*Korrekter ist: *desto lieber* oder *umso lieber*.

3   *Willibald Näkel ist der Vorsitzende eines Sportvereins. Früher hat er Fußball gespielt, heute ist sein Sport das Wandern.*

Frau Denning	Treiben Sie eigentlich Sport?
Herr Näkel	Ich treibe im Moment nicht selber mehr aktiv Sport. Ich bin zwar der erste Vorsitzende des Sportvereins in Dernau*, der 500 Mitglieder

	beinhaltet, zirka 250 aktive insgesamt und 250 inaktive.
Frau Denning	Haben Sie mal aktiv Sport getrieben?
Herr Näkel	Ich habe aktiv Fußball gespielt, ja. Wenn man Wandern als Sport bezeichnen kann, dann würde ich auch sagen, ich würde heute noch Sport betreiben.
Frau Denning	Wandern Sie allein?
Herr Näkel	Am liebsten wandere ich mit meinem Eheweibe,† und wenn es möglich ist, auch die Kinder nehme ich dann mit.
Frau Denning	Sind Sie in einem Wanderverein?
Herr Näkel	Im *Eifelverein*. In Dernau ist eine große Ortsgruppe des *Eifelvereins*, ist sehr rege, hat ein großes Freizeitzentrum oben auf dem Krausberg. Das ist ein Mekka der Wanderer für den ganzen Kreis, auch weit darüber hinaus, und das Wandern wird hier groß geschrieben.
Frau Denning	Was macht Ihnen am Wandern besonderen Spaß?
Herr Näkel	Mir macht am Wandern besonders Spaß einmal das Tätigsein, und vor allem, daß man ein Gefühl der Entspannung erlebt — wenn man von der Wanderung müde nach Hause kommt — und sich auch körperlich wieder gesundet und gestärkt fühlt — und der kleine Imbiß, und dann schmeckt dazu der Rotwein ganz besonders gut.

der . . . beinhaltet	which has
wenn man . . . bezeichnen kann	if you can call . . .
wird . . . groß geschrieben	is very popular
daß man ein Gefühl der Entspannung erlebt	that you feel so relaxed
sich körperlich wieder gesundet fühlt	feel physically refreshed

*Kleinstadt etwa 50 km südlich von Köln.
†mit meinem Eheweibe (ironisch, aber freundlich) = mit meiner Ehefrau.

Hören und Verstehen

In ihrer Freizeit besucht Gabi Witt eine private Ballettschule. Sie tanzt in einem Jazzballett und geht auch privat gern tanzen. Am Tanzen gefällt ihr besonders die Kombination von Bewegung und Musik. Ihren anderen Sport hat sie schon mit vier Jahren gelernt — das Skilaufen. Jedes Jahr fährt sie in die Dolomiten, und dort läuft sie am liebsten mit anderen zusammen Ski.

Herr Müller	Fräulein Witt, treiben Sie Sport?
Fräulein Witt	Ja, im Moment mache ich in einem Jazzballett mit, und privat gehe ich noch sehr, sehr oft zum Tanzen. Und im Winter fahre ich Ski.
Herr Müller	Jazzballett, kann man das zu Sport zählen?
Fräulein Witt	Das würde ich doch sagen, denn es ist eine Art tänzerische Bewegung, die wirklich sehr viel Kondition erfordert und sehr viel Körperbeherrschung. . . .
Herr Müller	Sind Sie da in einem Verein?
Fräulein Witt	Nein, das ist eigentlich kein Verein, das ist eine private Ballettschule; und wir sind dort eine Gruppe von zwölf Leuten etwa.
Herr Müller	Was gefällt Ihnen so am Tanzen?
Fräulein Witt	Einfach die Bewegung auf die Musik. Ich wollte irgendwas machen, was nicht nur rein sportlich war, sondern was auch irgendwie etwas Rhythmisches hat und etwas Feingeistigeres einfach. Also nicht zum Beispiel wie Volleyball oder Tennis, sondern irgendwas, wo noch ein bißchen mehr dahintersteckt.
Herr Müller	Sie haben von Skilaufen noch gesprochen. Wo haben Sie das Skilaufen gelernt?
Fräulein Witt	Oh, ich glaube, das war in St. Johann in Österreich. Es liegt schon sehr lange zurück, deshalb weiß ich das nicht mehr hundertprozentig.
Herr Müller	Wer hat Sie zum Skisport gebracht?
Fräulein Witt	Das waren eigentlich meine Eltern. Meine Mutter konnte es schon auch von ziemlich klein auf, und mein Vater konnte es dann auch, und da haben meine Schwester und ich es dann auch gleich gelernt.
Herr Müller	Haben Sie schon mal eine Skischule besucht?
Fräulein Witt	Ja, das mache ich eigentlich jedes Mal mindestens für eine Woche, weil ich einfach lieber mit mehreren Leuten zusammen laufe, als daß ich da alleine fahre. Der Spaß in der Gruppe ist größer.
Herr Müller	Der Spaß beim Skifahren oder hinterher?
Fräulein Witt	Beides!

Überblick

**How to ask if people
go in for sport:**

Possible answers:

Treiben Sie Sport?

Nein, | ich treibe nicht mehr aktiv Sport
aber früher habe ich Hockey
    gespielt

Ja, ich | segele
schwimme
spiele Fußball
treibe noch etwas Sport

– how they got started:

Wie | sind Sie zu diesem Sport
gekommen?
haben Sie | das gelernt?
Hockey angefangen?

Durch meinen Mann
Ich habe mit meinem Vater gespielt
Ich habe mit Tennis angefangen, und
    dann hat Hockey mir mehr Spaß
    gemacht

— and when:

Wann haben Sie	Golf gelernt?	Ich habe es nie gelernt
	mit Fußball	Ich war damals 17 Jahre alt
	angefangen?	Ich habe nach dem Krieg angefangen

And what about club membership?

Sind	Sie in einem Verein?	Ja, im *Rot-Weiß Köln*
Spielen		Ja, ich bin Mitglied des Tennis-Clubs

How big is the club?

Wieviele	Mitglieder hat Ihr	Verein?	Der Verein hat insgesamt 450 Mitglieder
	Leute sind in Ihrem		70 aktive und 80 inaktive

— or more colloquially:

Wieviele Leute sind da drin? Zirka 200

And what makes their particular sport enjoyable?

Was macht Ihnen am

Wandern	am meisten Spaß?	Man	ist frei
Skifahren	besondere Freude?		bewegt sich
Tennis			trifft sehr viel Leute

Die Zeit nach dem | Spiel
Die Zeit nach dem | Wandern

Der Mannschaftssport gefällt mir
Die Bewegung macht mir

| besonders Spaß
| am meisten Freude

Übungen

1 Und dann ein Kölsch

A Sie treffen Frau Esser (Interview 1 auf Seite 37) in einem Lokal bei einem Glas Kölsch. Früher war sie sportlich sehr aktiv, aber Sie haben sie schon lange nicht gesehen. Welche Fragen stellen Sie?

a *Sie*   (Does she still go in for sport?)
   Frau Esser Ja, ich treibe noch etwas Sport, Hockey und Tennis.

b *Sie*   (What's her favourite sport?)
   Frau Esser Am liebsten spiele ich Hockey.

c *Sie*   (Is she in a club?)
   Frau Esser Ja, ich bin im *Rot-Weiß Köln*.

d *Sie*   (How big is the club?)
   Frau Esser Unser Verein hat zirka 1200 Mitglieder.

e *Sie* (What does she most enjoy about hockey?)

Frau Esser Am meisten Spaß macht mir die Zeit nach dem Hockey, jetzt, zum Beispiel. Prost!

B Fragen Sie auch Herrn Basting und Herrn Näkel. Wie antworten sie?

2 Was für ein Sport ist das?

a Mit 40 Jahren ist Herr Luther für diesen Sport zu alt. Er trifft sich aber noch gern mit Freunden aus der Mannschaft. Die Japaner sind für diesen Sport zu klein. Diesen Sport spielen die Neuseeländer besonders gut.

b Herr Pirrung liebt das Wasser. Seinen Sport betreibt er auf Flüssen, Seen und Meeren, aber ohne Wind kann er nichts machen. Für seinen Sport fährt er oft nach Kiel.

c Frau Hand kennt viele Anekdoten über ihren Lieblingssport. Nur wenig Frauen treiben diesen typisch englischen Sport. Bei diesem Sport trägt man weiß. Ein Spiel kann bis zu sieben Stunden dauern.

d Fräulein Willand interessiert sich für einen Männersport. Manchmal findet sie ihn etwas brutal. Für Amateure gibt es drei Runden, für professionelle Sportler mehr. Ein amerikanischer Sportler hat gesagt: ,,Ich bin der Größte.''

3 Eine sportliche Familie

Wie beantworten die 5 Familienmitglieder diese Fragen:

a Treiben Sie Sport?
b Sind Sie in einem Verein?
c Treiben Sie Ihren Sport lieber allein oder mit anderen?
d Wie sind Sie zu diesem Sport gekommen?

A Herr Werth (47), aktives Mitglied des Reitvereins. Er hat als Student mit dem Reiten angefangen. Jeden Morgen reitet er solo.

B Frau Werth (45), Vorsitzende des Alpenvereins. Das Skifahren hat sie als Kind gelernt. Sie ist gern unter Menschen.

C Hans Werth (18) haßt Vereine! Er hat immer die Natur und das Alleinsein geliebt.

D Brigitte Werth (17), ohne Verein kein Flugzeug! Schon als kleines Mädchen ist sie in die Ferien geflogen – das hat ihr Spaß gemacht.

E Anne Werth (16), Individualistin. Hans hat sie mit fünf Jahren ins Wasser geworfen – und das hat ihr gefallen!

4 Hier stimmt etwas nicht!

These sentences are in two halves. Match up the two columns to make sense.

1 Wenn man im Segelflugzeug fliegt,
    A trinken wir am liebsten ein Glas Kölsch.

2 Wenn ich wandern gehe,
    B treibt man am besten einen Mannschaftssport.

3 Wenn wir uns nach dem Tennis treffen,
    C sieht man die Erde aus einer anderen Perspektive.

4	Wenn man viel Leute kennenlernen möchte,	D	erlebt man ein Gefühl der Entspannung.
5	Wenn man müde nach Hause kommt,	E	nehme ich meine Frau und Kinder mit.

5 Wortspiel

Bilden Sie Wörter von 1–11. Alle Wörter finden Sie in den Interviews. Wenn Sie alle Buchstaben in der Mitte haben, wissen Sie, was Herrn Näkel am Wandern Freude macht.

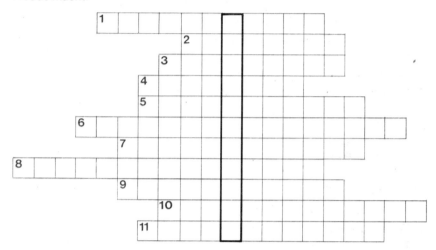

1 Herr Näkel ist im ....
2 Beim Hockey ergeben sich mehr .... als beim Tennis.
3 Herr Basting ist in einem Klub für ....
4 Am .... wandert Herr Näkel mit seiner Frau.
5 Beim Fliegen sieht man die Erde aus einer anderen ....
6 Hockey ist ein ....
7 Einige Mitglieder im *Klub für Luftsport* sind ....
8 Das .... auf dem Krausberg ist ein Mekka der Wanderer.
9 Zuerst hatten die Segelflugzeuge keine ....
10 Am .... macht Frau Esser die Zeit nach dem Spiel am meisten Spaß.
11 Herr Basting erzählt von seinem ....

Wissenswertes

Sport in der BRD

Ein Fünftel aller Westdeutschen – und das sind ca. 13,5 Millionen – dürfen sich offiziell „Sportler" nennen. Jedenfalls sind sie in einem Sportverein: dem *Turnverein Herford*, dem *Tennis- und Hockeyclub Rot-Weiß Köln*, dem *FC (Fußballclub) Bayern-München*, dem *Berliner Ruder-Verein von 1910*. . . . Alle Clubs oder Vereine einer Sportart bilden dann einen *Verband* oder einen *Bund*. Turnvereine sind z.B. Mitglied im *Deutschen Turnerbund*, und Ruderclubs gehören zum *Deutschen Ruderverband*. Es gibt 47 verschiedene Bünde und Verbände, und alle zusammen bilden den *Deutschen Sportbund* (*DSB*).

Sport mit und ohne Verein

Der größte Verband im DSB ist der *Deutsche Fußballbund* mit 3 197 800 Mitgliedern. Aber diese Millionen sind nicht alle aktive Fußballer. Zwei Drittel sind Zuschauer, Freunde, Fans und Helfer. Der zweitgrößte Verband ist der *Deutsche Turnerbund (DTB)* mit über zwei Millionen Mitgliedern. Ein Deutscher – Friedrich Ludwig Jahn – hat das Turnen vor über 150 Jahren erfunden, heute ist kaum eine deutsche Stadt ohne Jahnstraße. Für viele Deutsche heißt Sport auch heute noch ,,Turnen''. Aber viele Turnvereine bieten jetzt mehr als eine Sportart an, z.B. auch Handball, Volleyball oder Basketball. Das sind – nach Fußball – die populärsten Spiele in der BRD. Es gibt auch Hockey- und Rugbyclubs, aber Cricket spielen die Deutschen nicht. Aber sie reiten gern, und sie interessieren sich immer mehr für Tennis und Golf. Diese Sportarten sind ziemlich teuer, und so sind Leute mit höherem Einkommen oft unter sich in den Clubs. Weniger exklusiv ist Kegeln. Viele meinen, daß Kegeln überhaupt kein Sport ist, sondern nur eine Entschuldigung für einen fröhlichen Abend mit Freunden und viel Bier. Denn fürs Kegeln muß man nicht besonders fit sein – man muß nur gut zielen und trinken können. Kegeln ist wohl der einzige Sport, der im Wirtshaus stattfindet. Vor allem auf dem Lande findet man oft Gaststätten mit Kegelbahnen.

Es gibt zwar einen *Deutschen Kegler-Verband*, aber die meisten Bundesbürger kegeln lieber ohne Verein. Und auch **Millionen Skifahrer, Badmintonspieler, Schwimmer und Bootfahrer** brauchen keinen Club für ihren Sport.

Was ist neu ?

Drachenfliegen, Ski-Akrobatik und Windsurfing sind neu und zur Zeit sehr modern. Viele Deutsche hat das "Jogging-Fieber" gepackt. Und ein Sport aus Großbritannien kommt immer mehr in Mode: Squash. Aber Trainer dafür muß man noch importieren.

Information:
Deutscher Sportbund
Haus des Deutschen Sports
Otto-Fleck-Schneise 12
D – 6000 Frankfurt 71

5

Können Sie das bitte wiederholen?

Some revision – and a bit more besides

1   *Vor einigen Jahren ist die Familie Mundorf umgezogen. Die alte Wohnung im Kölner Vorort Weidenpesch war zu klein. In der neuen Wohnung sind Mundorfs sehr zufrieden.*

Herr Müller   Ist es Ihnen nicht schwergefallen, aus der Stadt heraus und dann noch auf die andere Rheinseite ... ?

Frau Mundorf   Da sprechen Sie ein Thema an, also! Aus der Stadt heraus war weniger schwierig, aber für alte Kölner ist es sehr, sehr schwer, rechtsrheinisch ein Domizil aufzubauen.

Herr Müller   Wie ist Ihnen die Entscheidung gefallen, bei dieser Wohnung zuzufassen? War das eine leichte Entscheidung, oder?

Frau Mundorf   Bei dieser Wohnung ist es uns sehr leichtgefallen.

Herr Müller   Und warum sind Sie umgezogen?

Frau Mundorf   Die Wohnung war so klein, und die Raummöglichkeiten waren begrenzt.

Herr Müller   Wie lange haben Sie da gewohnt?

Frau Mundorf   Da haben wir sieben Jahre gewohnt.

Herr Müller   Da sind die Kinder also groß geworden. Fiel denen die Trennung nicht schwer?

Frau Mundorf   Die Trennung fiel ihnen sehr schwer, zumal unsere Tochter dort in der Schule war und ihren Freundeskreis dort hatte. Für sie war es hier ein schwerer Anfang. Aber da sie sehr kontaktfreudig ist, hat sie das gemeistert und einen großen Freundeskreis auch hier wiedergefunden.

Herr Müller   Wie sind Sie heute mit Ihrer Wahl zufrieden?

Frau Mundorf   Wir sind sehr zufrieden. Wir möchten nicht mehr in die Stadt zurück.

da sprechen Sie ein Thema an	there you're asking me something
die Raummöglichkeiten waren begrenzt	we didn't have much room
fiel denen ... schwer?	did they find ... difficult?
zumal unsere Tochter dort in der Schule war	especially since our daughter was going to school there

2   *In seiner Freizeit läuft Eberhard Pfadler sehr gern. Er trainiert regelmäßig und läuft oft bei Wettkämpfen. Früher hat er auch andere Sportarten getrieben: Tischtennis, Radrennen und Radball.*

Frau Denning   Was machen Sie in Ihrer Freizeit?

Herr Pfadler   Einmal lerne ich Englisch, als zweites koche ich sehr viel, und als drittes laufe ich.

Frau Denning   Tun Sie das in einem Verein?

Herr Pfadler   Nein, ich bin in keinem Verein, aber es gibt in Deutschland den *Volkslauf*, und ich nehme sehr viel an Wettkämpfen teil.

Frau Denning	Wie oft finden solche Wettkämpfe statt?
Herr Pfadler	Wettkämpfe finden jedes Wochenende statt, samstags und sonntags....
Frau Denning	Wie lange müssen Sie für einen solchen Wettkampf trainieren?
Herr Pfadler	Ja, ich trainiere regelmäßig, laufe jeden Tag zwischen 10 und 15 Kilometer, und wenn ich jetzt speziell einen Wettkampf vorhabe, beispielsweise wenn ich einen Crosslauf machen muß, dann laufe ich speziell in einem schweren Gelände im Training.
Frau Denning	Wieviel Zeit nimmt das so in der Woche in Anspruch?
Herr Pfadler	Ja, pro Tag eine Stunde, mindestens also sieben Stunden in der Woche.
Frau Denning	Trainieren Sie allein?
Herr Pfadler	Nein, ich lauf' hier los und treff' mich auf dem Weg mit mehreren Kollegen, die immer wissen, um wieviel Uhr ich da vorbeikomme, und dann laufen wir gemeinsam.

*Herr Pfadler
(links) beim
Training*

Frau Denning	Wo kann man denn mitten in einer Stadt zum Beispiel Laufen trainieren?
Herr Pfadler	Man kann überall laufen. Man kann in jeder Großstadt immer laufen, und Köln liegt ja nun so schön, man kann ja rund um Köln immer im Wald laufen.
Frau Denning	Haben Sie auch schon mal eine andere Sportart betrieben in Ihrem Leben?
Herr Pfadler	Ja, ich habe viele Sportarten getrieben. Ich spielte vom 10. Lebensjahr an Tischtennis, habe als junger Mensch Radrennen gefahren und hab' auch mal eine Zeit Radball gespielt.
Frau Denning	Wann haben Sie mit dem Laufen angefangen?
Herr Pfadler	Ich habe mit dem Laufen etwa vor anderthalb Jahren oder zwei Jahren angefangen.
Frau Denning	Wie sind Sie überhaupt zum Laufen gekommen?
Herr Pfadler	Ich bin zu dem Laufen gekommen, weil ich mir sagte, ich muß irgendeinen Sport wieder treiben, und ich habe einen Kollegen, der ist Bergsteiger, und der sagte mir, daß das Beste, was es gibt, Laufen ist.

vom 10. Lebensjahr an	from the age of ten
wie sind Sie zum Laufen gekommen?	what made you take up running?
sagte mir, daß das Beste … Laufen ist	told me the best thing is running

3   *Sabine Rautenberg ist im Kölner Hauptbahnhof und möchte mit der Straßenbahn zum Zoo.*

Sabine   Entschuldigen Sie bitte. Ich komme doch mit der Straßenbahn zum Zoo, oder?

Herr Willeken   Ja, das ist richtig. Mit der Linie 11 in Richtung Mülheim.

Sabine   Und was für eine Fahrkarte brauche ich?

Herr Willeken   Sie brauchen einen Einzelfahrschein zu einer Mark fünfzig, den Sie an der Sperre oder im Zug stempeln, oder aber, falls Sie eine Streifenkarte benutzen zu drei Mark fünfzig, haben Sie drei Abschnitte, davon entwerten Sie einen.

den Sie stempeln	which you cancel
falls Sie … benutzen	if you use. …

4   *Frau Bär fährt mit dem Bus nach Weiden.*
    (Lesen Sie noch einmal Interview 3 auf Seite 11)

Frau Bär   Wie oft fahren die Bahnen?

Herr Willeken   In der Zeit von 9 bis 15 Uhr fahren wir in Richtung Weiden mit der 51 alle fünfzehn Minuten, und in der Spitze fahren wir öfter.

Frau Bär   Noch eine Frage: Gibt es Fahrscheine für Touristen?

Herr Willeken   Für Touristen leider nicht. Sie können höchstens eine Sammelkarte kaufen, da haben Sie drei Fahrten für drei Mark fünfzig. Und davon entwerten Sie dann eine Fahrt.

Frau Bär   Danke für Ihre Auskunft.

Herr Willeken   Bitte schön.

in der Spitze … öfter	more frequently at peak times

Information über Fahrkarten: siehe *Wissenswertes* auf Seite 53.

Hören und Verstehen

Zuerst hat Herr Bußbach bei Ford *in Köln gelernt, dann ist er zur* Deutschen Bundesbahn *gegangen. 1955 hat er als Heizer auf Dampflokomotiven angefangen, jetzt ist er Hauptlokführer. Im Mai 1965 hatte er eine berühmte Frau als Fahrgast: die Königin von England. Die Sicherheitsmaßnahmen waren enorm, mehr als bei den Herren der Bundesregierung.*

Frau Denning   Wie sind Sie Lokomotivführer geworden?

Herr Bußbach   Ich selbst habe nach meinem Schulabschluß als junger Mann bei *Ford* in Köln Maschinenschlosser gelernt und bin dann nach meiner Lehre zur *Deutschen Bundesbahn* gegangen. Aber bei mir war es nicht so, wie bei einer Eisenbahndynastiefamilie, wo man sagte: „Der Vater ist Lokführer, der Sohn wird auch Lokführer." Also, ich bin

	aus freien Stücken hingegangen, weil ich dachte, dieser Beruf müßte auch interessant sein.
Frau Denning	Und als was fängt man dann bei der Bundesbahn an?
Herr Bußbach	Ich habe mich damals in die Laufbahn zum Lokomotivführer gemeldet, habe dann noch in dieser Zeit, 1955, als Heizer auf Dampfloks angefangen und bin dann Reservelokführer, Lokführer, Oberlokführer und Hauptlokführer geworden.
Frau Denning	Haben Sie in Ihrer Karriere, in Ihrer Laufbahn, besondere Fahrgäste gehabt, die Sie gefahren haben?
Herr Bußbach	Ja, ich habe – von Deutschland aus gesehen – sehr viele Herren der Bundesregierung, auch ausländische, von Österreich, unter anderen auch mal die Königin von England gefahren.
Frau Denning	Wohin haben Sie die Königin von England gefahren?
Herr Bußbach	Wir sind einmal gefahren von Königswinter bis nach Wiesbaden und zwei Tage später von Köln nach Düsseldorf. Das war 1965 im Mai.
Frau Denning	Sind Sie ihr persönlich vorgestellt worden?
Herr Bußbach	Persönlich vorgestellt worden nicht, aber ich habe sie auf dem Bahnhof so etwa zwei, drei Meter an mir vorbeigehen gesehen.
Frau Denning	Der Zug der Königin: Was war das für ein Zug?
Herr Bußbach	Das war ein Sonderzug, und er war sehr lang – er hatte 15 Wagen. Normalerweise bei diesen Sonderzügen haben wir höchstens fünf oder sechs Wagen, aber ich nehme an, daß da sehr viel Sicherheitspersonal dabei war und auch noch andere Leute, die da mitgefahren sind.
Frau Denning	Ja, bei prominenten Besuchern werden ja überhaupt besondere Sicherheitsmaßnahmen getroffen.
Herr Bußbach	Ja, bei der Königin von England zum Beispiel fährt vor diesem Hauptzug, wo die Königin selbst mitfährt, noch ein Sicherungszug* davor und hinterher noch eine Lokomotive: Also, für alle Eventualitäten sind wir da gerüstet.
Frau Denning	Haben Sie die Königin allein gefahren?
Herr Bußbach	Nein, das habe ich nicht. In diesem Falle sind wir mit drei Leuten vorne drauf gewesen, und zwar zwei Lokführer und eine Aufsichtskraft von der Bundesbahndirektion Köln.
Frau Denning	Sind diese Sicherheitsvorkehrungen normal bei Prominentenbesuch?
Herr Bußbach	Nein, die sind nicht normal. Das haben wir nur bei der Königin von England gemacht.

'*Herr Bußbach hat sich versprochen: Er wollte „Sicherheitszug" sagen.

Überblick

Talking about past decisions

Who made the decision:	**Possible answers:**
Wer hat den Entschluß gefaßt?	Die ganze Familie

How difficult was it to make:

War es eine	schwere / leichte	Entscheidung? Es	ist uns leichtgefallen / war eine schwere Entscheidung

– and to carry out:

Ist	Ihnen den Kindern	die Trennung schwergefallen?

Nein, gar nicht

Ja, sie ist | uns
ihnen | schwergefallen

Ja, aber | wir | fühlen uns | jetzt wohl
sie | fühlen sich | hier

Ja, am Anfang, aber | wir | haben es
sie | gemeistert

– and was it the right choice:

Sind Sie mit Ihrer Wahl zufrieden?

Nicht ganz

Ja, | wir möchten nicht mehr zurück
wir sind sehr zufrieden (damit)

Talking about how often something happens:

Wie oft	trainieren Sie? finden Wettkämpfe statt?

Jeden Tag
Jedes Wochenende
Regelmäßig

Wie oft	fährt	der Bus? die Fähre? fahren	die Züge? die Bahnen?

Alle | halbe Stunde
15 Minuten, und in der Spitze öfter

Finding out about bus and tram tickets:

Was für	eine Fahrkarte einen Fahrschein	brauche ich?

Einen Einzelfahrschein

Eine | Sammelkarte
Streifenkarte

Gibt es Fahrscheine für Touristen?

Leider nicht
Ja, in Hamburg haben wir die Tageskarte

– and how many sections to cancel:

Wieviele	Streifen Abschnitte	muß ich entwerten?

Einen (Abschnitt)
Zwei (Streifen)

Übungen

1 Zusammen – oder getrennt?

Herr und Frau Bemp planen ihren nächsten Urlaub, aber da gibt es Probleme!

Was für einen Urlaub bevorzugt *er*?

a   Frankreich
b   mit der Familie
c   Wasser und Sonne
d   Urlaub am Strand
e   Luxushotel
f   teure Restaurants

Was möchte *sie* lieber machen?

a   Norwegen
b   mit Bekannten
c   Berge und Wind
d   wandert gern
e   Pension oder Privatzimmer
f   ißt gern einfach

Beispiel: Herr Bemp bevorzugt einen Urlaub in Frankreich, aber seine Frau möchte lieber nach Norwegen fahren.

2 München — aber billig!

Bevor Sie diese Übung machen, lesen Sie bitte Wissenswertes!

Sie sind einen Tag in München und wollen das Olympia-Stadion besuchen. Sie wollen mit der U-Bahn fahren. Sie stehen vor den Fahrkartenautomaten, aber verstehen nicht, wie sie funktionieren. Da kommt ein Mann in Uniform:

a *Sie*   (Stop him politely — can he help you?)
   Beamter   Ja, gerne. Was möchten Sie denn wissen?

b *Sie*   (You would like to go to the Olympic Stadium. What kind of ticket do you need?)
   Beamter   Sie können einen Einzelfahrschein kaufen, aber billiger fahren Sie mit einer Streifenkarte. Da haben Sie mehrere Abschnitte und können öfter fahren. Die Einzelfahrkarte kostet 1,50 DM und die Streifenkarte 5 DM.

c *Sie*   (That was a bit much. Could he tell you that again?)
   Beamter   Natürlich — unsere Streifenkarten kosten 5 DM und die Einzelfahrkarte 1,50 DM.

d *Sie*   (How many sections do you have to cancel — for the Olympic Stadium?)
   Beamter   Für die Fahrt zum Olympia-Stadion müssen Sie von der Streifenkarte zwei Abschnitte entwerten.

e *Sie*   (What about tickets for tourists?)
   Beamter   Ja, das haben wir auch — das 24-Stunden-Ticket. Das kostet 5 DM für den Innenraum, und Sie können damit 24 Stunden fahren, wie Sie wollen.

f *Sie*   (Where can you buy that?)
   Beamter   An den Automaten für Mehrfahrtenkarten oder am Kiosk dort drüben.

g *Sie*   (One more question: how often does the Underground run to the Olympic Stadium?)
   Beamter   Zu dieser Tageszeit alle 10 Minuten, aber in der Spitze alle 5 Minuten.

h *Sie*   (Thank him.)

3 Liebe auf den ersten Blick

Die Tochter Ihrer deutschen Brieffreundin ist mit einem Spanier verheiratet. Es war Liebe auf den ersten Blick. Spanien gefällt ihr, aber es tut ihr leid, daß sie ihre Eltern und Bekannten zurücklassen mußte. Spanisch fällt ihr leicht, und sie hat inzwischen neue Freunde gefunden. Sie ist mit ihrer Wahl zufrieden.

Wie antwortet sie auf Ihre Fragen?

a Sind Sie gern in Spanien?   ....

b Was ist Ihnen schwergefallen?   ....

c Und wie ist es mit der Sprache?
   Haben Sie da Schwierigkeiten gehabt? ....

d Haben Sie inzwischen einen neuen
   Freundeskreis gefunden?   ....

e Sind Sie mit Ihrer Wahl zufrieden?   ....

4

Reisen zu halben Preisen

Damen ab 60, Herren ab 65
sparen bei Bahnreisen mit dem
Senioren-Paß die Hälfte.
Den Paß A gibt es zu 50 Mark
(für Reisen dienstags, mittwochs,
donnerstags) oder den Paß B zu
98 Mark (für Reisen an allen
Tagen der Woche).

a   Wer kann den Senioren-Paß kaufen?
b   Mit welchem Verkehrsmittel kann man mit dem Paß fahren?
c   Was kosten die Pässe?
d   Welchen Preis zahlt man mit dem Paß?
e   Wann kann man mit Paß A fahren?
f   Und mit Paß B?
g   Wie heißt der Werbespruch (Slogan) für den Senioren-Paß?

5   Der Umzug

A   Die Familie Hartung, Ihre Brieffreunde in Deutschland, sind umgezogen.
So haben sie ihre Freunde über ihren Umzug informiert:

Wir haben das richtige Haus gefunden und:

Wir sind umgezogen!

REIMERS TRANSPORTE

STELLE ——— 7km ——▶WINSEN——— 7km —▶ ROTTORF

alte Anschrift: Hartung, Harburger Straße 15, 2093 Stelle.
neue Anschrift: Hartung, Kleiner Sandhagen 37, 2091 Winsen-Rottorf.

a   Wo hat die Familie Hartung früher gewohnt?
b   In welcher Straße haben sie dort gewohnt?
c   Wohin sind sie umgezogen?
d   Wie haben Hartungs den Umzug gemacht?
e   Durch welche Stadt sind sie gefahren?
f   Wie weit mußten sie insgesamt fahren?
g   Wie ist ihre neue Adresse?

B Von Ihrem letzten Besuch haben
   Sie ein Photo vom „alten" Haus
   der Familie Hartung:

Jetzt haben Ihre Freunde
ein Photo von ihrem neuen
Haus geschickt:

a Was für ein Haus hatten Hartungs früher?
b Warum sind sie umgezogen?
c Ist ihnen die Entscheidung schwergefallen?
d Was haben sie für ein neues Haus gekauft?
e Sind sie mit ihrer Wahl zufrieden?

Wissenswertes

Die öffentlichen Verkehrsmittel in den Städten

Es gab einmal eine Zeit in der BRD, da konnte man sich in einen Bus oder eine
Straßenbahn setzen und einfach losfahren. Im Wagen sagte man zu einem netten
Mann in Uniform: „Einmal Hauptbahnhof", und der nette Mann sagte einem den
Fahrpreis.

Das war die Zeit der Schaffner. Heute muß man alles
selbst machen. Man muß:

- genau wissen, wo man aussteigen will,
- selbst den richtigen Fahrpreis finden,
- sich einen Fahrschein kaufen, bevor man losfährt,
- den Fahrschein entwerten.

Leider ist das Verkehrssystem in jeder Stadt ein
bißchen anders. Was Sie z.B. in Hannover gelernt
haben, können Sie in Köln wieder vergessen!

Verkehrsmittel

In Kleinstädten gibt es meistens nur Busse, in mittelgroßen Städten Busse und
Straßenbahnen, und Großstädte haben außerdem oft eine S-Bahn (Stadtbahn oder
Schnellbahn – nicht Straßenbahn!) Immer mehr westdeutsche Städte bauen eine
U-Bahn (Untergrundbahn), obwohl das viel Zeit und Geld kostet. Die älteste
U-Bahn aus dem Jahre 1902 hat Berlin.

Tarifzonen

Dieses Wort muß man kennen, wenn man in der BRD mit öffentlichen Verkehrs-
mitteln fahren will. Tarifzonen sind Kreise auf dem Plan des Verkehrsnetzes. In

Hannover gibt es die Zonen 1,2,3, in Bonn die rote, blaue, gelbe und grüne Zone, in München die Kern-, Rand- und Außenzone. . . . Aber in allen Städten gilt das gleiche Prinzip: Wer von einer Zone in die andere fährt, muß mehr bezahlen. Nur in Berlin gibt es keine Zonen: Sie können mit Ihrer Fahrkarte so weit fahren, wie Sie wollen.

Fahrscheine

In fast allen Städten gibt es Einzelfahrscheine und Sammelkarten zu kaufen. Am einfachsten – aber auch am teuersten – fahren Sie mit dem Einzelfahrschein. Billiger ist die Sammelkarte. In Berlin und Hannover z.B. heißt sie tatsächlich „Sammelkarte", in München und Köln heißt sie „Streifenkarte", und in Stuttgart „Mehrfahrtenkarte", aber sie hat überall Abschnitte zum Entwerten. Bei U- und S-Bahn ist der Entwerter meistens an der Sperre, bei Bussen und Straßenbahnen an der Wagentür oder im Wagen. Wieviel Abschnitte muß man entwerten? Sehen Sie auf den Tarifzonenplan der Stadt, in der Sie gerade sind. . . .

Billiger fahren

Auch das ist in jeder Stadt anders. Hunde, Kinder, Behinderte, Rentner und Arbeitslose fahren meistens billiger. Und viele Städte haben besondere Sammelkarten für Touristen. Fragen Sie im Verkehrsamt oder bei den Verkehrsbetrieben!

A Quiz on Chapters 1–5

1   When did the Romans found Cologne?
2   What is *Hungerbiene?*
3   Which British sport is becoming very fashionable in the Federal Republic?
4   What do the Germans drink more of – beer or wine?
5   How far is Cologne's main station from the cathedral?
6   If you take over a flat in Germany which contains carpets, curtains or furniture, what do you often have to pay?
7   When was the first German underground railway built – and where?
8   What is the name of Schäl's friend?
9   Friedrich Ludwig Jahn is famous for inventing *what* sport?
10   What is the most expensive grade of German wine called?
11   What do the initials *DSB* stand for?
12   *S-Bahn* means „Straßenbahn". True or false?
13   What drink should one try in Berlin?
14   How long did it take to build Cologne cathedral?
15   Which German city has red, blue, yellow and green zones?
16   When did the Queen visit Cologne?
17   What is a *Flitzer?*
18   What are the three radio stations in Cologne called?
19   If you want to cancel a ticket to travel on a bus, tram or tube train, you use a machine. What is its German name?
20   What is *Schorle*, and where will you find it?

1   *Wolfgang Müller hat eine Kölner Schule besucht und mit drei Schülern gesprochen.*

        Als ältester von fünf Brüdern hat Thomas oft viel zu tun.

Herr Müller	Wohnst du hier in der Gegend?
Thomas	Ja, ich wohne hier in der Siedlung.
Herr Müller	Und wie heißt du?
Thomas	Thomas Ullrich, hab' dann noch fünf Brüder....
Herr Müller	Fünf Brüder?
Thomas	Ne, vier Brüder, Entschuldigung....
Herr Müller	Wie alt sind denn deine Brüder so? Jünger oder älter?
Thomas	Jünger alle. 14 Jahre alt, 12, 10 Jahre alt und 6 Jahre alt.
Herr Müller	Und wie alt bist du jetzt?
Thomas	15.
Herr Müller	Der älteste Bruder, das ist doch so eine Führerrolle im Haus, oder?
Thomas	Ja – obwohl das manchmal gar nicht so schön ist.
Herr Müller	Warum nicht?
Thomas	Och, wir haben einen Garten, da muß ich mehr im Garten helfen und auch so im Haus.
Herr Müller	Und wie ist dein Verhältnis zu den anderen Brüdern?
Thomas	Och, kann man mit ,,gut'' bezeichnen.

    ne = nein (colloquial)

das ist so eine Führerrolle	he's always having to take charge
obwohl das ... nicht so schön ist	but that's no great shakes....
wie ist dein Verhältnis zu ...?	how do you get on with ...?

2   *Andrea lernt seit fünf Jahren Englisch. In Wales hat sie Prinz Charles getroffen.*

Herr Müller	Andrea, was ist das für eine Schule, die du besuchst?
Andrea	'Ne Hauptschule.
Herr Müller	Und was hast du da für Fächer?
Andrea	Deutsch, Englisch, Mathematik, Biologie, Erdkunde, Geschichte, Wirtschaftslehre, Kunst, Musik....
Herr Müller	Das ist eine ganze Menge! Was für ein Fach interessiert dich am meisten?
Andrea	Englisch und Mathematik. Und auch Physik und Chemie.
Herr Müller	Englisch, sagst du. Wie lange machst du schon Englisch?
Andrea	Das sind jetzt ungefähr fünf Jahre.
Herr Müller	Dann wird dein Englisch ja sicher schon sehr gut sein!
Andrea	Ne, nicht besonders.

Herr Müller	Nein? Warst du schon mal in England?
Andrea	Ja, einmal. Von der Schule aus haben wir da eine Fahrt unternommen für zwei Wochen: zwei Tage in London und danach in Colomendy.*
Herr Müller	Und wie hat's dir da gefallen?
Andrea	Sehr gut war das.
Herr Müller	Was hast du denn da den ganzen Tag gemacht?
Andrea	Ah ja, wir haben Tennis gespielt, Badminton und . . . abends war Diskothek, oder Volkstänze haben wir so gemacht, dann haben wir Filme gesehen. Dann sind wir oft wandern gegangen, haben wir den höchsten Berg von England† bestiegen. . . .
Herr Müller	War das sehr anstrengend für dich?
Andrea	Nö, es war nicht anstrengend. Wir hatten schon vorher mal geübt. Und Prinz Charles haben wir da auch getroffen!

nö = nein (colloquial)

*Internationales Jugendzentrum in Nordwales.
†Sie meint: „den höchsten Berg von Wales".

3   *Anne, die Tochter von Frau Martinsdorf (Interview 2 auf Seite 29),
       ist Schülerin des Städtischen Gymnasiums in Rodenkirchen, einem
       Vorort von Köln. Ihr Lieblingsfach ist Mathematik.*

Herr Müller	Was machst du so als Hobby?
Anne	Ja, Sport. Ich gehe dreimal die Woche zum Volleyball. . . .
Herr Müller	Bist du da in einem Sportverein?
Anne	Ja, in einem Verein, und von der Schule aus machen wir auch Arbeitsgemeinschaften, wo das als Unterricht gewertet wird.
Herr Müller	In welche Schule gehst du?
Anne	In das Gymnasium Rodenkirchen – Städtisches Gymnasium.
Herr Müller	Und in welcher Klasse bist du?

Anne	Ich bin in Unterprima. Das ist zwölf.*
Herr Müller	Unterprima. Hast du da besondere Fächer?
Anne	Ja, Englisch und Mathematik.
Herr Müller	Und was machst du lieber, Englisch oder Mathematik?
Anne	Das ist schwer zu sagen. Eigentlich Englisch, aber es kommt ja auch immer auf den Lehrer an, und in dem Falle mache ich eben lieber Mathematik.

wo das als . . . gewertet wird   which counts as . . .

*zwölf = 12. Klasse. In West German schools, pupils are divided by *Schuljahr*, starting at age 6. An eleven-year old in the first year of secondary school would say: *Ich bin in der fünften Klasse* or *im fünften Schuljahr*. The last year at the *Gymnasium* is therefore *die dreizehnte Klasse*. Many people, especially in Northern Germany, still use the Latin terms and call the first year of *Gymnasium Sexta*, the second year *Quinta* and so on, until the last two years which are called *Unterprima* and *Oberprima*.

Mehr Information über Schulen in der BRD: siehe *Wissenswertes*, Seite 60.

Hören und Verstehen

Sibylle Birnstiel ist Realschullehrerin, unterrichtet aber an einer Gesamtschule. Ihre Schüler wollen vor allem Automechaniker oder Elektroingenieur werden, aber sie finden oft keine Arbeitsstelle. Ihre Schülerinnen sehen nicht immer wie gute Sekretärinnen aus, aber sie wollen im Büro arbeiten. Ein früherer Schüler von Frau Birnstiel war ein Rebell in der Schule, aber jetzt wird er Lehrer.

Herr Klein	Frau Birnstiel, was machen Sie beruflich?
Frau Birnstiel	Ich bin Lehrerin.
Herr Klein	Welche Fächer unterrichten Sie?
Frau Birnstiel	Deutsch und Englisch.
Herr Klein	Welche Schwierigkeiten haben Sie im Deutschunterricht?
Frau Birnstiel	Im Deutschunterricht habe ich zunächst einmal die Schwierigkeit, daß die Rechtschreibung immer schlechter wird. Das sagen übrigens auch die Firmen: Wenn sie ihre Lehrlinge prüfen, stellen die von Jahr zu Jahr fest, daß die Orthographie schlechter wird.
Herr Klein	Was haben Ihre Schüler heute für Berufswünsche?
Frau Birnstiel	Viele unserer Schüler wollen natürlich Automechaniker werden, weil das immer noch ein Modeberuf ist und weil die Jungens natürlich alle gerne mit Autos umgehen. Und das andere, was sie auch heute alle gerne werden möchten, ist, ja, Elektroingenieur. Und viele meiner Schüler, die laufen nun schon zum zehnten Mal und versuchen, sich irgendwo vorzustellen, oder stellen sich auch vor. Und dann kommen sie immer wieder mit leeren Händen.
Herr Klein	Woher wissen Sie das so genau?
Frau Birnstiel	Die Schüler müssen sich jedes Mal, wenn sie sich vorstellen, bei mir beurlauben. Und dadurch sehe ich ja, wie oft sie gehen. Und

wenn einer natürlich mehr als ein- oder zweimal geht, dann beginne ich mich zu interessieren und sag': „Wie ist es denn gelaufen?" Und dann gebe ich gute Ratschläge: Meinen Mädchen sage ich zum Beispiel: „Jetzt schminkt euch nicht mal ganz so kräftig und zieht euch mal ein bißchen niedrigere Schuhe an und nicht den engsten Rock." Sie finden sich natürlich immer besonders schön in Schwarz. Und dann sage ich: „Wollt ihr Barfrauen werden? Oder wollt ihr auf den Strich gehen?" Nein, sie wollen ins Büro.

Herr Klein   Hören Sie heute noch manchmal von Schülern, die schon vor langer Zeit den Abschluß bei Ihrer Schule gemacht haben?

Frau Birnstiel   Doch, das kommt immer wieder vor. Da hat mich zum Beispiel vor vier Wochen ungefähr ein Schüler plötzlich aus Hamburg angerufen: „Hier ist der Holländer!" Ich sag': „Keine Ahnung, wer ist denn da?" – „Ja, der Holländer, erinnern Sie sich denn nicht?" Den habe ich also im Jahre 1972 gehabt: Der hatte Haare, die gingen bis zum Popo und wollte alles grundsätzlich immer anders, als alle Lehrer das wollten. Und eines Tages war der Schüler verschwunden. Angeblich war er nach Amerika ausgerissen. Und jetzt ruft er mich an und sagt: „Raten Sie mal, was ich werde!" Sage ich: „Das kann ich nun wirklich nicht ahnen." – „Ich werde Lehrer!"

Überblick

When a German is talking to someone he knows very well, he usually doesn't call him *Sie*, he says *du*. This is called *duzen*. There is often some doubt about when to say *Sie* and *du*. In general, it is best to wait for your German partner to say *du*. But there are two safe instances: you can always say *du* to children up to the age of about 16 – and to animals! (More about *du* in chapter 9.)

Asking children about school:

In welche Schule gehst du?
Welche Schule besuchst du?
Wie lange bist du schon dort?
In welcher Klasse bist du?

Possible answers:

Ich gehe in eine Realschule
Ich besuche ein Gymnasium
Drei Jahre
Ich bin in (der) Unterprima

Asking them about themselves:

Wie heißt du?
Wie alt bist du?
Hast du Geschwister?
Was hast du für Hobbys?

If you say *du*, you'll also need to use *dich*, *dir*, *dein*:

Das ist für Sie
Gefällt es Ihnen?

Wo ist	Ihr Mann?
	Ihre Frau?
	Ihr Auto?

Wo sind Ihre Kinder?

Das ist für *dich*
Gefällt es *dir*?

Wo ist	*dein* Bruder?
	deine Schwester?
	dein Radio?

Wo sind *deine* Freunde?

Wie kommen Sie mit	Ihrem Chef Ihrer Kollegin Ihren Brüdern	aus?	Wie kommst du mit	*deinem* Bruder *deiner* Schwester *deinen* Eltern	aus?
Haben Sie	Ihren Freund Ihre Schwester Ihr Buch Ihre Sachen	gefunden?	Hast du	*deinen* Freund *deine* Schwester *dein* Buch *deine* Sachen	gefunden?

A few more useful questions:

Wie alt sind *deine* Brüder?
Wie ist *dein* Englisch?
Was ist *dein* Lieblingsfach?
Was interessiert *dich* am meisten?
Ist das schwer für *dich*?
Wie geht es *dir*?

and possible answers:

12 und 9 Jahre alt
Nicht sehr gut!
Kunst
Physik und Mathematik
Das kommt auf den Lehrer an
Gut, danke

To check up on the *du*-forms, see pages 219 and 220.

Übungen

1 Tragödie auf dem Zeltplatz

Sie sind auf einem Zeltplatz in Bayern. Ein kleiner Junge steht in der Nähe Ihres Zeltes und weint. Sie versuchen, ihm zu helfen. Was fragen Sie ihn?

Sie wollen wissen,

a warum er weint.
b wie er heißt.
c woher er kommt.
d wie lange er schon auf dem Zeltplatz ist.
e wo seine Eltern sind.
f ob er Geschwister hat.

2 Unterhaltung im Zug

Sie fahren mit dem *Tauern-Expreß* von Ostende nach Stuttgart. In Bonn steigt ein kleiner Junge ein. Er fährt allein zu seinen Großeltern nach Mainz. Sie unterhalten sich mit ihm. Was fragen Sie?

a ....? Ich wohne in Bonn.

b ....? Ich bin elf Jahre alt.

c ....? Ja, ich habe drei Schwestern.

d ....? Die sind alle älter als ich: 12, 14 und 17 Jahre alt.

e ....? Ich komme sehr gut mit ihnen aus.

f ....? Nein, ich bin noch nie in Mainz gewesen. Meine Großeltern wohnen erst seit fünf Monaten dort.

g ....? Früher haben sie in Bonn gewohnt.

h ....? Das weiß ich noch nicht. Das kommt darauf
an, wie es mir in Mainz gefällt.

i ....? Ende August muß ich nach Hause zurück.
Im September muß ich wieder in die
Schule. Leider!

j ....? Ja, ich fahre sehr gern mit dem Zug, aber am
liebsten fliege ich.

k ....? Ich bin schon zweimal geflogen! Einmal nach
Spanien, und letztes Jahr nach Korsika.

3 Fragen für Ingeborg

Sie treffen Ingeborg, die deutsche Brieffreundin Ihrer Tochter. Sie ist ungefähr
fünfzehn oder sechzehn Jahre alt. Sie unterhalten sich mit ihr. Was fragen Sie?

a *Sie*   (Ask whether to call her *du* or *Sie*.)
  Ingeborg   Sie dürfen mich gerne duzen.

b *Sie*   (You want to know how she likes England.)
  Ingeborg   Es gefällt mir sehr gut hier.

c *Sie*   (Is she still at school?)
  Ingeborg   Ja, ich besuche die Gesamtschule in Hamburg-Harburg.

d *Sie*   (Which form is she in?)
  Ingeborg   In der zehnten.

e *Sie*   (Which is her favourite subject?)
  Ingeborg   Das kommt auf den Lehrer an. Jetzt mache ich am liebsten
Erdkunde und Musik.

f *Sie*   (How long has she been learning English?)
  Ingeborg   Englisch? Schon seit sechs Jahren.

g *Sie*   (What is her English like?)
  Ingeborg   Mein Englisch ist nicht besonders gut.

h *Sie*   (What sort of hobbies does she have?)
  Ingeborg   Ich gehe gern tanzen.

i *Sie*   (Does she have a boyfriend?)
  Ingeborg   Ja, er studiert in Bradford.

4 Der Ball in Nachbars Garten

Für die Ferien haben Sie ein Haus in Deutschland gemietet. Ihre Kinder spielen
Tennis im Garten. Der Tennisball fliegt in den Garten nebenan. Nur Sie können
Deutsch. Was sagen Sie zu Christiane, dem Nachbarskind?

a *Sie*   (Stop her politely and ask if she has found a tennisball.)
  Christiane   Nein, wo soll er denn sein?

b *Sie*   (It must be in her garden.)
  Christiane   Ich hab' ihn nicht gesehen. — Mein Bruder sagt, Sie kommen
aus England. Stimmt das?

c *Sie*   (Tell her that is not quite right — you come from Scotland.)
  Christiane   Können die Kinder auch Deutsch?

d	*Sie*	(No, not yet. Does she speak any English?)
	Christiane	Ja. Ich kann ein bißchen Englisch – "good morning", "please" und so weiter.
e	*Sie*	(Ask her if she would like to come swimming with you and the children in the afternoon. Does she like swimming?)
	Christiane	Ja. Schwimmen ist mein Lieblingssport. Ich möchte gern mitkommen, aber zuerst muß ich meine Mutter fragen.
f	*Sie*	(Tell her she can come at 3 o'clock, if her mother says "yes".)

Wissenswertes

Schule in der BRD

Schulstunden und Zeugnisse. Die meisten westdeutschen Schulen sind „Halbtagsschulen". Das heißt: Die Schüler können schon um 13 Uhr nach Hause gehen. Aber die Schule fängt früher an (8 Uhr), die Schulstunden dauern länger (45 Minuten), die Pausen sind kürzer (höchstens 25 Minuten), und viele Schüler müssen auch samstags zur Schule gehen.

Das Schuljahr fängt im Herbst an und endet im Sommer. Viele Schüler können sich gar nicht richtig auf die sechs Wochen langen Sommerferien freuen, denn sie bekommen dann ihr Zeugnis. Wenn das Zeugnis sehr schlecht ist, kommt man nicht in die nächste Klasse, sondern muß das ganze Schuljahr wiederholen. Man nennt das: „Sitzenbleiben". Für westdeutsche Schüler (und Eltern!) gibt es nichts Schlimmeres! Denn ohne ein gutes Zeugnis hat man einen schlechten Start für das Berufsleben.

„Bleib ruhig sitzen, Vati, ich bin heute auch sitzengeblieben!"

Schulen und Verwaltung. Viele Schüler bleiben oft deshalb sitzen, weil sie während ihrer Schulzeit umgezogen sind. Denn was man z.B. in Niedersachsen gelernt hat, kann man in Bayern oft nicht gebrauchen. Es gibt keine zentrale Schulbehörde in der BRD. Jedes Bundesland hat sein eigenes Kultusministerium, das für die Planung und die Organisation der Schulen verantwortlich ist. Die Abteilungen des Ministeriums in den einzelnen Städten und Bezirken heißen „Schulämter". Diese Ämter haben großen Einfluß auf die Schulen. Sie entscheiden über den Lehrplan, über Prüfungen und über die Einstellung von Lehrern.

Welche Schule ist die richtige ? Überall in der BRD aber sind die Schultypen gleich. Alle Kinder gehen zuerst vier Jahre lang zur „Grundschule". Danach müssen sich die Eltern entscheiden, ob sie ihren Sohn oder ihre Tochter zur Hauptschule, zur Realschule oder zum Gymnasium schicken. Das Gymnasium hat am meisten Prestige, aber dort ist das Lernen sehr schwer und dauert mindestens neun Jahre. Am Ende steht eine schwere Abschlußprüfung – das Abitur. Früher konnten alle Schüler mit Abitur automatisch studieren. Aber heute gibt es zu viele Abiturienten und zu wenig Studienplätze an den Universitäten. Schüler mit guten Abiturzeugnissen haben die beste Chance, einen Studienplatz zu bekommen. Wenn man zur „Realschule" geht, darf man nicht studieren, aber man kann einen soliden Beruf wie Beamter, Bankkaufmann oder Sekretärin erlernen. Zur Realschule geht man sechs Jahre lang und hat dann die „Mittlere Reife". Die meisten westdeutschen Schüler gehen allerdings fünf Jahre zur Hauptschule und lernen danach einen praktischen Beruf.
Viele Pädagogen und Politiker finden das traditionelle Schulsystem altmodisch. Sie sind für „Gesamtschulen". In einigen Bundesländern gibt es schon viele Gesamtschulen, aber in anderen ist man weniger experimentierfreudig.

Privatschulen spielen in der BRD keine so große Rolle wie in Grßbritannien zum Beispiel. Es gibt zwar ein paar berühmte Internate wie *Salem* (die Schule von Prinz Philip) oder die *Odenwaldschule*, aber im allgemeinen schicken auch reiche Eltern ihre Kinder auf staatliche Schulen. Sonderschulen für Sehbehinderte, Schwerhörige oder Körperbehinderte sind allerdings oft in privater oder kirchlicher Hand.

7 Sie funktioniert nicht mehr

Getting repairs done

1   *Frau Rittrich geht ins Uhrengeschäft Carstensen.*

Verkäuferin	Guten Morgen!
Frau Rittrich	Guten Morgen! Ich möchte eine Uhr in Reparatur bringen.
Verkäuferin	Ja, was macht sie denn?
Frau Rittrich	Sie funktioniert nicht mehr, sie steht.
Verkäuferin	Macht sie das plötzlich?
Frau Rittrich	Sie ist mir mal runtergefallen, aber sie ist danach noch gelaufen. Jetzt plötzlich steht sie.
Verkäuferin	Ja, am besten ist es, Sie lassen sie uns mal hier, und wir schauen sie uns an.
Frau Rittrich	Sie können mir jetzt noch nicht sagen, wie teuer das wird?
Verkäuferin	Nein, das geht auf gar keinen Fall sofort. Am Mittwoch kann ich Ihnen Bescheid sagen.
Frau Rittrich	Am Mittwoch. Gut, dann komme ich am Mittwoch wieder vorbei.
Verkäuferin	Ja, gut, ist in Ordnung. Ja, geben Sie mir jetzt bitte Ihren Namen und Anschrift?
Frau Rittrich	Mein Name ist Siegrun Rittrich. . . . Ich wohne in Köln. . . . Olpener Straße 856.
Verkäuferin	Gut, Frau Rittrich. Sehen wir uns am Mittwoch nachmittag.
Frau Rittrich	Gut, herzlichen Dank.
Verkäuferin	Bitte schön. Auf Wiedersehen!

am besten ist es	the best thing you can do is
das geht auf gar keinen Fall sofort	it's just not possible to do that at once
sie ist mir mal runtergefallen	I dropped it

2   *Wolfgang Müller hat ein kleines Problem mit seinem Rasierapparat – aber da hilft Trockenrasierer-Service Hagner!*

Herr Hagner	Schönen guten Tag!
Wolfgang Müller	Schönen guten Morgen! Ich hab' hier einen Rasierapparat, und der ist irgendwie kaputt, der schneidet nicht richtig. Können Sie da mal sehen?
Herr Hagner	Ja, bitte schön. Darf ich überprüfen zuerst mal? Dann sagen wir Ihnen, was nötig ist. (*testet*) Das Gerät läuft sehr ungleich, also müßte dem Gerät die Leistung gegeben werden, es wird überholt, es wird neu eingestellt.
Wolfgang Müller	Was wird das ungefähr kosten?
Herr Hagner	Scherblatt 9.90 DM und dieser Klingenblock auch 9,90 DM, die Motorüberholung zirka 12 DM, also kommen ungefähr 32 DM herum raus.
Wolfgang Müller	Lohnt sich dieser Preis denn auch. . . . ?

```
Bei Abholung vorlegen!          Reparatur-
Fertig bis:  15 00              Schein Nr.  011400

Herr  Müller
Frau
Frl.
Anschrift  Pulheim Rossweiherfeld 7
Gegenstand: ........... 1 Stück  Braun 6006
Art der Reparatur: ..........................................
Gerät justieren Kleinteile 12.70
(Motorüberholung)
1 Messer kopt                        9.40
1 Scherblatt                         9.40
                                    39.50
Tag der Annahme: 1.3.77   Tag der Abholung: 1.3.77   Spezialgeschäft für Elektro-Rasierer
Kabel        ✓         Haartasche                    Hagner
Kabelring              Messerschutz  ✓     Filiale: KÖLN, Breite Straße 29
Kassette     ✓         Garantie            Kölner Ladenstadt No. 88, Ruf 237323
                                                35
Aufbewahrung nur 6 Wochen nach Fertigstellung
```

Herr Hagner	Unbedingt! Es hat dann wieder volle Leistung, Sie sind dann wieder zufrieden.
Wolfgang Müller	Und wie lange wird das dauern?
Herr Hagner	Sie können heute nachmittag wieder reinsehen. . . .
Wolfgang Müller	Ja, ich bin zufällig heute mittag wieder in der Stadt, und da kann ich das mitnehmen.
Herr Hagner	Geben Sie mir eine Anschrift bitte?
Wolfgang Müller	Ja, mein Name ist Müller. . . .
Herr Hagner	Herr Müller, haben Sie hier. . . . ?
Wolfgang Müller	Das ist Rossweiherfeld. . . .
Herr Hagner	Rossweiherfeld. . . .
Wolfgang Müller	Numero sieben.
Herr Hagner	Nummer sieben. Ist recht.
Wolfgang Müller	Gibt es auf die Reparatur Garantie?
Herr Hagner	Sie haben ein halbes Jahr Garantie.
Wolfgang Müller	Ja, gut. Dann lasse ich das hier und komme es heute mittag holen, ja?
Herr Hagner	Gut!
Wolfgang Müller	Danke schön. Wiedersehen.
Herr Hagner	Wiedersehen, Herr Müller.

müßte . . . die Leistung gegeben werden	needs to be given its power back
es wird überholt, neu eingestellt	it'll be overhauled and reset
kommen ungefähr 32 DM herum raus	that'll come to about 32 marks
hat wieder volle Leistung	will work perfectly again

3   *Herr Fischer bringt seinen Wagen zum Autohaus Fleischhauer.*

Meister	Guten Morgen, kann ich Ihnen helfen?
Herr Fischer	Guten Morgen! Ja, bei mir am VW-Käfer funktioniert der Blinker nicht, und die Kontrolleuchte im Tachometer funktioniert auch nicht.
Meister	Ja, wird wahrscheinlich das Blinkrelais sein. Darf ich da mal Ihre Zulassung haben?
Herr Fischer	Ja, Moment bitte.
Meister	Ja, ... den Kilometerstand sagen Sie mir auch noch. ...
Herr Fischer	130 000.
Meister	130 000. Kann ich Sie telefonisch erreichen?
Herr Fischer	Ja, ich habe die Rufnummer 13 37 64.
Meister	Ja, danke.
Herr Fischer	Wann kann ich den Wagen abholen?
Meister	Den können Sie gegen 14, 15 Uhr abholen.
Herr Fischer	14, 15 Uhr?
Meister	Reicht Ihnen das?
Herr Fischer	Ja, ist in Ordnung, komme ich um die Zeit mal vorbei. Wie teuer wird das ungefähr kommen?
Meister	60, 70 DM rum.
Herr Fischer	Gut. Den Schlüssel. ... ?
Meister	Den Schlüssel lassen Sie mir hier, vielen Dank, und dann bis 3 Uhr rum.
Herr Fischer	Wiedersehn!
Meister	Wiedersehn!

die Kontrolleuchte im Tachometer	warning light in the speedometer
wird wahrscheinlich das Blinkrelais sein	it'll probably be the indicator relay
Zulassung	siehe *Wissenswertes*, Seite 70
reicht Ihnen das?	is that soon enough?
komme ich = dann komme ich	
bis 3 Uhr rum	see you about 3

Hören und Verstehen

Herr Jürich ist Mitglied des Deutschen Automobil-Veteranen-Clubs, *denn sein Hobby ist ein Mercedes-Benz aus dem Jahre 1935. Er hat das Auto vor einigen Jahren in England gekauft. Herrn Jürichs Nachbarn sagen, es ist seine zweite Frau!*

Fräulein Witt	Herr Jürich, was für ein Auto haben Sie?
Herr Jürich	Ich habe eigentlich zwei Autos. Vor der Garage habe ich mein Alltagsauto, und die Garage benutze ich, um mein wertvolleres Auto hineinzustellen und zwar: Das ist ein sehr altes Auto, das ist älter wie* ich selbst. Ich bin Baujahr 1939, und das Automobil ist Baujahr 1935, also vier Jahre älter wie ich, ist aber wieder in sehr gutem Zustand.
Fräulein Witt	Wo kriegt man denn ein so altes Auto her?

Herr Jürich	Ja, das ist eine lange Geschichte. Da muß ich Ihnen erzählen, ich war anderthalb Jahre in England und ich habe dort Spaß dran gefunden an dem Hobby, die Pflege von alten Automobilen. Und das brachte mich dazu, in einer Zeitschrift immer zu blättern, wo also Veteranen angeboten werden, und da fand ich plötzlich eine Annonce, und die hieß: „Nazi Staff Car, Baujahr 1935''. Ein Mercedes-Benz von 1935. Und das begeisterte mich also, setzte mich ans Telefon, und das klappte wunderbar, und der Herr sagte mir – es war eigentlich ein Mister – sagte mir, daß dieser Kaufpreis, den ich bezahlt habe, verwendet wird für das Auswandern nach Amerika.
Fräulein Witt	Konnten Sie das Auto da gleich mitnehmen?
Herr Jürich	Nein, also, das ist eine Geschichte für sich. Ich hätte es können, aber das war mir alles zu gefährlich. Ich mußte also einen Freund bitten. Dann bin ich mit meinem Wagen hingefahren, und wir haben uns ein sehr starkes Seil besorgt, denn schließlich war dieses Fahrzeug zwei Tonnen schwer. Und wir haben es in der Dämmerung durch London gezogen. Und als wir durch London fuhren, sagten die Leute immer: „Oh, guck mal da! Da fährt ein alter Merc''. Das ist eine Abkürzung für Mercedes-Benz auf englisch.
Fräulein Witt	Waren Sie mit dem Auto noch mal im Ausland?
Herr Jürich	Aus freien Stücken eigentlich nicht. Aber ich wurde darum gebeten. Und zwar war ich mit dem Auto in Holland, wo ein englischer Film, *Travel by Dark*, mit dem Fernsehen BBC gedreht wurde, und ich mußte dieses Fahrzeug dorthin fahren, und das war eine lange Strecke.
Fräulein Witt	Was hat Ihre Familie dazu gesagt?
Herr Jürich	Ach die war immer anfangs sehr verärgert darüber, und die Nachbarn haben schon immer gesagt: „Das ist seine zweite Frau''!

*So sprechen viele Deutsche: Korrekt ist: . . . „älter *als* ich.''

Überblick

To take something to be repaired, you can say:

| Ich möchte | die Uhr
den Rasierapparat
mein Auto | in Reparatur bringen |

| Er
Sie | funkioniert nicht | mehr
richtig |

| Es ist | kaputt
nicht in Ordnung |

To ask for an estimate:

Was wird das ungefähr kosten?
Wie teuer wird das kommen?
Können Sie mir sagen, wie teuer
   das wird?

You may be told:

Um 60 DM rum
Ungefähr 12 DM
Das wird auf ungefähr 32 DM kommen

To find out if it's worth repairing:

| Lohnt sich | das?
dieser Preis?
diese Reparatur? |

Ich sage Ihnen am Mittwoch Bescheid
Das kann ich Ihnen leider noch nicht
   sagen
Unbedingt. Sie sind dann wieder
   zufrieden
Eigentlich nicht. Sie kaufen am besten ein
   neues Gerät

– how long the repair will take:

Wie lange wird das dauern?

| Wann kann ich | die Uhr
den Wagen
das Auto | abholen? |

Kommen Sie am Mittwoch wieder vorbei

| Sie können | sie
ihn
es | gegen 14 Uhr abholen |

– and if there is a guarantee:

Gibt es auf die Reparatur Garantie?

| Sie haben | einen Monat
ein halbes Jahr | Garantie |

To check on the use of *werden*, see page 225.

Übungen

1   Der Cassettenrecorder

Ihr Cassettenrecorder funktioniert nicht mehr. Sie gehen in ein Elektrogeschäft.

a   *Sie*   (You would like to have your cassette recorder repaired.)
    Verkäufer Ja, was ist denn damit?
b   *Sie*   (It isn't working.)
    Verkäufer Macht er das plötzlich?

c	*Sie*	(Yes, it fell down.)
	Verkäufer	Dann muß ich ihn überprüfen.
d	*Sie*	(How long will that take?)
	Verkäufer	Wir haben jetzt viel zu tun. Können Sie in drei Tagen vorbeikommen?
e	*Sie*	(You must have it tomorrow.)
	Verkäufer	Das geht auf gar keinen Fall. Aber kommen Sie übermorgen vorbei!
f	*Sie*	(Ask for an estimate.)
	Verkäufer	Das kann ich leider jetzt noch nicht – aber übermorgen.
g	*Sie*	(Is it worth repairing?)
	Verkäufer	Das weiß ich noch nicht – aber wenn nicht, haben wir hier ein Sonderangebot: dieser Recorder kostet nur 140 DM.
h	*Sie*	(Yes, perhaps you'll buy it. You'll call in again the day after tomorrow.)

2 Hier stimmt etwas nicht.

Match up the sentences in the two columns.

1 Mein VW ist nicht ganz in Ordnung.

A Er läuft, aber er schneidet das Gras sehr schlecht.

2 Können Sie bitte mein Radio reparieren?

B Das Wasser wird nicht richtig heiß.

3 Mein Rasenmäher funktioniert nicht.

C Der Scheibenwischer ist kaputt.

4 Ich möchte eine Uhr in Reparatur bringen.

D Mit der Mittelwelle ist etwas nicht in Ordnung.

5 Können Sie bitte sehen, was mit dieser Lampe ist?

E Sie ist runtergefallen, und jetzt steht sie plötzlich.

6 Mein Kaffeeautomat ist irgendwie kaputt.

F Heute habe ich die ganze Familie zum Abendessen eingeladen. Können Sie ihn schnell reparieren?

7 Ich habe hier einen Rasierapparat.

G Sie scheint einen falschen Kontakt zu haben.

8 Mein Mixer ist kaputt.

H Der rasiert nicht richtig.

3 Aber schnell, bitte!

Frau Ursula Schmitt wohnt in der Paul-Keller-Straße 45. Ihr Haartrockner ist kaputt. Sie möchte wissen, was die Reparatur kostet und wie lange sie dauern wird. Aber das kann der Verkäufer noch nicht sagen. Vielleicht ist der Trockner bis Freitag fertig.

Dialog im Elektrogeschäft

Frau Schmitt	Ich möchte meinen Haartrockner in Reparatur bringen.
Verkäufer	Ja, was ist denn damit?
Frau Schmitt	Er funktioniert nicht mehr.
Verkäufer	Seit wann?
Frau Schmitt	Ganz plötzlich.

Verkäufer	Ja, ich werde einmal nachsehen.
Frau Schmitt	Können Sie mir sagen, was das kostet?
Verkäufer	Nein, das kann ich leider noch nicht sagen.
Frau Schmitt	Wie lange wird die Reparatur dauern?
Verkäufer	Das kann ich noch nicht sagen. Können Sie am Freitag vorbeikommen? Geben Sie mir Ihre Anschrift, bitte?
Frau Schmitt	Ja, Ursula Schmitt, Paul-Keller-Straße 45.
Verkäufer	Kann ich Sie telefonisch erreichen?
Frau Schmitt	Leider nicht.

Make up similar conversations for the following:

a   Herr Braun wohnt in der Ohmstraße 13 und hat die Telefonnummer 50 10 52. Sein Fernseher ist schon seit zwei Wochen kaputt. Er hat kein Bild — nur den Ton. Die Reparatur wird etwa 80 DM kosten. Lohnt sich das? (Ein neuer Apparat kostet natürlich sehr viel mehr.) Die Reparatur wird eine Woche dauern.

b   Fräulein Wittat ist auf einer Geschäftsreise und wohnt im Hotel Wien, aber sie weiß die Telefonnummer des Hotels nicht. Heute, Dienstag, ist sie zu spät zur Konferenz gekommen: ihr Wecker funktioniert nicht mehr. Er ist gestern runtergefallen. Die Reparatur wird um 23 DM kosten und drei Tage dauern. Es gibt einen Monat Garantie.

c   Frau Krause wohnt in der Führichstraße 21 und hat die Nummer 30 31 88. Sie hat ein großes Problem: die Gefriertruhe ist kaputt. Der Thermostat funktioniert plötzlich nicht mehr. Frau Krause ruft die Firma an. Kein Problem! Sie wird einen Techniker schicken. Er wird in einer halben Stunde kommen.

4   Der ADAC hilft immer

Sie sind auf der Autobahn Aachen-Köln. Plötzlich funktioniert der Motor nicht richtig. Sie sind Mitglied der AA und rufen die ADAC-Straßenwacht an. Ihr Auto steht in der Nähe der Notrufsäule Nr. 288.

	Sie	Guten Tag. Können Sie mir helfen?
	ADAC	Ja, was kann ich für Sie tun?
a	Sie	....
	ADAC	Ihr Auto ist kaputt? Was funktioniert denn nicht?
b	Sie	....
	ADAC	Sind Sie Mitglied des ADAC?
c	Sie	....
	ADAC	Wo sind Sie?
d	Sie	....
	ADAC	An welcher Notrufsäule?
e	Sie	....
	ADAC	Bitte, bleiben Sie bei Ihrem Wagen.
f	Sie	....
	ADAC	Nicht länger als eine halbe Stunde.
g	Sie	....
	ADAC	Bitte schön. Auf Wiederhören.

5 Rätsel

Alle Wörter finden Sie in den Dialogen.

Waagerecht

1 Wann kann ich den Wagen . . . . ?
2 Frau Rittrichs Uhr . . . .
5 Ich möchte einen Rasierapparat in . . . . bringen.
6 Am VW . . . . der Blinker nicht.
8 Gibt . . . . auf die Reparatur Garantie?
11 Wie . . . . wird das ungefähr kommen?
12 . . . . sich dieser Preis denn auch?
13 Am Mittwoch kann ich Ihnen Bescheid . . . .

Senkrecht

1 Geben Sie mir bitte Ihren Namen und Ihre . . . . ?
3 Mein Rasierapparat ist irgendwie . . . .
4 Meine . . . . ist mal runtergefallen.
7 Was wird das ungefähr . . . . . . ?
9 Dieser . . . . lohnt sich unbedingt!
10 Das Gerät hat dann wieder . . . . Leistung.

Wissenswertes

Drei Deutsche – ein Auto

Wenn die Zahl der Autos weiter so schnell wächst, wird es 1985 vielleicht mehr PKWs (*Personenkraftwagen* – das offizielle Wort für Autos) als

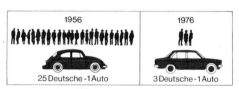

Einwohner in der BRD geben. Die westdeutschen Automobilwerke produzieren jährlich ca. 3 Millionen neue Fahrzeuge. Über die Hälfte der Produktion geht ins Ausland – die BRD ist der größe Automobilexporteur der Welt. Dafür kaufen die Deutschen selbst immer lieber ausländische Autos. Zirka ein Viertel aller PKWs in der BRD kommt heute aus anderen Ländern.

Deutsche Verkehrssünder

Die BRD hat eine der höchsten Unfallraten der Welt. In Witzen sind meistens die Frauen schuld, aber in Wirklichkeit fahren sie sicherer. Das sagt jedenfalls die Statistik.

Alle bundesdeutschen Kraftfahrer haben vor der Stadt Flensburg Angst. Denn dort ist das *Kraftfahrt-Bundesamt*. In seiner Kartei sind alle Verkehrssünder nach Punkten registriert: Stoppschild nicht beachtet – 1 Punkt, Trunkenheit am Steuer – 4 Punkte, Fahren ohne Führerschein – 6 Punkte. Bei 18 Punkten in zwei Jahren verliert man den Führerschein. Und das ist natürlich für jeden Autofahrer das Schlimmste.

Zulassung und Autonummern

Wer in der BRD Auto fährt, muß nicht nur seinen Führerschein, sondern auch die *Zulassung* (auch *Kraftfahrzeugschein* genannt) immer bei sich im Wagen haben. Auf der deutschen Zulassung stehen Typ, Baujahr und Nummer des Autos. Aus deutschen Autonummern kann man leicht ein Städtequiz machen: Man kann nämlich an den Buchstaben vor der Nummer sehen, woher die Autos kommen! Großstädte und mittlere Städte haben einen oder zwei Buchstaben und kleinere drei.

Ortskennzeichen

A	Augsburg	E	Essen	M	München
AC	Aachen	F	Frankfurt	MR	Marburg
B	Berlin (West)	GÖ	Göttingen	ROT	Rothenburg
DO	Dortmund	K	Köln	S	Stuttgart

„Er startet nur, wenn der Kaiser kommt!"

Automobilclubs

Über 5 Millionen Westdeutsche sind Mitglieder von Automobilclubs. Die meisten davon sind im *ADAC* (*Allgemeiner Deutscher Automobilclub*). Die britische AA ist die Schwesterorganisation des *ADAC*. Wenn Sie also AA-Mitglied sind, hilft Ihnen in der BRD automatisch der *ADAC*. Die erste Pannenhilfe von der *ADAC-Straßenwacht* ist frei – nur das Material müssen Sie bezahlen. Wenn Ihr Wagen in eine Werkstatt muß, schleppt ihn der *ADAC*-Straßendienst dorthin ab, aber das kostet Geld. Wenn Sie sich gegen diese Kosten versichern wollen, müssen Sie das zu Hause in Großbritannien tun. Bei allen Automobilclubs oder Versicherungsgesellschaften können Sie eine Auslandsversicherung abschließen. Ein ganz anderer Automobilclub ist der *Deutsche Automobil-Veteranen-Club* (*DAVC*). Nur, wer einen echten „Oldtimer" hat, kann dort Mitglied werden und an den Rallyes des Clubs teilnehmen.

Information:
ADAC
Sendlinger-Tor-Platz 9
D – 8000 München 2

Davon bin ich überzeugt!

Talking about beliefs and convictions

1   *Herr Linnartz (Interview 1 auf Seite 19) ist nur noch theoretisch Katholik und wird eines Tages aus der Kirche austreten.*

Frau Denning   Herr Linnartz, sind Sie katholisch oder evangelisch?
Herr Linnartz   Ich bin katholisch.
Frau Denning   Sind Sie ein aktiver Katholik?
Herr Linnartz   Nein.
Frau Denning   Finden Sie es richtig, daß die Kirche Kirchensteuer einzieht?
Herr Linnartz   Das finde ich überhaupt nicht richtig, denn davon bin ich sehr betroffen. Und aus diesem Grunde werde ich auch wahrscheinlich eines Tages die Kirche mal verlassen.
Frau Denning   Warum, glauben Sie, sind in den letzten Jahren so viele Leute aus der Kirche ausgetreten?
Herr Linnartz   Ja, ich glaube einmal, wegen der Kirchensteuer, und die Leute sind wahrscheinlich der Meinung: ,,Wenn ich also nicht in die Kirche gehe, wofür soll ich die Kirche dann finanziell unterstützen?'' Ich glaube, daß dieser Aspekt wohl der wichtigste ist.
Frau Denning   Glauben Sie, daß das die einzigen Gründe sind für die vielen Austritte?
Herr Linnartz   Die einzigen Gründe nicht. Ich könnte mir außerdem noch vorstellen, daß sie sagen: ,,Was brauche ich 'ne Kirche? Wenn ich meinen Glauben habe, das hat also nichts mit der Kirche zu tun.'' Ich glaube, das ist wohl die verbreiteste Meinung.

daß die Kirche Kirchensteuer einzieht	for the church to collect church tax (siehe *Wissenswertes*, Seite 79)
davon bin ich sehr betroffen	that affects me directly

2   *Rosel Martinsdorf (Interview 2 auf Seite 29) ist katholisch und spricht für die Kirche.*

Herr Müller   Sind Sie gläubiger Katholik?
Frau Martinsdorf   Ja, Gott sei Dank bin ich gläubiger Katholik, aber damit will ich nicht sagen, daß ich ein sehr guter Christ bin, denn das ist sehr schwer.
Herr Müller   Gehen Sie regelmäßig in die Kirche?
Frau Martinsdorf   Wenn ich kann, ja.
Herr Müller   Warum, glauben Sie, treten so viele Leute aus der Kirche aus?
Frau Martinsdorf   Ja, ich nehme an, vor allen Dingen des Geldes wegen, und es ist – ja, wie sagt man heute? – der ,,Zug der Zeit''. . . . Ich bedaure das sehr.

Herr Müller	Welchen Einfluß hat die Religion auf die Politik?
Frau Martinsdorf	Meinen Sie jetzt persönlich oder im allgemeinen?
Herr Müller	Nach Ihrer persönlichen Meinung.
Frau Martinsdorf	Ja, nun in früheren Jahren war der Einfluß ja sehr groß. Und heute: Ja, er ist noch da.
Herr Müller	Zahlen Sie Kirchensteuer?
Frau Martinsdorf	Ja.
Herr Müller	Zahlen Sie sie gerne?
Frau Martinsdorf	Nein. Ich zahle sie nicht gern. Ich zahle auch andere Steuern nicht gerne. . . . Aber wir zahlen sie und wir wissen, es wird anderen damit geholfen.

damit will ich nicht sagen	that doesn't mean . . .
der Zug der Zeit	the modern trend
es wird anderen damit geholfen	it helps other people

Herr Pfadler

3   *Herr Pfadler (Interview 2 auf Seite 45) war früher evangelisch, aber heute will er nichts mehr mit Religion zu tun haben.*

Frau Denning	Sind Sie katholisch oder evangelisch, Herr Pfadler?
Herr Pfadler	Ich bin evangelisch getauft, ich hab' jetzt keine Kirchenbindung mehr.
Frau Denning	Katholische Geistliche dürfen nicht heiraten. Finden Sie den Zölibat richtig?
Herr Pfadler	Nein, ich finde das nicht richtig. Ich meine, das ist für diese Menschen viel zu schwierig, warum sollen die nicht heiraten? Ich lehne das also total ab.
Frau Denning	Viele evangelische Pfarrer sind verheiratet, haben eine Familie. Glauben Sie, daß sich das vielleicht günstig auswirkt?
Herr Pfadler	Ja, davon bin ich fest überzeugt, denn die Menschen sind viel ausgeglichener.
Frau Denning	Glauben Sie, daß in Deutschland die Religion zu großen Einfluß hat, zum Beispiel auf politische Dinge?
Herr Pfadler	Ja, in Deutschland vielleicht nicht so sehr, aber in anderen Ländern von Europa sehe ich das doch sehr stark. In Deutschland hat nach meiner Meinung zum Glück der große Einfluß der Kirche doch nachgelassen.

daß sich das günstig auswirkt	that this is a good thing

4   *Hans Bauhoff ist kein praktizierender Katholik mehr. Er hat sehr*
         tolerante Ansichten über die Religion.

Frau Denning   Praktizieren Sie Ihren Glauben?
Herr Bauhoff   Ich praktiziere ihn heute nicht mehr.
Frau Denning   Finden Sie es richtig, daß der Staat die Kirchensteuer einzieht?
Herr Bauhoff   Nein, das finde ich an und für sich nicht richtig.
Frau Denning   Sind Sie der Ansicht, daß man Kinder schon ganz früh taufen soll?
Herr Bauhoff   Ja, also, ich bin heute schon Großvater, habe also einen Enkel und
         sorge auch dafür, daß der katholisch erzogen wird. Welche
         Meinung er sich später bildet, das ist ihm überlassen.
Frau Denning   Finden Sie es richtig, daß Kinder in der Schule Religionsunterricht
         haben?
Herr Bauhoff   Ja.
Frau Denning   Ist das Ihrer Ansicht nach besser, als es früher war?
Herr Bauhoff   Ja, ich finde, das ist etwas besser. Protestanten, Katholiken sind
         hier zusammen und sie wachsen alle miteinander auf.

ich sorge ... dafür, daß der katholisch erzogen wird	I make sure that he's given a Catholic upbringing
welche Meinung er sich bildet	what opinion he adopts

Hören und Verstehen

Jörg Eichert ist Pfarrer in einer evangelischen Kirche in der Kölner Stadtmitte. 1971 hat er eine „Teestube" gegründet – sie ist ein Treffpunkt für Leute mit Problemen. Ein Artikel im Kölner Stadt-Anzeiger *hat der „Teestube" sehr geholfen. Herr Eichert ist nicht gegen die Kirchensteuer: Ohne sie könnten viele kirchliche Kindergärten, Krankenhäuser, Altersheime nicht existieren.*

Fräulein Witt   Wie lange gibt es eigentlich die „Teestube" schon?
Herr Eichert   Seit 1971. Das war ein riskantes Unternehmen. Uns ging es ja um Leute, die Kontaktprobleme haben.
Fräulein Witt   Wie erreichen Sie die Leute?
Herr Eichert   Einmal über Fernsehen und Rundfunk, zweitens auf dem Weg über unsere Teestubenfaltblätter, drittens über die Tageszeitungen, und viertens auf dem Weg der persönlichen Werbung.
Fräulein Witt   Was für Erfahrungen haben Sie denn mit Zeitungen gemacht?
Herr Eichert   Als wir mit „Teestube" begannen, hat der *Kölner Stadt-Anzeiger* einen Redakteur auf meine Fährte gesetzt und wollte dann einen ganzseitigen Artikel über mich bringen. Und dieser Artikel erschien dann auch mit einem Prachtphoto von mir und mit der wunderbaren Überschrift: *Die Kirche interessiert mich gar nicht.* Ich wollte am liebsten in den Boden versinken, aber in solchen Fällen öffnet sich für mich der Boden nie. Der Artikel hat enorm gewirkt. Ich habe keine einzige Kritik zu dem Artikel gehört.

Fräulein Witt	Was haben Sie denn gemeint: „Die Kirche interessiert mich nicht"?
Herr Eichert	Da geht es um die Kirche als Institution. Im Neuen Testament geht es um die Leute, um die Menschen.
Fräulein Witt	Gehört zur Institution auch die Kirchensteuer?
Herr Eichert	Ja und nein. Ich halte die jetzige Lösung zwar für einigermaßen gerecht und billig: Auf der anderen Seite wäre es mir persönlich lieber, wenn die Beiträge freiwillig erfolgen würden. Wir haben darauf von vornherein verzichtet, für „Teestube" auch nur eine Kirchensteuermark zu akzeptieren. Das hat uns das Vertrauen unter den Leuten in Köln verschafft. Auf der anderen Seite muß man aber auch sagen, hat die Kirche gewisse öffentliche oder halböffentliche Aufgaben: Würde die Kirche von heute auf morgen sich gezwungen sehen, die Kindergärten aufzugeben, so wären die Kommunen überhaupt nicht in der Lage, eine solche riesige Last aufzufangen. Das gleiche betrifft Krankenhäuser, Altersheime, die sehr teuer sind.

Überblick

Asking someone's opinion:

| Meinen Sie, Glauben Sie, Sind Sie der Ansicht, | daß | die Religion wichtig ist? die Kirche einen Einfluß auf die Politik hat? |

Possible answers:

| Ja, | nach meiner Meinung davon bin ich überzeugt ich glaube, ihr Einfluß ist sehr stark |

| Nein, | nicht mehr – das ist der Zug der Zeit nach meiner Meinung hat ihr Einfluß nachgelassen |

| Ja, Nein, | ich bedaure das (sehr) |

Asking whether someone approves of something:

| Finden Sie es richtig, daß | der Staat Kirchensteuer einzieht? Kinder in der Schule Religionsunterricht haben? |

Ja, das finde ich richtig

| Nein, ich | lehne das ab finde das nicht richtig |

Asking why people do things:

Warum, glauben Sie, treten viele Leute aus der Kirche aus?

| Ich glaube, | wegen des Geldes des Geldes wegen wegen der Kirchensteuer der Kirchensteuer wegen* |

*To check up on the use of *wegen* see page 225.

— and whether there are other reasons:

Ist das der einzige Grund?
Sind das die einzigen Gründe?

Nein,

| der einzige Grund | nicht |
| die einzigen Gründe | |
| aber ich glaube, daß dieser |
| Aspekt der wichtigste ist |

Übungen

1 Ich bin davon überzeugt, hier stimmt etwas nicht!

Welche Antwort gehört zu welcher Frage?

1 Glauben Sie, daß das neue Schulsystem besser ist als das alte?

2 Glauben Sie, daß das Loch-Ness-Monster existiert?

3 Sind Sie der Meinung, daß die meisten Menschen zu viel fernsehen?

4 Finden Sie es richtig, daß man immer mehr Straßen baut?

5 Warum, glauben Sie, gehen so viele Leute nach Kalifornien?

6 Sind Sie der Ansicht, daß Sportler noch schneller laufen, noch höher springen, noch weiter werfen können?

A Nach meiner Meinung sitzen die Leute viel zu lange vor dem Fernseher.

B Ich glaube, wegen der Sonne und wegen des Geldes.

C Ich lehne das neue System ab.

D Nein, ich meine, man erwartet heute von Sportlern zu viel.

E Davon bin ich überzeugt!

F Nein, ich finde, es gibt schon zu viel Verkehr!

2 Das kommt auf das Programm an

You are working for a market research company on the impact of the mass media in Europe. Your latest assignment takes you to Germany, where you interview Herr A. What questions does your German questionnaire contain?

a *Sie* (Does he listen to the radio regularly?)
Herr A Wenn ich kann, ja.

b *Sie* (When does he listen to the radio?)
Herr A Morgens beim Frühstück und meistens beim Abendessen.

c *Sie* (Does he often watch television?)
Herr A Ja, das kann man sagen!

d *Sie* (Does he think that radio and television are very important?)
Herr A Ja, das glaube ich ganz bestimmt!

e *Sie* (Which does he think is more important — radio or television?)
Herr A Ich meine, das Fernsehen spielt die größere Rolle.

f *Sie* (Why does he think people watch television?)
Herr A Ich glaube, wegen der Entspannung.

g *Sie* (Is that the only reason?)
Herr A Wahrscheinlich nicht. Ich könnte mir auch vorstellen, daß sie sich politisch informieren wollen.

h *Sie* (Does he believe that we watch too much television?)

   Herr A Ja, davon bin ich überzeugt. Ich bedaure das.

i *Sie* (Does he think it is right for small children to watch television?)

   Herr A Das kommt auf das Programm an, aber eigentlich lehne ich das ab.

j *Sie* (Does he think that radio and television have a big influence on public opinion? – *auf die öffentliche Meinung.*)

   Herr A Der Einfluß ist ziemlich stark, aber nicht so stark, wie manche Politiker meinen.

3 Was meint Frau Kremer?

Frau Kremer ist der Ansicht, daß die Religion heutzutage keinen großen Einfluß auf die Politik hat. Nach ihrer Meinung soll man die Kinder schon als Babys taufen. Sie findet es richtig, daß die Kinder in der Schule Religionsunterricht haben. Sie ist der Ansicht, daß man über Religion sprechen soll und bedauert, daß viele Deutsche nicht in die Kirche gehen. Kirchensteuer, meint sie, muß man bezahlen.

Wie antwortet Frau Kremer auf Ihre Fragen?

a Finden Sie es richtig, daß man überhaupt über Religion spricht?

b Glauben Sie, daß die Religion noch einen großen Einfluß auf das politische Leben hat?

c Sind Sie der Ansicht, daß man Kinder schon als Babys taufen soll?

d Finden Sie es richtig, daß man in Deutschland Kirchensteuer bezahlen muß?

e Viele Kinder haben in der Schule Religionsunterricht. Bedauern Sie das?

4 Was ist Herr Bauhoff?

Die Antwort finden Sie in der Mitte des Rätsels.

Ä = AE
ß = SS

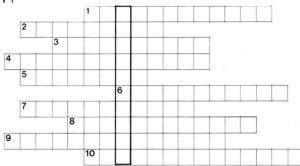

1 Wenn sie kann, geht Frau Martinsdorf .... in die Kirche.

2 Herr Pfadler findet den Zölibat viel zu ....

3 Herr Linnartz ist ....

4 Herr Bauhoff und Herr Linnartz finden die .... nicht richtig.

5 Frau Martinsdorf ist der Ansicht, der große .... der Kirche hat in Deutschland nachgelassen.

6 Herr Pfadler findet es richtig, daß viele evangelische Pfarrer .... sind.

7 Nach Herrn Bauhoffs Meinung ist es besser, daß in der Schule katholische und evangelische Kinder .... aufwachsen.

8 Evangelische Christen nennen sich auch ....

9 Herr Linnartz glaubt, er wird .... eines Tages aus der Kirche austreten.

10 Herr Pfadler hat keine .... mehr.

Wissenswertes

Wer glaubt an was?

Nur in den USA gibt es mehr Sekten als in Westdeutschland. Aber die Mitgliederzahl der Sekten nimmt ab. Dafür sind die nichtchristlichen Religionen in den letzten Jahren umso mehr gewachsen. Heute gibt es ungefähr eine Million Buddhisten, Hinduisten, Mohammedaner und Hare-Krishna-Jünger in der Bundesrepublik. Aber auch sie sind keine Konkurrenz für die beiden großen Kirchen: die *evangelische* und die *katholische*.

Die evangelische Kirche hat ihren Namen vom Evangelium der Bibel. Ihre Mitglieder nennen sich auch *Protestanten*, weil Luther und andere Reformatoren vor 500 Jahren gegen den Papst protestiert haben. Heute gibt es in der BRD eine Million mehr Protestanten als Katholiken.

RELIGION IN DER BRD

1 EKD (Evangelische Kirche von Deutschland) (28 Millionen)
2 Römisch-katholische Kirche (27 Millionen)
3 Evangelische Freikirchen (Baptisten, Methodisten) (1 Million)
4 Nicht-christliche Religionen (1 Million)
5 Altkatholiken, Orthodoxe Kirche (500,000)
6 Sekten (500,000)

Kirche und Alltag

Die meisten Bundesbürger denken selten an die Kirche und gehen fast nie zum Gottesdienst. Trotzdem spielt die Institution ,,Kirche'' eine große Rolle im westdeutschen Alltag. ,,Katholisch oder evangelisch?'' ist eine Standardfrage, zum Beispiel in den Schulen. Der Religionsunterricht ist freiwillig, aber die meisten Schüler besuchen ihn. Außerdem gehen evangelische Jungen und Mädchen zwei Jahre lang nachmittags zweimal pro Woche zum kirchlichen Unterricht. Mit 14 können sie sich dann konfirmieren lassen. Die *Konfirmation* ist eine wichtige Familienfeier mit Blumen, Geschenken, Karten, Anzeigen. . . . Für katholische Kinder gibt es im Alter von 7 Jahren die *Erstkommunion* und mit 14 Jahren die *Firmung*. Erwachsene Protestanten und Katholiken wollen bei einer Hochzeit oder einer Beerdigung einen Pfarrer oder Priester dabei haben. Darum treten die meisten nicht aus der Kirche aus.

> **Meine Eltern und ich danken hiermit recht herzlich für die Glückwünsche, Blumen und Geschenke zu meiner ersten heiligen Kommunion.**
>
> **Heike Kleinschmidt**
>
> **Brakel, Steinweg 1, im Juli 1977**

Außer Weihnachten, Ostern und Pfingsten gibt es noch sieben andere kirchliche Feiertage in der BRD. Auch wer nicht zur Kirche gehört, muß – und darf! – an diesen

Tagen nicht arbeiten. Aber nicht überall in der BRD ist zur gleichen Zeit Feiertag. *Fronleichnam* z.B. feiert man nur in Bundesländern mit vielen Katholiken, und am *Buß- und Bettag* hat man nur in „evangelischen" Ländern frei.

Kirche und Geld

Das Haupteinkommen der Kirchen ist die *Kirchensteuer*, die jedes Mitglied der beiden großen Kirchen automatisch zahlt. Diese Steuer ist nicht sehr hoch — zirka 10 Prozent der Gesamtsteuer.

Nur einen Teil des Geldes behalten die Kirchen für sich — zum Beispiel für Renovierungen, Neubauten und Gehälter. Der Rest geht in Form von Krankenhäusern, Kindergärten und Altersheimen wieder an den Steuerzahler zurück. Außerdem finanzieren die Kirchen noch Akademien, Schulen, Arbeiter- und Jugendorganisationen.

Neue Aufgaben der Kirche

Immer mehr Protestanten und Katholiken treten jährlich aus der Kirche aus. Viele wollen nur die Kirchensteuer sparen, aber viele üben Kritik an der Kirche in unserer Zeit. Sie meinen, daß die Kirche eine altmodische Institution ist, und daß Predigen und Singen niemandem hilft. Es gibt Pfarrer und Priester, die der gleichen Meinung sind und glauben, daß die Sozialarbeit heute die wichtigste Aufgabe der Kirche ist. Ihr Rezept heißt: Weniger Dogma, mehr Praxis.

TREFFPUNKT
TEESTUBE

Jeder hat seine Probleme

Mit uns können Sie darüber sprechen

bei der ANTONITERKIRCHE · Köln · Schildergasse

Sie finden Kontaktzentren wie die Kölner *Teestube* genauso wichtig wie die Predigt am Sonntag. Sie halten z.B. Drogensüchtige und Alkoholiker nicht für verlorene Schafe, sondern für Menschen, die Hilfe brauchen. Und wo es früher nur den Bibelkreis gab, gibt es heute eine Selbsterfahrungsgruppe.

Habt ihr ein Känguruh gesehen?

Saying *ihr* – more about *du* – and some revision

1   *Wolfgang Müller hat auch mit dem Sohn von Madeleine Denning
gesprochen. Frau Denning ist aus Luxemburg und hat ihrem Sohn
einen französischen Namen gegeben. Jean-Luc ist erst zehn Jahre
alt, aber er war schon in Australien.*

Herr Müller	Auf welche Schule gehst du?
Jean-Luc	Auf die *Sehbehindertenschule.*
Herr Müller	Was für Fächer hast du denn da am liebsten?
Jean-Luc	Mein Lieblingsfach ist Schwimmen.
Herr Müller	Schwimmen? Habt ihr in der Schule Gelegenheit dazu?
Jean-Luc	Ja, freitags haben wir immer zwei Stunden Schwimmen.
Herr Müller	Macht ihr auch andere Sachen?
Jean-Luc	Ja, Sport.
Herr Müller	Was hast du noch für Schulfächer?
Jean-Luc	Ich habe Englisch, Deutsch, Mathe, Physik, Chemie, Verkehrsunterricht und Wirtschaftslehre.
Herr Müller	Gehst du gerne in den Verkehrsunterricht?
Jean-Luc	Ja, eigentlich schon.
Herr Müller	Wie ist der Verkehrsunterricht? Mußt du da mitmachen, oder ist er auch sehr langweilig?
Jean-Luc	Ich finde das ziemlich interessant.
Herr Müller	Du warst vor zwei Jahren mit deinen Eltern in Australien. Wo bist du da gewesen, in Australien?
Jean-Luc	Ich war in Westaustralien, in Perth.
Herr Müller	Und wie seid ihr da hingekommen?
Jean-Luc	Mit dem Flugzeug.
Herr Müller	Mit dem Flugzeug? Wieviel Stunden warst du da unterwegs?
Jean-Luc	22 – mit Pausen!
Herr Müller	Das ist ja toll! Wie lange bist du dort gewesen?
Jean-Luc	Drei Wochen.
Herr Müller	Und wo wart ihr untergebracht?
Jean-Luc	In dem Haus meiner Großeltern, also die hatten uns eingeladen.
Herr Müller	Und was hast du da hauptsächlich gemacht?
Jean-Luc	Gespielt!
Herr Müller	Man liest hier so viel von Känguruhs und ganz anderen Tieren. Habt ihr da was gesehen?
Jean-Luc	Ja, mein einziges Känguruh, das ich gesehen habe, war tot auf der Straße – von einem Auto überfahren worden.
Herr Müller	Seid ihr auch dort schwimmen gegangen?
Jean-Luc	Ja, viel.
Herr Müller	Hast du auch schon mal getaucht?
Jean-Luc	Ja, ich tauche sehr gerne.
Herr Müller	Da gibt es doch Leute, wenn die tauchen, dann nehmen die auch immer so eine Harpune mit. Findest du das richtig?
Jean-Luc	Nein!

Herr Müller	Warum nicht?
Jean-Luc	Weil ich ein ausgesprochener Tierfreund bin.

Mathe = Mathematik

von einem Auto überfahren worden	run over by a car
ein ausgesprochener Tierfreund	a great animal-lover

2   *Im Winter müssen Bernd und Sabine Rautenberg jeden Tag für die Heizung Briketts aus dem Keller holen. Aber jeden Tag die gleiche Frage — wer macht's?*

Sabine	Bernd, hast du einen Moment Zeit? Kannst du mir Briketts holen gehen, bitte?
Bernd	Jetzt? Du weißt genau, daß ich jetzt mitten in meinen Unterrichts-vorbereitungen stecke.
Sabine	Hor mal, du warst so lange nicht mehr im Keller, du hast so lange keine Briketts mehr geholt, du kannst ruhig mal wieder gehen.
Bernd	Du, wenn du dich genau erinnerst, gestern habe ich dir Briketts raufgeholt.
Sabine	Du drückst dich immer davor. Du könntest ruhig mal ein bißchen mehr für den Haushalt tun.
Bernd	Wieso ich? Dann geh doch du, wenn ich keine Zeit habe.
Sabine	Doch geh mal bitte, Bernd.
Bernd	Muß das sein?

daß ich mitten in meinen Unterrichtsvorbereitungen stecke	that I'm right in the middle of preparing my lessons
du kannst ruhig mal wieder gehen	it's about time you went again
wenn du dich erinnerst	if you remember
du drückst dich immer davor	you're always wriggling out of it

3   *Ein Bekannter besucht Frau Balsam und möchte ihren Pekinesen kennenlernen.*

Frau Balsam   Denny! Denny! Ja, ja, ja, ja Liebchen ja, mach du mal schön, ja, sei brav, ja, ein braver Hund bist du. (*Zu dem Bekannten*) Fassen Sie ihn ruhig auch mal an. Er ist furchtbar lieb, er beißt nie. . . . Ja, geht es dir so gut? Komm mal schön her. Willst du ein Lecker haben? (*Sie gibt Denny Gebäck*) Mußt du aber schön aufessen, hörst du? Soll Mutti es nehmen? (*Denny bellt*) Na, dann iß es auch! Komm, Mutti nimmt es weg. Na, gib es her. (*Denny bellt*) Bitte! Der Teufel! (*Denny bellt*).

mach du mal schön	sit up and beg
ein Lecker = etwas Leckeres	
soll Mutti es nehmen?	shall Mummy take it?
gib es her	let me have it
bitte!	you see?

Hören und Verstehen

Madeleine Denning, Wolfgang Müller und Gabi Witt sprechen über das Thema: Duzen und Siezen. Man duzt sehr viele Leute automatisch, vor allem die Familie, aber in manchen Berufen auch die Kollegen. Oft gibt es Probleme, z.B. wenn man einen Mann duzt und später seine Frau kennenlernt. Wenn man jemanden duzt, ist es fast unmöglich, wieder Sie zu sagen.

Frau Denning   Wen duzt man eigentlich überhaupt?

Fräulein Witt   Meine Eltern, meine Geschwister, die Geschwister der Eltern, die Großeltern, deren Geschwister, Cousinen der Eltern, Cousinen der Großeltern und dann Nennonkel und -tanten, das heißt, Freunde der Eltern, die man von klein auf geduzt hat. Da behält man natürlich das *du* bei.

Herr Müller   Ja, aber das Siezen ist auch auf der anderen Seite eine sehr schöne Möglichkeit, jemanden auf Distanz zu halten. Mit meiner

	Schwiegermutter beispielsweise werde ich — jetzt selbst seit sechs Jahren Ehe — noch nicht richtig warm, und da sage ich einfach nicht *du*.
Frau Denning	Das ist aber selten, daß man die Schwiegermutter nicht duzt. Wenn Sie sich mit einem Kollegen, einem Vereinskollegen oder Berufskollegen, ganz natürlich duzen, und Sie werden dann seiner Frau vorgestellt, duzen Sie automatisch die Frau auch?
Herr Müller	Das kommt ganz drauf an, wie er mir die Frau vorstellt. Wenn er sagt: ,,Also, das ist hier der Wolfgang, und das ist meine Frau, die Hilde.'' dann sage ich, ,,Tag, Hilde!'' und dann hat sich der Fall erledigt. Aber wie machen Sie das mit Ihren Kollegen?
Frau Denning	Ja, ich glaube, das hängt ein bißchen vom Beruf ab. Ich würde sagen, bei Leuten, die mit dem Funk zu tun haben, genau wie bei Leuten, die mit dem Theater etwas zu tun haben, duzt man sich fast automatisch gleich von Beginn an. Was ich auch noch fragen wollte: Es ist ja vielleicht etwas schwieriger, Fräulein Witt, wenn man — wie Sie und ich — sich mit einem Mann duzt und dann die Frau vorgestellt bekommt, weil da ja manchmal so eine gewisse Eifersucht mit ins Spiel kommt. Ist Ihnen das schon mal passiert?
Fräulein Witt	Ja, das war einmal das Problem. Da habe ich den Freund meines Freundes kennengelernt, und wir haben uns sofort geduzt. Und etwas später habe ich die Frau kennengelernt, die war sogar ein Jahr jünger als ich, aber sie hat mich gesiezt, und ich war so perplex, ich habe dann erstmal zurückgesiezt. Ich habe mich dann zwar ständig vertan und dauernd wieder *du* gesagt und dann mal wieder *Sie*, bis ich gesagt habe: ,,Lassen wir das doch, wir sind gleich alt, lassen wir uns lieber duzen.''*
Frau Denning	Ist es Ihnen schon mal passiert, daß Sie das *du* zurückgenommen haben?
Fräulein Witt	Das würde ich eigentlich nicht machen. Können Sie sich vorstellen, daß Sie jemals das *du* zurücknehmen würden?
Frau Denning	Schriftlich habe ich das schon mal gemacht, daß ich also einem Kollegen einen Brief geschrieben habe und diesen Brief also ganz offiziell mit ,,Sehr geehrter Herr Soundso. . . .''† und ihn dann gesiezt habe.
Fräulein Witt	Und wie sieht das Verhältnis jetzt aus? Ist das *Sie* geblieben oder ist man zum *du* zurückgekommen?
Frau Denning	Ich habe ihn nie wiedergesehen — seither!

*So sprechen die Rheinländer. Die meisten Deutschen würden sagen: *Wir wollen uns lieber duzen*.

†Frau Denning hat das Ende ihres Satzes vergessen. Sie meint: ,,und diesen Brief . . . *begonnen habe* und ihn dann gesiezt habe.''

Überblick

More about saying ,,du''

How to ask a favour:

Kannst	du mir bitte helfen?
	du bitte für mich anrufen?

— more polite would be:

Könntest	du mir bitte helfen?
	du bitte für mich anrufen?

Telling someone what to do: **– more emphatically**

Hör mal!

Komm her!   doch!

Iß schön!   Geh   du doch!

Gib es her!   doch selber!

Sei brav!

To check on orders in the *du* form, see page 220.

Saying ,,ihr''

If you are talking to more than one person you would call *du* individually, you say *ihr*.

To one person you say: **To more than one person:**

Auf welche Schule gehst du?   Auf welche Schule *geht ihr?*

Wie lange bist du dort?   Wie lange *seid ihr* dort?

Was machst du als Hobby?   Was *macht ihr* als Hobby?

Warst du schon in England?   *Wart ihr* schon in England?

Hast du die Königin gesehen?   *Habt ihr* die Königin gesehen?

Das ist für dich   Das ist für *euch*

Gefällt es dir?   Gefällt es *euch?*

Wo	ist	dein Bruder?
		deine Schwester?
		dein Radio?
	sind deine Freunde?	

Wo	ist	*euer* Bruder?
		eure Schwester?
		euer Radio?
	sind *eure* Freunde?	

Wie kommst du mit	deinem Bruder	aus?
	deiner Schwester	
	deinen Eltern	

Wie kommt ihr mit	*eurem Bruder*	aus?
	eurer Schwester	
	euren Eltern	

Hast du	deinen Freund	gefunden?
	deine Schwester	
	dein Buch	
	deine Sachen	

Habt ihr	*euren* Freund	gefunden?
	eure Schwester	
	euer Buch	
	eure Sachen	

Übungen

1   Ein Ausflug in die Stadt

Your local school arranges an exchange with Germany and your wife takes your daughter and her new friend Brigitte out for the day. When you get home from work, Brigitte wants to tell you all about it:

a   *Sie*   (You want to know where they have been today.)

     Brigitte   Wir sind in die Stadt gefahren – das war schön.

b   *Sie*   (What did they do there?)

     Brigitte   Am Morgen haben wir Einkäufe gemacht. Ich habe eine Schallplatte gekauft.

c   *Sie*   (Where did they eat?)

     Brigitte   In einem großen Kaufhaus – es hat sehr gut geschmeckt!

d *Sie* (Where did they go to in the afternoon?)
    Brigitte Wir sind in den Zoo gegangen.
e *Sie* (Did they see the lioncubs?)
    Brigitte Ja, die Löwenbabys – und die Känguruhfamilie.
f *Sie* (What animals did *she* like best?)
    Brigitte Mir haben die Pinguine am besten gefallen!

2 Warum willst du nicht kommen?

Thomas, der kleine Sohn Ihrer deutschen Bekannten, ist nicht sehr gut gelaunt. Er ist heute gegen alles! Wie kleine Kinder es oft tun, sagt er *du* und nicht *Sie*:

a *Sie* (Tell Thomas to come.)
    Thomas Nein!
b *Sie* (Why doesn't he want to come?)
    Thomas Weil ich nicht will!
c *Sie* (Ask him to come and be good – *brav*.)
    Thomas Was willst du denn?
d *Sie* (Ask him to buy you a newspaper.)
    Thomas Dann gib mir Geld!
e *Sie* (Here is one Mark: 50 Pf for the newspaper and 50 Pf for him.)
    Thomas Oh, danke schön. Ich bin gleich wieder da!

3 Ferien auf dem Bauernhof

Ihre Familie verbringt den Urlaub auf einem Bauernhof in Österreich. Ihr sechzehnjähriger Sohn Nicky lernt einen jungen Deutschen, den fünfzehnjährigen Joachim, kennen. Die beiden Jungen sprechen deutsch. Welche Fragen stellt Joachim an Nicky?

Joachim	Nicky
a ....?	Ja, ich gehe ziemlich gern in die Schule.
b ....?	Meine Hobbys sind Sport und Briefmarkensammeln.
c ....?	Ich bin in einem Sportverein und im Philatelisten-Club.
d ....?	In den Sportverein gehe ich einmal in der Woche, jeden Freitag!
e ....?	Mein Lieblingssport ist Volleyball.
f ....?	Trainieren muß ich regelmäßig – dienstags und donnerstags, nach der Schule.
g ....?	Das stimmt! Es ist sehr anstrengend für mich.
h ....?	Mein anderes Hobby treibe ich in den Ferien.
i ....?	Ja, die Sammlung nehme ich immer mit in die Ferien. Warum?
j ....?	Was, du sammelst auch? Das ist ja toll! Wir bleiben hier und tauschen. Hoffentlich regnet es heute nachmittag!

4 Doppelte Arbeit

Endlich haben Sie Zeit und schreiben einen Brief an Ihre Freunde in Deutschland, auf deutsch natürlich! Leider haben Sie ganz vergessen, daß Sie sich jetzt duzen. Nun müssen Sie den Brief neu schreiben.

In Briefen schreibt man *Du, Dein, Ihr, Euch, Euer* usw. immer groß, (with capital letters) z.B. *Endlich habe ich Zeit*, Euch *zu schreiben*.

For more about letterwriting, see page 227.

Lancaster, den 8. November 1979

Liebe Freunde!

Endlich habe ich Zeit, Ihnen zu schreiben.
Sicher warten Sie schon auf Post von uns.
Hoffentlich haben Sie unsere Karte aus
Schottland bekommen.

Vielen Dank für Ihre Karte aus der DDR. Hat
es Ihnen wieder so gut gefallen wie im letzten
Jahr? Haben Sie schon Pläne für nächstes Jahr
gemacht? Wenn nicht, möchten wir Sie zu uns
nach England einladen. Was halten Sie davon?
Vielleicht in den Osterferien oder im August,
wie es Ihnen lieber ist. Im Haus ist jetzt
Platz genug für Sie alle - wir haben das
Gästezimmer renoviert.

Wir freuen uns auf Ihre Antwort und hoffen,
daß Sie ja sagen!

Es grüßt Sie herzlichst,

Ihre

*Clare und Robin Bass
und Kinder*

Wissenswertes

„Habe ich nun „du" zu Ihnen oder „Sie" zu dir gesagt ?"

Die Japaner kennen über 20 verschiedene Formen der Anrede, die Spanier sechs. Die Deutschen haben nur *du, ihr* und *Sie*, aber das ist schon schwer genug. Ein falsches *Du* ist peinlich, und nur Ausländer, sondern auch Deutsche fragen sich immer wieder:

Wen darf man duzen ?

Wenn die Kinder 16 Jahre alt sind, muß man *Sie* sagen. Das erste *Sie* ist für einen jungen Menschen etwas ganz Besonderes. Lehrlinge und Schüler können mit Recht protestieren, wenn der Chef oder die Lehrerin sie nach 16 weiterduzen. Junge Leute in der BRD sagen heute allgemein *du* zueinander. Auch Vereinskameraden, Parteigenossen und Bundeswehrsoldaten duzen sich, aber Arbeitskollegen nur manchmal — zum Beispiel im Theater oder in der Fabrik. Im Hamburger Hafen sagt ein Arbeiter *du* zum Hafendirektor — aber nur bis zum Ende der Schicht. Wenn man den Hafen verläßt, sagt man wieder *Sie*. Ähnlich machen es die Bergsteiger: *du* auf dem Weg zum Gipfel, 2000 Meter tiefer siezt man sich.

Nicht ganz so klar ist die Situation, wenn alte Klassenkameraden sich wieder treffen. Mit Klaus M. war man vor 20 Jahren in der Schule zusammen, aber heute ist er Professor. Und einen Professor zu duzen, das fällt jedem Deutschen schwer. Am besten sagt man nicht: „Wie geht's dir", sondern „Wie geht's?"

Wen darf man nicht duzen?

Duzen ist nicht immer ein Zeichen von Sympathie. Wenn ein Autofahrer ganz besonders böse ist, schreit er den anderen Autofahrer an: „Du Idiot!", nicht „Sie Idiot!" Viele Leute haben etwas dagegen, wenn Fremde sie duzen. Eine Nürnberger Marktfrau hat einen Polizeibeamten geduzt und mußte DM 2500 Strafe zahlen!

„Du Idiot! Ich habe Vorfahrt!"
„Du Anfängerin! Ich habe Vorfahrt!"
„Du Dummkopf! Ich habe Vorfahrt!"
„Wo hast du deinen Führerschein
gemacht? Ich habe Vorfahrt!"

Trotz aller Probleme: Das *Sie* muß bleiben

Es gibt viele Meinungsumfragen zu dem Thema: Sollen wir das *Sie* abschaffen oder nicht? Die meisten Deutschen sind dafür, daß es bleibt. Sie finden, daß

a *Sie* eine Möglichkeit zur Distanz ist,
b *du* gar nichts Besonderes mehr ist, wenn alle es sagen,
c der Unterschied zwischen *du* und *Sie* das Verhältnis zu anderen Menschen interessanter macht.

Viel mehr als das *Sie* stört viele Deutsche, daß man sich immer formell mit dem Nachnamen anredet: „Herr Wege", „Frau Professor Rappolt", „Fräulein von Waltershausen". Sie finden, man soll sich ruhig siezen, aber dabei den Vornamen gebrauchen. Für viele ist das die beste Lösung.

Was sagte man früher?

Das *du* gab es in der deutschen Sprache schon immer, aber erst seit etwa 1700 redet man Leute mit *Sie* an. Früher war es noch komplizierter. Für Kaiser und Könige, Bischöfe und Adelige hatte man besondere Formen, z.B. „Euer Majestät", „Euer Exzellenz", „Euer Gnaden". Im späten Mittelalter redete man reiche Kaufleute und andere wichtige Personen mit *Ihr* an. Im 17. und 18. Jahrhundert fanden diese wichtigen Personen einen Weg, weniger wichtige Leute überhaupt nicht mehr direkt anzureden. Man behandelte sie wie dritte Personen. „Hol' Er mir mein Taschentuch", sagte man zum Diener, und „Deck' Sie den Tisch" zum Küchenmädchen. Diese Formen gibt es schon lange nicht mehr, aber alte Leute sagen auch heute noch manchmal *Ihr* statt *Sie* zueinander.

Herr und Frau Linnartz

1   *Harald Linnartz (Interviews auf Seiten 19 und 72) ist Präsident*
           einer kleinen Karnevalsgesellschaft. Dieser Verein organisiert nur
           Sitzungen, aber das bedeutet für Herrn Linnartz sehr viel Arbeit.

Frau Denning Herr Linnartz, was bedeutet für Sie Karneval?

Herr Linnartz Karneval bedeutet für mich in erster Linie, anderen Menschen Freude
               zu machen und gleichzeitig mir selbst auch Freude zu machen.

Frau Denning Ja, was tun Sie denn, in der Karnevalszeit?

Herr Linnartz Ich betreibe in der Karnevalszeit das Fach des Präsidenten einer
               Kölner Karnevalsgesellschaft.

Frau Denning Wie heißt diese Gesellschaft?

Herr Linnartz *Lustige Paulaner von 1949.*

Frau Denning Ist das nun ein großer Verein?

Herr Linnartz Nein — 40, 45, 50 Mitglieder.

Frau Denning Und wo treffen Sie sich?

Herr Linnartz Wir treffen uns in Ehrenfeld. Das ist also ein Vorort von Köln.
               Und unsere Veranstaltungen machen wir in Sitzungssälen in Köln:
               Dieses Jahr machen wir eine Sitzung im *Hotel Interconti* und eine
               in der *Wolkenburg.**

Frau Denning Müssen Sie denn sehr viel Zeit aufwenden für diese Tätigkeit?

Herr Linnartz Sehr viel Zeit, ja, ja.

Frau Denning Ist Ihre Frau auch Karnevalistin?

Herr Linnartz Nein, meine Frau hat mit dem Karneval überhaupt nichts zu tun,
               hat für mein Hobby aber sehr, sehr großes Verständnis.

Frau Denning Wie geht das nun so vor sich in einer Sitzung?

Herr Linnartz Sie kommen um 8 Uhr in einen Veranstaltungsraum, das *Interconti*
               oder den *Gürzenich†*, und setzen sich. Um 8 Uhr geht das
               Programm los, und Sie werden dann unterhalten von Künstlern, vom

Podium und von der Bütt, wie wir es bei uns nennen: Bütt ist ein Faß, wo sich die Redner reinstellen und daraus dann ihre Witze dem Publikum verkaufen, wenn Sie so wollen.

ich betreibe . . . das Fach des Präsidenten.	my business . . . is being the president.
ist Ihre Frau Karnevalistin?	does your wife take part in carnival activities?
wie geht das nun so vor sich?	what happens exactly?
Sie werden unterhalten von . . .	you are entertained by . . .

*großer Saal in Köln.
†mittelalterlicher Saal.

2   *Wolfgang Müller, einer unserer Interviewer, leitet eine andere, kleinere Karnevalsgesellschaft, die Tanzgruppe* Original-Rheinische Weingeister. *Die Gruppe ist auf vielen Sitzungen zu sehen.*

Frau Denning   Herr Müller, was machen Sie im Karneval?

Herr Müller   Karneval . . . machen wir sehr viel. Ich leite eine eigene Tanzgruppe, eine gemischte Tanzgruppe mit gleich viel Jungen wie Mädchen. Und wir machen das alles als Hobby.

Frau Denning   Machen Sie nur die organisatorischen Tätigkeiten?

Herr Müller   Organisatorisch und auch die Tänze: Wir machen die Tänze selbst, suchen die Musik aus, machen die Choreographie selbst. Ich studiere die Leute ein, trainiere sie, mache die Verträge. Meine Frau kümmert sich um die Kostüme.

Frau Denning   Haben Sie das gelernt?

Herr Müller   Nein.

Frau Denning   Sind Sie sehr bekannt im Kölner Raum?

Herr Müller   Im Kölner Raum, ja.

Frau Denning   Wieviele Auftritte haben Sie denn während einer Periode, einer Session?

Herr Müller   Das richtet sich danach, wie lang die ist. Dieses Jahr sind es etwa 120.

Frau Denning   Und tanzen da immer alle Mitglieder mit?

Herr Müller   Ja, prinzipiell. Das ist bei uns ein altes Gesetz: *Entweder alle oder gar keiner.* Und es muß dann jeder da sein; das weiß jeder vorher, daß es da sehr hart ist, in dem Zeitraum, und dann gibt es auch nie Meinungsverschiedenheiten.

kümmert sich um . . .	takes care of . . .
entweder alle oder gar keiner	either all or none
es muß . . . jeder da sein	everybody has to be there
. . . daß es da sehr hart ist	. . . that it's tough going

3   *Als Präsident der Roten Funken hat Hans Georg Brock viel zu tun. Die Funken sind die älteste Karnevalsgesellschaft in Köln und eine der größten. Die Mitglieder tragen eine rote Uniform.*

Frau Denning   Herr Brock, wann sind Sie zum Karneval gekommen?

Herr Brock   Genau war das im Jahr 1947.

Frau Denning   Und wie heißt Ihr Verein?

Herr Brock	Unser Verein heißt, ganz genau gesagt: *Kölsche Funke rut-wieß vun 1823 e.V.*
Frau Denning	Könnten Sie mir das verdeutschen, bitte?
Herr Brock	Auf hochdeutsch heißt das: „Kölsche Funken"; *rut-wieß*, also: „rot-weiß"; *vun:* „von"; 1823*; *e.V.* heißt: „Eingetragener Verein".
Frau Denning	Und was heißt das Wort „Funken"?
Herr Brock	Funken? Ja, das ist also schwer zu erklären. Wahrscheinlich kommt es von der roten Uniform her – daß das in der Sonne so funkelt. Die *Roten Funken* sind ja ein legitimer Nachfolger der früheren Kölner Stadtsoldaten.
Frau Denning	Wieviele Mitglieder hat der Verein?
Herr Brock	Zirka vierhundert.
Frau Denning	Welche Funktion haben Sie in Ihrem Verein?
Herr Brock	Ich bin der Präsident und Kommandant. . . .
Frau Denning	Und was tut nun der Präsident, wenn die Karnevalszeit anfängt?
Herr Brock	Er leitet die Sitzungen und bereitet den Rosenmontagszug vor.
Frau Denning	Wieviele solche Sitzungen haben Sie?
Herr Brock	Wir haben insgesamt sechs Sitzungen. Das sind also eine Herrensitzung und fünf Sitzungen mit Damen.
Frau Denning	Wo finden diese Sitzungen statt?
Herr Brock	In Sälen. Entweder im *Gürzenich* oder in anderen Sälen hier in Köln.
Frau Denning	Wie wird der Präsident begrüßt zu Beginn der Sitzung?
Herr Brock	Der Präsident wird mit „Alaaf!" begrüßt, so wie in Köln der Karnevalsruf ist. Das „Alaaf" kommt aus dem Mittelalter und heißt: „Hochleben!" „Er lebe hoch!" oder „Alles Gute!"
Frau Denning	Wann ist für Sie der Karneval zu Ende?
Herr Brock	Karneval endet praktisch nie. Denn wenn der eine Karneval zu Ende ist, fängt die Vorbereitung der nächsten Session wieder an.

eingetragener Verein	registered society
wie wird . . . begrüßt?	how is . . . welcomed?
Hochleben!	hurray!
der eine Karneval	one carnival

*Societies often include in their title the year in which they were founded.

Hören und Verstehen

Hans Bauhoff (Interview 4 auf Seite 74) ist Polizeihauptmeister und leitet den Polizeieinsatz beim Karneval in Köln. Für den Rosenmontagszug braucht er mehr als 2000 Polizisten, und für sie ist es ein langer Tag. Viele Polizisten verlieren ihre Mützen, und nach vielen Küssen sehen sie aus wie Clowns. Die Polizei hat ihre eigenen Karnevalssitzungen, und zu diesen kommen viele ausländische Kollegen — auch englische!

Frau Denning   Herr Bauhoff, wieviele Leute werden dieses Jahr erwartet zum Karnevalszug?

Herr Bauhoff   Ja, die Zahlen liegen immer um eine Million am Rosenmontagszug. Aber wir haben Jahre gehabt, wo wir die Million überschritten haben.

Frau Denning   Wieviel Polizeileute sind dann im Einsatz, an so einem Tag?

Herr Bauhoff   Wir setzen etwas mehr als 2000 Polizeibeamte ein. Und die Polizeibeamten stehen Front zum Zug mit dem Rücken zum Publikum, und am Schluß des diesjährigen Rosenmontagszuges fehlten diesen Polizeibeamten 500 Mützen. Das heißt, jeder vierte Polizeibeamte war seiner Mütze beraubt!

Frau Denning   Was kann einem Polizeibeamten sonst noch zustoßen?

Herr Bauhoff   Ja, er ist natürlich ein beliebtes Objekt hier für Frauen und Mädchen. Er wird also geküßt, und so weiter . . . Frauen und Mädchen sind ja an diesem Tage auch bunt bemalt, und oft sieht der Polizeibeamte zum Schluß dann auch aus wie ein Clown!

Frau Denning   Gibt es spezielle Karnevalsveranstaltungen für die Polizei?

Herr Bauhoff   Ja, zwei große Sitzungen im *Gürzenich*, dem größten Saal der Stadt Köln, und auch dem schönsten, würde ich sagen.

Frau Denning   Feiern Sie Karneval nur unter Kölner Kollegen, oder laden Sie auch auswärtige Polizisten ein?

Herr Bauhoff   Nein, es kommen auch ausländische Kollegen, und zwar: Vielfach kommen Engländer. Es kommen Franzosen, es kommen Belgier, es kommen auch Holländer. Und bei den Engländern ist das so, daß sie schon seit Jahr und Tag kommen. Ich kenne also englische Kollegen, die sieben und acht Mal hier waren. Wir bauen ein Programm für sie zusammen. Sie sind auf unserem Ball, und ich glaube, es macht ihnen sehr viel Freude, Karneval hier zu sein. Und ich habe einmal erlebt, daß einer dieser Kollegen schon seinen Bus verpaßt hat. Der ist dann mit der Bahn hinterher gefahren, als sein Bus mit den englischen Kollegen in Richtung Dover/Calais war.

Überblick

**Talking about the activities
of your club or local group**

**To exchange information about
the club or group you can say:**

Wie heißt	Ihr	Verein?
	Ihre	Gruppe?
		Gesellschaft?

Possible answers:

Lustige Paulaner von 1949
Bonner Bach-Gesellschaft e.V.

Wo treffen Sie sich?	Wir treffen uns	in Ehrenfeld in einem Saal im Hotel Interconti

Wieviele	Auftritte Aufführungen Veranstaltungen*	haben Sie im Jahr?	Dieses Jahr zwei Insgesamt sechs

Wo finden diese	Auftritte Aufführungen Veranstaltungen	statt?	In	Sälen einem Kino einer Schule

Singen Spielen Tanzen	immer alle Mitglieder mit?	Ja,	meistens prinzipiell es muß jeder da sein

Nein, nicht immer

(*Veranstaltungen is the general term; Auftritte is used for pop and
other groups; Aufführungen for theatre, opera and concerts.)

– and to discuss personal involvement:

Was	tun machen	Sie?	Ich	singe spiele bin der Präsident trainiere die Leute bin aktives Mitglied

Welche Tätigkeit haben Sie in Ihrem Verein?	Ich suche die	Musik Stücke	aus

	Ich kümmere mich um	den Saal die Kostüme

	Ich mache	die Verträge die organisatorische Arbeit

Ist	Ihr Mann Ihre Frau	auch Mitglied?	Ja, natürlich Nein, aber	er sie	hat großes Verständnis für mein Hobby

Müssen Sie viel Zeit für diese Tätigkeit aufwenden?	Ja,	sehr viel Zeit aber nur im	Winter Sommer

Übungen

1 Partnersingen

Felixstowe und Wesel sind Partnerstädte. Der Gesangverein aus Wesel kommt
zu Besuch nach Felixstowe. Ein Reporter der *Felixstowe Times* interviewt Herrn
Gottschalk, den Chorleiter. Leider spricht der Reporter kein Deutsch.
Stellen Sie die Fragen für ihn:

	Der Reporter	Sie	Herr Gottschalk
a	How often has Herr Gottschalk been to Felixstowe?	....	Wir sind das erste Mal hier in Felixstowe.

b	Does he like the town?	....	Die Stadt gefällt mir sehr gut.
c	How many members does his society have?	....	Unser Gesangverein hat 100 Mitglieder.
d	What does he do?	....	Ich bin Dozent an der Niederrheinischen Musikschule Duisburg und Dirigent des Gesangvereins.
e	How long has he been the conductor of the society?	....	Seit 25 Jahren.
f	Is his wife a member too?	....	Nein, aber sie ist mit hier in Felixstowe.
g	Does he have to spend a lot of time on his society?	....	Nein, nicht sehr viel; ich kümmere mich nur um die musikalische Seite, nicht um die Organisation.
h	Who can become a member?	....	Jeder, ab 17 Jahre.
i	How often do they meet?	....	Einmal in der Woche, zwei Stunden lang, mit einer Viertelstunde Pause.
j	How many concerts do they give a year?	....	Wir geben im Jahr zwei große Konzerte und mehrere kleinere.
k	How many concerts are they giving in Felixstowe?	....	Zwei an einem Wochenende.
l	When are they coming again?	....	Das wissen wir noch nicht. Hoffentlich bald!

2 Sonntags nie

Sie sind Geschäftsführer der Theatergruppe *Progress Theatre* in Reading, der Partnerstadt von Düsseldorf. Nach einer Aufführung kommt ein Düsseldorfer Theaterfreund zu Ihnen mit vielen Fragen über Ihre Arbeit. Was antworten Sie?

a *Besucher* Wie lange sind Sie schon Geschäftsführer?
   Sie (You have been the business manager for nearly three years.)

b *Besucher* Was tun Sie als Geschäftsführer?
   Sie (You do the organising and write the letters.)

c *Besucher* Welche Stücke hat das *Progress Theatre* in der letzten Zeit aufgeführt?
   Sie (Mostly modern plays, for example by -von- John Osborne and Edward Bond.)

d *Besucher* Wie oft treffen sich die Mitglieder?
   Sie (6 weeks before a performance: three to -bis- five times a week.)

93

e *Besucher* Haben Sie jeden Tag eine Aufführung?
   Sie   (Yes, every day Monday to Saturday, but never on Sunday.)

f *Besucher* Ist es immer so voll wie heute abend?
   Sie   (Yes, nearly always.)

g *Besucher* Wieviele Plätze hat das Theater?
   Sie   (The theatre has 105 seats.)

h *Besucher* Finden die Aufführungen immer hier statt?
   Sie   (Yes, always.)

i *Besucher* Wann ist für Sie die Theatersaison zu Ende?
   Sie   (The season finishes in July, but it practically never ends
               for you!)

j *Besucher* Müssen Sie nicht sehr viel Zeit für das Theater aufwenden?
   Sie   (Yes, quite a lot – about four hours a week. But you like
               the work.)

3 Was muß man gesehen haben?

,,In Köln selbstverständlich den Dom,'' sagt Herr Maretsch (Seite 13).
Was muß man in Berlin, Hamburg, München, Göttingen, Düsseldorf und
Hameln gesehen haben?

a In ... die Frauenkirche

b In ... die Michaeliskirche
   (den ,,Michel'')

c In ... die Königsallee

d In ... das Rattenfängerspiel

e In... das Brandenburger Tor   f In... die Gänseliesel

4   Nach Hamburg?

On your way from Frankfurt to Hamburg, you pick up a hitch-hiker and soon
you're both chatting away:

a *Sie*   Woher .... ?
   Er   Aus Hamburg

b *Sie*   Wo .... ?
   Er   Ich wohne zur Zeit in Köln

c *Sie*   Was .... ?
   Er   Ich bin Student

d *Sie*   Wo .... ?
   Er   An der Sporthochschule in Köln

e *Sie*   Und was .... ?
   Er   Vor allem Turnen und Tennis

f *Sie*   Sind .... ?
   Er   Ja, in zwei sogar — einem Fußballverein und einem Tennisclub

g *Sie*   Müssen................................ ?
   Er   Ja, selbstverständlich muß ich regelmäßig trainieren

h *Sie*   Wann .... ?
   Er   Jeden Nachmittag, von 2 bis 6

i *Sie*   Trainieren .... ?
   Er   Am Wochenende? Ja und nein. Jeden Sonntagnachmittag gehe ich
           zu einem Fußballspiel

Wissenswertes

Karneval

Wenn Sie im Februar nach Köln fahren, nehmen Sie am besten gleich ein Kostüm
mit. Wenn Sie es vergessen, sollten Sie sich in Köln sofort eins kaufen. Denn
im Februar ist dort *Karneval*. ,,Für ein Kostüm habe ich kein Geld" darf man beim
Karneval nicht sagen. Kölner haben sogar ihr Bett verpfändet, um ein Kostüm für
den Karneval zu kaufen — oder so sagt man wenigstens.

Was ist Karneval?

Schon vor dem Christentum feierte man das Ende des Winters, und im Mittelalter hat man auch im Februar gefeiert: Man wollte vor der *Fastenzeit* noch einmal richtig fröhlich sein. Und das ist heute noch der offizielle Grund für den Karneval.
Karneval hat überall in der BRD das gleiche Prinzip, aber man feiert ihn in jeder Stadt ein bißchen anders. Einige Deutsche meinen, daß man zum Feiern überhaupt kein Kostüm und keinen Karneval braucht. Das sind die protestantischen Norddeutschen. Aber in den katholischen Gebieten — dem Rheinland und Süd- und Südwestdeutschland — ist man anderer Meinung, und die Kölner feiern jedes Jahr ihren *Karneval*, die Münchener ihren *Fasching* und die Freiburger ihre *Fastnacht*.

Wie feiert man den Karneval?

Überall fängt der Karneval im November an: am 11.11. um 11 Uhr 11. Aber man feiert erst richtig ab Neujahr, und am meisten in den *drei tollen Tagen* im Februar: dem Sonntag, dem Montag (*Rosenmontag*) und dem Dienstag (*Faschingsdienstag*) vor *Aschermittwoch*. (Die genauen Daten sind jedes Jahr verschieden. Sie richten sich nach dem Osterfest). Höhepunkt des Karnevals ist der *Rosenmontagszug*. Dann ziehen viele bunte Wagen durch die Straßen, und die ganze Stadt ist da, mit Kostümen und Masken. Am Rosenmontag schließen Fabriken, Büros und Schulen, denn kein Mensch denkt ans Arbeiten. Jeder ist „jeck".

Hochburgen des Karnevals sind die „Karnevalsstädte" des Rheinlands: Aachen, Köln, Mainz und Düsseldorf. Und jedes Jahr heißt es: Wer kann am fröhlichsten feiern? Die Konkurrenz ist groß — besonders zwischen Köln und Mainz. Köln hat die längste Karnevalstradition und den teuersten Umzug, aber in den letzten Jahren war der Mainzer Karneval populärer: Die meisten Fernsehzuschauer sahen sich den Mainzer Rosenmontagszug an und nicht den Kölner. Millionen Bundesbürger sitzen

Rosenmontagszug

beim Rosenmontagszug vor dem Fernsehapparat. Sogar in Norddeutschland, wo der Karneval sonst nur wenige Fans hat, freut man sich über das bunte Spektakel. Rosenmontag ist der absolute Höhepunkt des Karnevals. Vorher kann man ihn eigentlich nur richtig feiern, wenn man Mitglied einer *Karnevalsgesellschaft* ist.

Was sind Karnevalsgesellschaften?

Karnevalsgesellschaften sind Vereine. Sie sind alle ein bißchen anders, aber sie haben alle den gleichen Zweck: den Karneval. In Köln gibt es etwa 80 solcher Gesellschaften. Ihre Hauptaufgabe ist die Organisation des Karnevalsprogramms. Sie organisieren Kostümfeste, Partys, Umzüge und vor allem *Karnevalssitzungen.* Bei einer Sitzung sitzt man an langen Tischen in einem Saal und hört verschiedenen Rednern zu. Diese Redner halten aber keine ernsten, langweiligen Reden, sondern singen, erzählen Witze, sprechen Gedichte – oft auf Kölsch, aber auch auf hochdeutsch. Die Tradition will es, daß die Redner in einer Bütt stehen. Eine Bütt ist ein Faß. Bei einer Sitzung muß die Atmosphäre – auf karnevalistisch: „Stimmung" – fröhlich sein. Dafür sorgen nicht nur die Redner, sondern auch viele Tanzgruppen oder Musikkapellen. Auch sie nennen sich manchmal Karnevalsgesellschaften, obwohl sie selbst keine Veranstaltungen organisieren.

A Quiz on Chapters 6–10

1 If a German car has a number plate starting with GÖ, where does it come from?
2 What does *PKW* stand for?
3 There are more Protestants than Catholics in Germany. True or false?
4 What is *Karneval* called in Munich?
5 How many forms of address do the Germans have?
6 What is a *Grundschule*?
7 During *Karneval* in Cologne one form of entertainment is by a man who stands in a barrel and tells jokes, sings, recites poetry and so on. What is this barrel called?
8 When did Germans first start addressing people as *Sie*?
9 Who drives more safely in the *BRD* — men or women?
10 Paying *Kirchensteuer* is voluntary. True or false?
11 When does school usually start in Germany?
12 Saying *du* is always a sign of friendship. True or false?
13 Name the *drei tolle Tage*.
14 Name three motoring offences for which penalty points are given in Germany.
15 At what age do you stop saying *du* to children?
16 In which month does *Karneval* reach its climax?
17 What is the name for the final examination at the *Gymnasium*?
18 At what age do Catholic children celebrate *Erstkommunion*?
19 What is the name of the largest German motoring organisation?
20 How long are the German school summer holidays?

Schloß Nymphenburg

München

Was könnten Sie mir empfehlen?

Asking for and giving recommendations

1   *Wolf Riechling ist im Verkehrsamt im Münchner Hauptbahnhof:*
            Er ist nur für zwei Stunden in München.

Herr Riechling   Guten Tag!
Hostesse   Grüß Gott!
Herr Riechling   Ich bin für zwei Stunden in München und hätte mir gerne einige
            Sehenswürdigkeiten der Stadt angeguckt. Was können Sie mir da
            vielleicht empfehlen?
Hostesse   Ich würde Ihnen empfehlen, hier geradeaus in Richtung Stadtmitte
            zu gehen, und zwar zu Fuß, dann kommen Sie nämlich gleich an
            den bedeutendsten Sehenswürdigkeiten vorbei.
Herr Riechling   Ist es nicht zu weit, zu Fuß?
Hostesse   Nein, zehn Minuten; und dann sind Sie gleich in der Fußgänger-
            zone. Und da würde ich mir vielleicht eine Kirche anschauen. Es ist
            eine sehr schöne Renaissance-Kirche dort zu sehen, die
            Michaelskirche. Dann könnten Sie ins Jagdmuseum gehen, eben
            wenn Sie die Jagd interessiert. Und wenn Sie dann noch
            weitergehen, kommen Sie zum Marienplatz. Das ist das Zentrum
            der Stadt, wo auch das neue Rathaus steht. Und wenn Sie sich
            beeilen, dann sind Sie bis um 11 Uhr dort. Dann ist nämlich um
            11 Uhr das Glockenspiel.
Herr Riechling   Oh ja, das muß ich mir dann anhören.
Hostesse   Ja, und wenn Sie dann noch nicht zu müde sind, würde ich Ihnen
            vorschlagen, noch nach Norden zu gehen, um einen Blick auf die
            Ludwigstraße zu werfen, die die größte und bedeutendste Straße
            in München ist.

Fußgängerzone
am Marienplatz

Herr Riechling	Das schaffe ich dann schon noch?
Hostesse	Ja, und dann nicht mehr die ganze Ludwigstraße, denn die ist zu lang, die ist über einen Kilometer lang, sondern da müssen Sie vorher nach links wieder abbiegen und zum Bahnhof zurückkehren.

Grüß Gott = Guten Tag
(in Southern Germany and Austria)

ich hätte mir gerne . . . angeguckt	I'd like to have a look at . . .
kommen Sie . . . an . . . vorbei	you'll go past . . .
das schaffe ich . . . noch?	will I still have time for that?
um einen Blick auf . . . zu werfen	to have a look at . . .

2 *Was kann man machen, wenn man einen ganzen Tag in München hat?*

Herr Meyer	Guten Tag! Ich bin heute in München angekommen und kann einen Tag hierbleiben. Können Sie mir vielleicht empfehlen, was ich den Tag über machen könnte?
Hostesse	Ja, was interessiert Sie denn? Interessiert Sie mehr Kunst, Technik . . . oder ein Schloß zu besichtigen?
Herr Meyer	Ja, ich würde mir gerne ein Schloß anschauen.
Hostesse	Ja? Da könnte ich Ihnen vorschlagen, nach Nymphenburg rauszufahren. Schloß Nymphenburg ist sogar mit der Straßenbahn zu erreichen und ist ein sehr schönes Schloß im Barockstil. Und außerdem ist im Anschluß an das Schloß ein sehr schöner, großer Park, wo man also auch sehr schön spazierengehen kann, und im Park ist noch sehr sehenswert die Amalienburg.
Herr Meyer	Ah ja. Anschließend würde ich gern zum Essen gehen. Könnten Sie mir vielleicht in der Nähe irgendetwas empfehlen?
Hostesse	Ja, wenn Sie schon in Nymphenburg draußen sind, dann gehen Sie doch gleich am besten in das Restaurant *Zur Schwaige*, denn dort ißt man sehr gut und auch nicht zu teuer.
Herr Meyer	Ah ja, das ist gut. Ich habe da noch den ganzen Nachmittag zur Verfügung, was könnte man dann vielleicht machen?
Hostesse	Wenn Sie also allgemein interessiert sind, dann wäre es empfehlenswert, auch das *Deutsche Museum* anzuschauen. Es ist also das größte technische Museum, das es hier in Europa gibt. Sie müssen sich die Abteilungen raussuchen, die Sie besuchen wollen. Es gibt also Chemie, Physik, Flugzeuge, Autos, alte Musikinstrumente. . . .
Herr Meyer	Gut, ich habe dann noch den ganzen Abend Zeit. Können Sie mir vielleicht sagen, in welche Diskothek ich da gehen könnte? Was ist da zu empfehlen?
Hostesse	Da ist es vielleicht am besten, wenn Sie nach Schwabing fahren: Das ist so unser Künstler- und Studentenviertel und auch Vergnügungsviertel. Da finden Sie sicher eine Diskothek, die Ihnen gefällt.
Herr Meyer	Ja, das wäre gut. Vielen Dank für die Beratung.

dann wäre es empfehlenswert	then it would be a good idea

Dr. Weimer

3 *Dr. Willy Weimer ist Münchner und kennt seine Stadt sehr gut.*
        Was würde er vorschlagen?

Herr Klein   Herr Dr. Weimer, was würden Sie mir als gebürtiger Münchner
               vorschlagen, um einen ersten, richtigen Eindruck von München zu
               erhalten?

Dr. Weimer   Also, wir Münchner lieben keine Hetze: Bei uns soll's gemütlich,
               ruhig zugehen, also würde ich Ihnen vorschlagen, daß Sie Ihren
               Rundgang auch gemütlich anfangen. Da würde ich Ihnen
               empfehlen, daß Sie zunächst in den *Englischen Garten* gehen:
               Vor allem denke ich jetzt an den *Chinesischen Turm*, der ist vor
               allem im Sommer zu empfehlen. Da ist dort einer unserer berühmten
               Biergärten. Man kann im Freien unter Kastanienbäumen sitzen,
               gemütlich eine Maß Bier trinken. Als Spezialität gibt's noch einige
               bayrische Schmankerln: Das sind Delikatessen. Am bekanntesten
               sind die Weißwürste, die man vormittags vor 11 Uhr essen sollte –
               das ist eine Regel. Nachmittags, abends sollte man sie keinesfalls
               zu sich nehmen. Und weitere Spezialiäten sind natürlich der
               Leberkäs oder Rettich, auf bayrisch „Radi''.

Herr Klein   Wenn ich in München einen kleinen Stadtbummel machen
               möchte, wo sollte ich denn Ihrer Meinung nach beginnen?

Dr. Weimer   Da würde ich vorschlagen, daß Sie den am Marienplatz beginnen:
               Dort ist die sogenannte Fußgängerzone. Gerade wenn Sie so
               einen kleinen Einkaufsbummel machen wollen, da müssen Sie
               unbedingt durch diese Fußgängerzone gehen: Alle großen
               Kaufhäuser haben dort ihre Niederlassungen. Wenn Sie dagegen
               viel Geld haben, dann würde ich vorschlagen, daß Sie die
               Residenzstraße runtergehen, dann kommen Sie bis zur
               Briennerstraße. Und wenn Sie dann die Briennerstraße links
               hochgehen, dann kommen Sie gerade in die beste Einkaufsgegend
               von München.

um einen Eindruck zu erhalten	to get an impression
wir Münchner lieben keine Hetze	we Munich people don't like rushing around
bei uns soll's gemütlich, ruhig zugehen	we like things to go at a relaxed, steady pace
die man essen sollte	which you should eat
. . . sollte man sie keinesfalls zu sich nehmen	. . . you should never eat them

Hören und Verstehen

*Dr. Weimer hat noch mehr Vorschläge für München und seine
Umgebung. Man sollte sich unbedingt das Olympiagelände
anschauen. Wenn man mit dem Lift auf den Olympiaturm fährt, hat
man eine sehr schöne Aussicht. Modell für das Olympiagelände war
die bayrische Landschaft mit ihren Hügeln und Seen. Diese
Landschaft kann man z.B. bei einem Ausflug an den Starnberger See
kennenlernen. Wenn man Bier trinken und bayrische Musik hören
will, sollte man nicht ins Hofbräuhaus gehen, sondern in die
Max-Emanuel-Brauerei. Die Münchner lernt man am besten in einer
Wirtschaft oder im Biergarten kennen.*

Herr Klein   Lohnt es sich eigentlich, sich das Olympiagelände einmal
anzuschauen?

Dr. Weimer   Doch, das glaube ich schon. Allerdings sollten Sie einen Tag
auswählen, bei dem schönes Wetter ist, und wo klare, weite
Sicht herrscht. Sie haben nämlich die Möglichkeit, daß Sie mit dem
Lift auf den Olympiaturm rauffahren, und da sind Sie dann über den
Dächern von München. Bei guter Sicht können Sie sogar bis in das
Gebirge reinsehen. Und außerdem haben Sie einen schönen Blick auf
das sogenannte Olympiastadion, das ja vor allem durch seine
Dachkonstruktion berühmt geworden ist. Wenn Sie architektorisch
interessiert sind, sollten Sie unbedingt dorthin gehen, und Sie werden
dort feststellen, daß hier die Landschaft Bayerns, die ja aus Hügeln,
Bergen und Seen besteht, künstlich nachgemacht wurde.

Herr Klein   Was würden Sie mir denn raten, wenn ich einen Tagesausflug machen
möchte? Außerhalb von München, aber in der weiteren Umgebung?

Dr Weimer   Da würde ich hier zunächst einmal den Starnberger See empfehlen.
Ein Ort am Starnberger See heißt Berg, und dort ist ein herrliches
Schloß Berg. Sie wissen, daß wir Bayern unseren König Ludwig sehr
verehrt haben, und dieser König Ludwig II. wurde in der Nähe von
Schloß Berg — ja, wir sagen, er wurde ermordet.*

Herr Klein   Welchen Vorschlag würden Sie mir machen, wenn ich einen typischen
bayrischen Abend erleben wollte?

Dr. Weimer   Am bekanntesten ist natürlich das Hofbräuhaus. Im Hofbräuhaus,
da gibt es diese typische bayrische Blasmusik, auch Zithermusik.
Allerdings treffen Sie dort wenig Münchner. Im Hofbräuhaus

	treffen Sie vor allem Ausländer, Touristen. Aus diesem Grunde
	würde ich Ihnen einige Geheimtips geben. Ich würde vorschlagen,
	daß Sie in die Max-Emanuel-Brauerei gehen. Die Max-Emanuel-
	Brauerei befindet sich in der Adalbertstraße, und dòrt sind am
	Wochenende immer so Volkssängerspiele, die machen bayrische
	Mundartgedichte. Hier treffen Sie wirklich Münchner, und da finden
	Sie Leute, denen richtig das bayrische Herz noch schlägt.
Herr Klein	Wie lernt man die Münchner am besten kennen?
Dr. Weimer	Das ist ganz einfach. Die Münchner sind alle sehr kontaktfreudig.
	Ich würde Ihnen vorschlagen, daß Sie einfach in das nächstbeste
	Café oder das nächstbeste Wirtshaus reingehen. Dann ist es wichtig,
	daß Sie sich nicht an einen Einzeltisch hinsetzen, sondern daß Sie an
	dem Tisch Platz nehmen, wo bereits einige Leute sitzen. Und Sie
	werden sehen: Es dauert nur ein paar Minuten, dann sind Sie mit den
	Münchnern schon im Gespräch. Die freuen sich, wenn Sie mit Ihnen
	reden können.

*Andere sagen, er hat sich umgebracht, wieder andere sagen, er hat einen
Unfall gehabt.

Mehr Information über Bayern finden Sie in Kapitel 16, Seite 155.

Überblick

Asking for advice and recommendations

**If you are in a place you don't know, you might want to ask for suggestions
on what to see:**

Ich | würde mir gern die Sehenswürdigkeiten anschauen
Ich | möchte gern einen Eindruck von München erhalten

Was könnte ich machen?   **Possible answers:**

Was	könnten / können / würden	Sie mir	empfehlen? / vorschlagen?	Sie könnten in ein Museum gehen

Am besten gehen Sie in die Stadtmitte

Können / Könnten	Sie mir etwas	empfehlen? / vorschlagen?

Sehenswert / Empfehlenswert | ist der Englische Garten

Ich würde Ihnen | raten, empfehlen, | sich das Rathaus anzuschauen
Ich würde Ihnen | | in den Englischen Garten zu gehen
Ich würde Ihnen | | das Deutsche Museum zu besuchen

Ich würde Ihnen vorschlagen, daß Sie | am Rathaus anfangen
Ich würde Ihnen vorschlagen, daß Sie | einen Stadtbummel machen
Ich würde Ihnen vorschlagen, daß Sie | in den Englischen Garten gehen

– where to eat:

Können / Könnten	Sie mir ein Restaurant empfehlen?

Im Ratskeller ißt man | sehr gut / nicht zu teuer

Am besten gehen Sie in einen Biergarten
Da sind vor allem die Restaurants in
    Schwabing zu empfehlen

– and where to shop :

Ich möchte einen Einkaufsbummel
machen. Wo soll ich beginnen ?

Die beste Einkaufsgegend ist die
Brienner Straße

Ich würde | empfehlen,
vorschlagen, | daß Sie

in die Fußgängerzone gehen
am Marienplatz beginnen

You may be asked how much time you've got :

Ich bin (für) | einen Tag | hier
eine Woche | in München

Wie lange | haben Sie Zeit ?
wollen Sie hierbleiben ?

Ich habe den | Tag | Zeit
ganzen | Abend | zur Verfügung

Ich kann zwei Stunden hierbleiben

– and what you are interested in :

Was interessiert Sie denn ?

Ich interessiere mich für | Kunst
Technik
Museen

To check on the use of *würde, könnte, möchte,* see pages 222 and 224.

Übungen

1   Am Telefon

Hier sind Fragen:

1   Ist dort das Verkehrsamt ?
Ich interessiere mich für
Kirchen, aber hier gibt es so
viele. Welche würden Sie mir
empfehlen ?

2   Bist du es, Gerda ? Sollte ich
Paul heiraten ? Was meinst du ?

3   Frau Dr. Rehberg ? Sie kennen
doch das Münchner Nachtleben
so gut. Können Sie mir eine
Diskothek empfehlen ?

4   *Autoreparatur König ?* Hier
Müller. Mein Mercedes ist
schon wieder kaputt. Was
würden Sie mir denn jetzt raten ?

5   Ist dort das *Reisebüro Atlas ?*
Ich würde gern im Frühling oder
Sommer nach Griechenland
fahren. Was könnten Sie mir
vorschlagen ?

Welche Antwort ist richtig?

A   Gehen Sie am besten in die
„Lila Eule" in Schwabing.

B   Im Sommer sollten Sie keinesfalls
reisen, aber der Frühling ist sehr
empfehlenswert.

C   Ich würde Ihnen vorschlagen, daß Sie
sich einen neuen Wagen kaufen !

D   Also, ich würde dir raten, ihn nicht zu
heiraten !

E   Ich würde Ihnen die Michaelskirche
empfehlen, und dann könnten Sie
sich noch die Frauenkirche ansehen.

2 Eine Tour durchs Sauerland . . .

Last year you went to see some German friends in Kassel and asked them to recommend an area to visit on the way. They wrote suggesting the *Sauerland* (a range of wooded hills between **Köln** and **Kassel**):

. . . und durch Nordwales

This year your German friends want to visit you in Lancaster and see some mountains on the way. Write back to them with your recommendations, using their letter from last year as a model:

Kassel, den 12.6.1979

Liebe Freunde,

wir würden Ihnen vorschlagen, durch das Sauerland zu fahren.

Suggest North Wales.

Wenn Sie von Ostende kommen, fahren Sie auf der Autobahn E5 über Brüssel und Aachen nach Köln.

Coming from Dover, go via London on M2, M1 and M6 to Birmingham.

Wir würden empfehlen, daß Sie nach Köln die Autobahn verlassen und die Bundesstraße 51 in Richtung Wuppertal nehmen.

Leave M6 after Birmingham, on A5 via Shrewsbury towards Llangollen.

Sie kommen dann an Altenberg vorbei, und da müssen Sie sich den „Bergischen Dom" ansehen. Das ist eine 700 Jahre alte gotische Kirche.

See Dinas Bran Castle near Llangollen.

Dann fahren Sie am besten auf der B237 an den Biggesee. Die Campingplätze dort sind alle sehr zu empfehlen. In der Nähe ist eine berühmte Höhle — die Attahöhle. Sie ist sehr sehenswert.

A494 to Lake Bala. Camping sites can be recommended. There are some famous caves nearby. Well worth seeing.

Für den nächsten Tag würden wir Ihnen raten, auf Landstraßen durch das Hochsauerland nach Winterberg zu fahren. Wenn Sie fit sind, könnten Sie auf den „Kahlen Asten" steigen. Das ist der höchste Berg im Sauerland.

Next day, on country roads through Snowdonia to Caernarvon. Could climb Snowdon, highest mountain in Wales.

Von Winterberg aus können Sie dann über Korbach auf der Bundesstraße 251 nach Kassel weiterfahren. Wir erwarten Sie hier etwa Mitte August.

From Caernarvon go via Bangor and Llandudno to Chester, then on the M6 to Lancaster. You'll expect them round about the beginning of July.

Gute Reise und auf Wiedersehen!

Ihre
Familie Bludau

3 Wohin in Edinburg?

Herr Horstmann aus München besucht Herrn McBain in Münchens Partnerstadt Edinburg. Er möchte sich gern die Stadt ansehen und fragt Herrn McBain nach seiner Meinung. Hier ist Herrn McBains Liste mit Vorschlägen:

– das *Museum of Childhood* oder das *Royal Scottish Museum*
– das *Edinburger Schloß* oder den *Holyrood Palace*
– die *Princes Street* oder die *George Street*
– die *Forth-Brücken* oder die *Princes Gardens*
– die *National Gallery of Scotland* oder die *Scottish National Portrait Gallery*

Wie antwortet Herr McBain auf Herrn Horstmanns Fragen?

Herr Horstmann	*Herr McBain*

a Ich würde mir gern ein Schloß ansehen. Was könnten Sie mir da empfehlen? ....

b Ich interessiere mich auch für Gemälde. Was ist da empfehlenswert? ....

c Dann würde ich gern in ein Museum gehen. Was würden Sie mir vorschlagen? ....

d Wenn ich einen kleinen Einkaufsbummel machen möchte, wo sollte ich da beginnen? ....

e Ich habe dann noch den Nachmittag zur Verfügung. Was könnte man da besuchen? ....

4 Bummel durch Bamberg

Sie sind auf dem Weg in den Bayrischen Wald, aber in Bamberg müssen Sie Ihren Wagen zur Reparatur bringen. Jetzt haben Sie einen Nachmittag zur Verfügung und möchten sich die Stadt ansehen. Sie gehen ins Verkehrsamt.

a *Sie*   (You are in Bamberg for two hours and would like to do some sightseeing.)

  Hostesse   Was interessiert Sie denn? Wir haben Kirchen, ein Schloß, die Altstadt. ...

b *Sie*   (You would like to look at a church.)

  Hostesse   Da gehen Sie am besten gleich zum Dom. Er ist einer der ältesten in Deutschland. Und der Domplatz ist einer der schönsten Plätze der Bundesrepublik.

c *Sie*   (You are also interested in art.)

  Hostesse   Da müssen Sie sich unbedingt den *Bamberger Reiter* ansehen. Das ist unsere größte Sehenswürdigkeit.

d	*Sie*	(You would also like to get an impression of Bamberg.)
	Hostesse	Wenn Sie einen kleinen Stadtbummel machen möchten, dann würde ich die Altstadt empfehlen. Da gibt es viele historische Häuser. Besonders sehenswert ist das alte Rathaus am Fluß.
e	*Sie*	(You would also like to go and eat. Could she recommend a restaurant?)
	Hostesse	Ich würde Ihnen empfehlen, in ein Gasthaus in der Altstadt zu gehen. Dort ißt man überall sehr gut und nicht zu teuer.
f	*Sie*	(Thanks for the information. Goodbye.)

Wissenswertes

München: eine Stadt der Kunst

Ein Herzog mit Namen „Heinrich der Löwe" hat München vor ungefähr 800 Jahren gegründet. Ihren Namen hat die Stadt von den *Mönchen* eines Klosters, und ein Mönch ist noch auf dem Stadtwappen zu sehen – das sogenannte „Münchner Kindl". Berühmter und populärer als Heinrich der Löwe aber sind die bayrischen Könige Ludwig I. und Ludwig II. Sie lebten im 19. Jahrhundert, bauten viel und machten München zu einer Stadt der Künste. Die schönsten Münchner Bauten stammen aus dem 18. Jahrhundert, der Zeit des Rokoko. Der Architekt Cuvilliés baute die *Amalienburg* – ein exquisites kleines Jagdschloß im Park von Schloß *Nymphenburg* – und das *Cuvilliés-Theater* in der *Residenz*. Die Residenz war der Sitz der bayrischen Fürsten und Könige.

Das Cuvilliés-Theater

Cuvilliés war aber nicht aus Bayern, sondern aus Belgien. Von einem anderen Ausländer haben die Münchner ihren schönsten und größten Park: den *Englischen Garten.* Zwar ist der Garten im „englischen Stil", aber sein Architekt war kein Engländer, sondern ein Amerikaner: Graf Rumford. Modell für seinen Garten waren aber *Hyde Park* und *Kew Gardens*; der *Chinesische Turm* sieht aus wie die Pagode ᐧ in Kew.

Die Münchner sind stolz auf ihre schöne Stadt – und auch auf ihre Tradition als Stadt der Künstler und Literaten. Berühmte Männer wie der Dichter *Thomas Mann,* der Komponist *Richard Wagner* und der Maler *Kandinsky* sind zwar keine gebürtigen Münchner, aber sie haben lange in der Stadt gelebt. Das Künstlerviertel *Schwabing* ist heute kommerzialisiert, aber Münchens Theater und Museen gehören immer noch zu den sehenswertesten in Deutschland.

München: eine Stadt der Industrie

München nennt sich oft die „heimliche Hauptstadt" der Bundesrepublik. Da Berlin geteilt ist und nicht in der BRD liegt, ist München das wichtigste westdeutsche Kulturzentrum und, nach Hamburg, die zweitgrößte westdeutsche Industriestadt. Viele Firmen sind allerdings erst nach dem Zweiten Weltkrieg nach München gekommen, wie z.B. der größte Arbeitgeber der Stadt, der Elektro-Konzern *Siemens*. Andere Industrien gehören schon lange zu München: die Autofirma *BMW* (*Bayrische Motorenwerke*) zum Beispiel, die Lokomotiven- und Maschinenfabrik *Krauss-Maffei* und natürlich die Bierbrauereien. München, „Stadt weltbekannter Biere", liegt heute zwar in der Buchproduktion, aber nicht mehr in der Bier-produktion an erster Stelle in der BRD. Trotzdem sieht man die Münchner mehr beim Trinken als beim Lesen. Wenn sie auch nicht mehr am meisten produzieren, ist ihr Bier – so meinen sie – immer noch das beste.

München ist auch der Mittelpunkt der deutschen Filmindustrie. Die Studios in München-Geiselgasteig gehören zu den größten und ältesten in Europa. Dort hat z.B. Alfred Hitchcock vor etwa 50 Jahren seinen ersten Film gedreht. Die Studios hatten nach dem Zweiten Weltkrieg finanzielle Probleme, aber heute nicht mehr. Wenn man gerade keinen Film dreht, vermietet man sie einfach ans Fernsehen.

Information:
Fremdenverkehrsamt
Rindermarkt 5
D-8000 München 2

1   *Frau Birnstiel war auf Urlaub in Korsika. Meistens war das Wetter dort sehr schön, aber es gab auch Gewitter.*

Herr Klein   Wie war das Wetter?

Frau Birnstiel   Das Wetter war herrlich. Es war der schönste Urlaub, den ich je gehabt hab'. Manchmal gab es ziemlich heftige Gewitter abends. Und dann hat es mal so einen Tag gegossen. Im Hintergrund sind da ja sehr hohe Berge in Korsika: Dann hängen immer in diesen Bergen doch sehr tief diese schwarzen Wolken, und die entladen sich dann auch manchmal. Aber dann ist es am nächsten Tag wieder sehr schön.

den ich je gehabt hab'	that I've ever had
. . . hängen . . . in diesen Bergen	the mountain tops are
. . . sehr tief	completely covered by . . .
entladen sich	open up

Herr Eßer   *Fräulein Kynast*

2   *Sabine Kynast hat einen Winterurlaub in Rom verbracht, aber sie hatte dort kein Winterwetter. Sie liebt den Sommer sehr.*

Fräulein Kynast Ich war dieses Jahr im Januar in Rom. Und das war einfach wundervoll. Keine Touristen, und das Wetter war sehr angenehm. Wir hatten 18 Grad und Sonnenschein, es war so einfach schön.

Herr Eßer   Keine Wolke am Himmel?

Fräulein Kynast Keine Wolke am Himmel. Ich war anderthalb Wochen in Rom, und kein Regentag und kein schlechtes Wetter, nur Sonnenschein und ein ganz lauer Wind – es war wirklich schön. Man konnte sogar draußen sitzen und Kaffee trinken – es war so wie im Frühling.

Herr Eßer	Ist das eigentlich normal für die Jahreszeit?
Fräulein Kynast	Ich glaube, daß es ausgesprochen mild war. Sonst haben die auch im Januar Temperaturen so wenig über Null.
Herr Eßer	Also, ich bin Weihnachten unten gewesen: Da hat es also fürchterlich geregnet, kalt war es – es war überhaupt nicht schön.
Fräulein Kynast	Ja, ich hatte also ausgesprochen Glück, muß ich sagen: An dem Tag, bevor ich gekommen bin, hat es noch geregnet, und als ich dann weggefahren bin, wurde das Wetter auch wieder schlecht.
Herr Eßer	Fahren Sie immer zur gleichen Zeit in Urlaub?
Fräulein Kynast	Nein. Ich mag den Winter nicht. Ich hasse den Schnee. Ich hasse es, wenn Glatteis auf den Straßen ist und wenn man sich dick anziehen muß – das mag ich nicht.
Herr Eßer	Welche Jahreszeit mögen Sie?
Fräulein Kynast	Das ist unterschiedlich. Für mich kann es nicht heiß genug sein. Also ich liebe sehr den Sommer, mit Sonnenschein und wenn es so 30, 35 Grad hat. Ich liebe aber zum Beispiel auch sehr den Frühling, wenn das Grün noch ganz frisch ist an den Bäumen und wenn die ersten Blumen kommen. Und dann andererseits mag ich auch den Herbst. Dann fahren wir oft nach Südtirol, und dort im Herbst ist es einfach wunderschön.

so wenig über Null	just a little above zero
unten = in Rom	
als ich weggefahren bin	when I left
wurde das Wetter wieder schlecht	the weather was bad again
zur gleichen Zeit	at the same time
wenn man sich dick anziehen muß	when you have to dress up warmly
wenn das Grün noch ganz frisch ist	when the leaves have just come out

3   *Ingrid Adolph war in Baden-Baden und Wolfgang Schneider war auf den Bahamas in Urlaub. Beide hatten gutes und schlechtes Wetter. Herr Schneider kann den November – Frau Adolphs Lieblingsmonat! – nicht leiden.*

Herr Eßer	Wo waren Sie das letzte Mal in Urlaub?
Frau Adolph	In Baden-Baden. Da waren wir zur *Rennwoche*.
Herr Eßer	Wie war das Wetter da?
Frau Adolph	Es war an sich sehr schön. Es hat zwischendurch mal geregnet, aber so im großen und ganzen war es sehr warm.
Herr Eßer	Wo waren Sie in Urlaub?
Herr Schneider	Das letzte Mal auf den Bahamas. Das war im Januar.
Herr Eßer	Wie war denn das Wetter auf den Bahamas?
Herr Schneider	Zum Teil sehr schön, zum Teil furchtbar. Es hat zum ersten Mal seit Menschengedenken überhaupt auf den Bahamas geschneit, und ausgerechnet zu diesem Zeitpunkt war ich dort in Urlaub!
Herr Eßer	Mögen Sie den Winter nicht leiden?
Herr Schneider	Doch schon, wenn ich zum Skifahren gehen kann.
Herr Eßer	Gibt es eine Jahreszeit, die Sie gar nicht leiden können?
Herr Schneider	Das, würde ich sagen, wäre der Monat November. Da ist das schöne Herbstwetter schon vorbei, und das richtige Winterwetter hat noch nicht angefangen.

Frau Adolph	Ja, ich mag den November sehr gern, und vor allen Dingen, wenn es stürmisch ist, wenn die Wolken so ziehen und Regen und so. . . . Es gefällt mir unheimlich, wenn ich dann zu Hause bin.
Herr Eßer	Haben Sie Angst vor Gewitter?
Frau Adolph	Nein, überhaupt nicht.
Herr Eßer	Warum nicht?
Frau Adolph	Nein, das gefällt mir, das schaue ich mir sehr gern an.
Herr Eßer	Was finden Sie so schön am Gewitter?
Frau Adolph	Ja, ich finde die Blitze wunderbar!

zur *Rennwoche*	for the Races (event rather like *Ascot*)
seit Menschengedenken	since time immemorial
die Sie gar nicht leiden können	that you really can't stand
ausgerechnet zu diesem Zeitpunkt war ich dort	it had to be just then that I was there

4   *In Schottland hat sich unser Interviewer Hilmar Eßer Geld als Reiseleiter verdient und hat auch etwas Neues gelernt: Schönes Wetter ist nicht immer schön!*

Herr Eßer   Auf meiner letzten Schottlandreise, da ist etwas sehr Lustiges passiert. Das Wetter war sehr, sehr schön. An einem Tag, da geht meine Fahrt von Glasgow nach Inverness. Und gerade weil das Wetter so schön war, habe ich den Bus halten lassen, und dann sind wir zusammen durch die blühende Heide gewandert. Und als wir dann wieder in den Bus eingestiegen sind, kamen einige meiner Gäste zu mir und haben sich beschwert: über das Wetter. Sie haben gesagt: „Wissen Sie, eigentlich haben wir uns Schottland ja viel düsterer vorgestellt. Aber hier scheint ja so die Sonne. Und wir haben immer geglaubt, daß es hier neblig ist, daß die Wolken ganz tief hängen, daß es dunkel ist und irgendwie – grauslich. Aber daß das Wetter so schön ist, das finden wir gar nicht schön."

habe ich den Bus halten lassen	I asked the driver to stop
eigentlich haben wir uns Schottland . . . vorgestellt	we were really expecting Scotland to be . . .
daß die Wolken ganz tief hängen	that the clouds are really low

Hören und Verstehen

Ernst Ittner ist Meteorologe und muß oft schon früh im Wetteramt sein, um den ersten Wetterbericht für den Bayerischen Rundfunk zu machen. Er ist manchmal enttäuscht, daß die Leute den Wetterbericht meistens anonym kritisieren. Es gefällt Herrn Ittner nicht, daß alle Leute ihn nach dem Wetter fragen – auch privat. Als Meteorologe weiß er aber etwas sehr Wichtiges: daß das Wetter in der BRD im September am besten ist. Deshalb fährt er immer im September in Urlaub.

Herr Ittner	Ich arbeite am Wetteramt München und mach' hauptsächlich Wettervorhersagen.
Fräulein Müller	Und wie sieht dann bei Ihnen zum Beispiel so ein Arbeitstag aus?
Herr Ittner	Manchmal arbeite ich von morgens acht bis um fünf oder halb fünf. Das ist aber nicht das Normale bei mir. Wir sind hier vier Meteorologen, und einer von den vieren muß immer morgens um fünf bereits im Wetteramt sitzen und für die ersten Frühnachrichten des Bayrischen Rundfunks den ersten Wetterbericht

machen. Und ich nehme schon an, daß das eine wichtige Sendung ist für sehr viele Leute. Die überlegen: „Was soll ich anziehen? Was soll ich mitnehmen? Soll ich den Regenschirm mitnehmen?" Man ist freilich auch oft enttäuscht, wenn man den ganzen Morgen und den Abend vorher zum Beispiel Regen vorhergesagt hat und sieht dann am nächsten Tag, wie die Leute naß werden, weil keiner einen Regenschirm dabeihat.

Fräulein Müller	Gibt es da auch Beschwerden, daß jemand anruft hier, und sagt: „Ja, was machen Sie da für einen Quatsch und so?"
Herr Ittner	Ja, die gibt es schon. Das Enttäuschende ist dann, daß kaum einer seinen Namen nennt. Die machen das anonym. Die schreiben dann „Johann Mond" oder „Kopernikus" und so was. Aber das sind Gott sei Dank nur ganz wenige.
Fräulein Müller	Wie sind Sie denn überhaupt Meteorologe geworden?
Herr Ittner	Ja, die Frage, die stelle ich mir auch heute noch manchmal: Wie konntest du überhaupt so was werden, wo dich alle Leute gleich fragen: „Wie wird das Wetter?" und „Du mußt es doch wissen!" Manchmal wär man froh, Verwaltungsbeamter oder so was zu sein.
Fräulein Müller	Werden Sie denn manchmal auch privat angesprochen, wie das Wetter wird? So beim Kegeln oder beim Kartenspielen?
Herr Ittner	Ja, das passiert mir leider sehr oft, und da muß ich meine Bekannten oder Nachbarn oder Freunde immer enttäuschen, denn wenn ich nicht im Dienst bin, dann weiß ich eigentlich nicht sehr viel mehr über das Wetter als sie. Ich kann nur sagen: „Ihr müßt Radio hören, da bekommt Ihr alles erzählt, mehr als das, was ich weiß."
Fräulein Müller	Wie ist es mit Ihnen mit dem Urlaub? Haben Sie da auch schon mal schlechte Erfahrungen gemacht? Gute Erfahrungen?
Herr Ittner	Ich mach' meistens recht gute Erfahrungen. Ich versuche, im September meinen Urlaub zu haben, und der September ist einfach der Monat mit dem beständigsten Wetter in Deutschland. Außerdem ist es im September nicht mehr so heiß, und es gibt wenige Gewitter. Es ist ein idealer Monat, immer noch um baden zu gehen, aber auch ein schöner Monat zum Wandern, zum Bergsteigen.
Fräulein Müller	Sie würden also den September als Urlaubsmonat empfehlen?
Herr Ittner	Ich empfehle ihn lieber nicht so sehr, weil sonst vielleicht alle Leute im September gehen wollen, und dann ist es nicht mehr so reizvoll.

Überblick

How to ask about the weather:

Wie war das Wetter	da? in Rom? auf den Bahamas?

Possible answers:

If you had fine weather:

Es war einfach	herrlich wunderschön

Es war richtiges	Frühlingswetter Sommerwetter Herbstwetter Winterwetter

Das Wetter war	so sehr ausgesprochen wirklich	mild warm schön angenehm

Wir hatten	nur Sonnenschein keinen Regen keine Wolke am Himmel kein schlechtes Wetter

If you had bad weather:

Das Wetter war Es war	kalt stürmisch überhaupt nicht schön furchtbar

Es hat	geregnet gegossen geschneit

Wir hatten	schlechtes Wetter Schnee Glatteis nur Regentage

If you had changeable weather:

Es war zum Teil warm
Manchmal gab es Gewitter
Am nächsten Tag war es wieder schön
Es hat zwischendurch geregnet

Dann wurde es	neblig kalt

How to ask people which season they prefer:

Welche Jahreszeit mögen Sie?

Mögen Sie den	Winter? Frühling

Welche Jahreszeit mögen
Sie nicht (leiden)?

Possible answers:

Ich hasse Ich liebe	den Regen den Schnee den November den Frühling den Herbst

114

Ich mag den	Frühling Winter November	gern nicht
Ich mag es (nicht),	wenn es stürmisch ist wenn die Wolken tief hängen	

To check on the use of *war* and *hatte* see page 221.

Übungen

1 Schönes und schlechtes Wetter

a

b

c

d

e

f

Complete the captions:

a   Ach, schon wieder .... auf der Straße!

b   Was? Du hast Angst vor dem ....?

c   Mensch, ist das heute ....!

d   Ach! Ich liebe die .... !

e   Kommen Sie doch mit zum Skifahren. Es gibt wieder ....!

f   Dir gefällt dieses Wetter! Aber ich mag es nicht, wenn es so .... ist.

115

2   Wie wird das Wetter?

Official weather forecasts on the radio or through dialling the telephone information service aren't always easy to understand. What can you make of these two?

A   Bayrischer Rundfunk: Wettervorhersage für Bayern

„Und nun noch der Wetterbericht. Die Vorhersage für Bayern bis morgen abend: In den Morgenstunden örtlich Nebel, sonst heiter bis wolkig; nachts gebietsweise leichter Frost. Höchsttemperaturen: 7 bis 12 Grad. Im Süden bis 15 Grad."

die Vorhersage	forecast	örtlich	locally
heiter	bright	gebietsweise	in places

1   Wann wird es neblig?
2   Wird es überall neblig?
3   Wird es nachts starken Frost geben?
4   Wo wird es am wärmsten sein?

B   Telefonischer Wetterbericht für Hessen

„Die Vorhersage für Hessen, gültig bis Freitagabend. Anfangs bedeckt und Durchzug eines Regengebietes. In der Nacht Übergang zu wechselnder, zeitweise starker Bewölkung und vereinzelt Schauer. Tiefsttemperaturen zwischen 7 und 11 Grad. Tageshöchsttemperaturen um 15 Grad. Schwacher, zeitweise mäßiger, tagsüber leicht böiger Wind aus südwestlichen Richtungen. Hochlagen der Mittelgebirge bei Mittagstemperaturen um 7 Grad, zeitweilig in Wolken.

Und die weiteren Aussichten: Fortdauer des wechselhaften und kühlen Wetters."

gültig	valid, current	böig	gusty
bedeckt	overcast	die Hochlage	high area
der Durchzug	passage	die Mittelgebirge (*pl.*)	mountains up to 2000 metres
der Übergang	transformation		
wechselnd ⎱ wechselhaft ⎰	changeable	zeitweise ⎱ zeitweilig ⎰	from time to time
vereinzelt	occasionally		
die Schauer (*pl.*)	showers	die Fortdauer	continuation

1   Wie wird das Wetter am Anfang sein?
2   Wird es in der Nacht Regen geben?
3   Wievel Grad wird es am Tag höchstens geben?
4   Aus welchen Richtungen wird der Wind kommen?
5   Wo wird es kälter als in anderen Gebieten sein?
6   Wird das Wetter bald wärmer werden?

3   Heiß mit Gewittern

Sie waren im Urlaub in Italien und besuchen auf dem Rückweg Freunde in Deutschland. Man fragt Sie natürlich, wie Ihr Urlaubswetter war.

     Freunde   Wie war des Wetter?
a   *Sie*   (On the whole it was fine.)

	Freunde	Hat es auch nicht geregnet?
b	*Sie*	(Yes, occasionally, but it soon became fine again.)
	Freunde	Wie hoch waren die Temperaturen?
c	*Sie*	(Over 25 degrees.)
	Freunde	Gab.es auch mal ein Gewitter?
d	*Sie*	(Yes, there were two violent thunderstorms.)
	Freunde	Hatten Sie denn keine Angst?
e	*Sie*	(No, you think lightning is wonderful.)
	Freunde	Und wie war das Wetter, als Sie wieder in Deutschland waren?
f	*Sie*	(Not a cloud in the sky!)

4 Wie war das Wetter gestern?

Zum Beispiel:

Gestern war das Wetter furchtbar. Wir hatten einen richtigen Regentag. Es war auch für die Jahreszeit zu kalt: nur 12 Grad. Und abends wurde es noch schlechter: Es hat nicht geregnet, es hat gegossen!

Und wie ist es heute?

Heute ist das Wetter etwas besser. Es ist ziemlich stürmisch, und die Wolken hängen tief, aber es regnet nicht, und die Temperaturen steigen. Wir haben jetzt zwischendurch sogar etwas Sonnenschein.

Wie wird es morgen sein?

Morgen wird das Wetter im großen und ganzen schön sein. Die Sonne wird scheinen, und es wird etwa 20 Grad geben. Aber am Abend wird es vielleicht ein Gewitter geben.

Now *you* have a go at describing the weather in German.

gestern		*heute*		*morgen*	
≡	morgens Nebel	◠◠ ◠◠	bedeckt	● ● ●	Regen
☼	ab Mittag heiter	▼ ▼ ▼	zwischendurch Schauer	≡	abends örtlich Nebel
⚡	abends Gewitter	↙	Wind aus Südost	T	= 16°C
T	= 25°C	T	= 18°C		

Wissenswertes

Wie wird das Wetter sein?

Eine Taube badet. Ein Hund frißt Gras. Eine Gans steht auf einem Fuß. Ein Regenwurm kriecht aus der Erde. Was bedeutet das alles?
Es wird Regen geben! Das sagen jedenfalls alte deutsche Bauernregeln. Früher, als es noch keinen Wetterbericht gab, haben Generationen von Bauern die Natur und das Wetter immer beobachtet und ihre eigene Wettervorhersage gemacht. Viele dieser Regeln stimmen auch, z.B.: „Abendrot – Schönwetterbot, Morgenrot –

schlecht Wetter droht." Aber viele Bauernregeln stimmen natürlich nicht.
Zuverlässiger ist vielleicht doch die Wettervorhersage.

Der Deutsche Wetterdienst

In der BRD kommt der Wetterbericht von den
12 Ämtern des *Deutschen Wetterdienstes*.
Dort arbeiten Meteorologen von fünf Uhr
morgens bis spät abends und schreiben die
Berichte für Rundfunk, Fernsehen und
Presse. Die meisten deutschsprachigen
Rundfunkstationen senden Nachrichten
zu jeder vollen Stunde (z.B. um 10.00 Uhr,
11.00 Uhr, 12.00 Uhr), und nach den
Nachrichten immer den Wetterbericht und
die Wettervorhersage. Man kann auch
sehen, wie das Wetter wird: auf der Wetterkarte
im Fernsehen. Die gibt es jeden Abend im 1.
Programm nach der *Tagesschau* und im 2.
Programm nach der Sendung *Heute*. Auch
Zeitungen bringen eine Wetterkarte und einen
oft sehr detaillierten Wetterbericht. Wenn Sie

wissen wollen, wie das Wetter wird, können Sie auch bei der Deutschen Bundespost
anrufen. Die Telefonnummer für den Wetterbericht ist überall in der BRD gleich:
1164. Aber wenn Sie z.B. in Hamburg anrufen, hören Sie die Vorhersage für
Hamburg und Niedersachsen, und wenn Sie in Frankfurt sind, für Frankfurt und
Hessen. Wenn Sie wissen wollen, wie das Wetter in Ferienorten sein wird, wieviel
Glatteis auf den Straßen und wieviel Schnee in den Wintersportgebieten liegt, dann
müssen Sie eine andere Nummer anrufen: 1160 (oder 1169).

„Höchsttemperaturen: 30 Grad...."

In *Grad Celsius* (C°) ist das sehr heiß. Die ersten Thermometer für die Messung von
Temperaturen gab es schon im 18. Jahrhundert. Der Deutsche G.D. Fahrenheit
erfand 1759 ein Thermometer mit einer Skala von 32 bis 212 Grad. Diese Skala
haben die Engländer und später die Amerikaner übernommen. Die Deutschen
selbst — und die meisten anderen Nationen — fanden die 100-Grad-Skala des
Schweden Anders Celsius (1701–1744) einfacher. Wenn Sie im Wetterbericht
Celsius-Temperaturen hören und wissen wollen, wieviel Grad Fahrenheit es ist,
müssen Sie ein bißchen rechnen: Multiplizieren Sie die Celsius-Temperatur mit 9,
dann dividieren Sie durch 5 und addieren Sie 32.

Wie Sie auf der Wetterkarte sehen können, kann das Wetter in der BRD überall
anders sein. Im allgemeinen ist es im Norden nässer und kühler als in der Mitte und
im Süden. Dafür schneit es im Norden nicht so oft, und die Winter sind milder.
Das norddeutsche Wetter ist so ähnlich wie das britische, aber in Hamburg z.B.
gibt es viel öfter Nebel als in London. Viele Bundesbürger glauben immer noch
an den „Londoner Nebel", den es jetzt nur selten gibt.

1   *Nur etwa ein Drittel der Münchner sind in München geboren.*
Die anderen kommen aus anderen Teilen Bayerns, den anderen
Bundesländern und aus dem Ausland. Warum sind sie nach
München gekommen?

Eva Pösl kommt aus Waldkraiburg, einer Kleinstadt etwa 80
Kilometer östlich von München. Seit 1975 wohnt sie in München.

Herr Klein	Warum haben Sie eigentlich Waldkraiburg verlassen?
Fräulein Pösl	Ich hab' meine Lehre in Waldkraiburg gemacht, bin nach meiner Lehre gleich nach München, weil ich dort bessere Verdienstmöglichkeiten hatte, und bin dann zwei Jahre lang immer hin und hergefahren — immer gependelt zwischen Waldkraiburg und München. Fürchterlich!
Herr Klein	Warum sind Sie eigentlich so lange gefahren?
Fräulein Pösl	Mm, das hat eigentlich private Gründe. Und auch weil ich zu Hause noch billig gewohnt habe. Und dann habe ich ein Angebot bei Siemens angenommen, und dann habe ich mich einfach dazu entschlossen, nach München zu gehen.
Herr Klein	Ist es Ihnen ein bißchen schwergefallen?
Fräulein Pösl	Jein. Aber es hat da auch wieder einen Grund gegeben: daß ich hier meinen Freund kennengelernt habe, und dann ist es mir nicht mehr so schwergefallen.
Herr Klein	Wie lange sind Sie jetzt eigentlich in München?
Fräulein Pösl	Seit Dezember 75. Zwar nicht direkt in München, etwas außerhalb, in Olching.
Herr Klein	Warum sind Sie gerade nach Olching gezogen?
Fräulein Pösl	Weil mein Freund dort wohnt, und direkt nach München wollte ich nicht, in die Stadt, weil die Mieten da sehr teuer sind. Und ich bin es eben von Waldkraiburg her gewöhnt, auch Felder und Bauernhöfe zu sehen.
Herr Klein	Wie lange werden Sie dann noch in München bleiben?
Fräulein Pösl	Ja, ich hoffe, noch sehr lang.
Herr Klein	Und warum?
Fräulein Pösl	Ach, München ist wunderschön. Man hat sehr viel Möglichkeiten einzukaufen und zu bummeln, und der Freizeitwert ist sehr hoch.

bin ... nach München = bin ... nach München gegangen
jein = ja + nein
ich bin es von ... her gewöhnt   coming from ... I'm used to

2   *Wolfgang Schneider (Seite 111)*
kommt aus Berchtesgaden, einer
Stadt in den Alpen 150 km
südöstlich von München. Als
Journalist kann er in München
interessantere Arbeit finden.

Herr Klein   Herr Schneider, warum sind Sie
eigentlich nach München
gekommen?

Herr Schneider   Aus beruflichen Überlegungen.

Herr Klein   Nur aus beruflichen Überlegungen?

Herr Schneider   Ja, natürlich zieht es einen als
jungen Menschen auch deswegen
in die Stadt, weil man dort mehr
Möglichkeiten hat, in der Freizeit und in der Kultur, und aber
hauptsächlich aus beruflichen Überlegungen.

Herr Klein   Was machen Sie beruflich?

Herr Schneider   Ich bin von Beruf Journalist, und da ist es in einer Großstadt
natürlich besser als in einer kleineren Stadt auf dem Land – ganz
einfach, weil sich mehr ereignet, weil die Zeitungen größer sind,
weil man ein größeres Publikum hat – und daher auch Geschichten
von größerem Interesse für einen selber und für die Leser machen
kann.

Herr Klein   Wie gefällt es Ihnen denn in München?

Herr Schneider   Ja, ausgezeichnet.

Herr Klein   Und warum?

Herr Schneider   Weil man ja auch das Land gleich in der Nähe hat und in einer
Stunde in den Bergen ist.

Herr Klein   Was gefällt Ihnen denn an München nicht so sehr?

Herr Schneider   Da fällt mir – ehrlich gesagt – momentan nichts ein!

zieht es einen . . . in die Stadt	you're attracted to the city . . .
sich mehr ereignet	there's more going on
da fällt mir . . . nichts ein	I can't think of anything

3   *Sabine Kynast (Interview 2 auf Seite 110) ist in einem Dorf in der*
Nähe von Hannover aufgewachsen. Jetzt ist sie Reporterin bei
einer Münchner Zeitung.

Herr Eßer   Wie lange sind Sie schon in München?

Fräulein Kynast Ja, vier ein Viertel Jahr. Ich hab' hier die *Deutsche Journalisten-*
schule absolviert. Dann habe ich mein Praktikum bei der *TZ*
gemacht, und dort haben sie mir gleich einen Vertrag angeboten,
und dann habe ich dort angefangen.

Herr Eßer   Warum sind Sie nach München gekommen?

Fräulein Kynast Einmal, weil es eben diese Schule, die ich unbedingt besuchen
wollte, nur in München gibt. Andererseits weil ich unbedingt weg
von zu Hause wollte – es konnte gar nicht weit genug sein.
Heute bereue ich es ein bißchen. . . .

Herr Eßer   Warum bereuen Sie was?

Fräulein Kynast Ich bereue, daß ich zu weit weg bin von zu Hause. Meine beiden
Brüder zum Beispiel haben jetzt schon Kinder. Die wachsen und

	werden groß und sehen die Tante Sabine alle halbe Jahre mal. Und das ist sehr schade.
Herr Eßer	Würden Sie wieder nach Hause zurückgehen?
Fräulein Kynast	Ne, zurückgehen nicht. Ich fahre gerne auf Urlaub dorthin. Aber ganz dorthin nie wieder.
Herr Eßer	Warum würden Sie nicht mehr zurückgehen?
Fräulein Kynast	Es gibt viele Gründe: Erstens hasse ich das Leben in einem kleinen Dorf, wo jeder jeden kennt. Zweitens: Ich liebe zwar meine Familie und mag meine Verwandtschaft, aber doch mehr aus der Ferne. Und deswegen möchte ich nicht wieder zurück.
Herr Eßer	Möchten Sie gerne in München bleiben?
Fräulein Kynast	Ja, sehr gern. Mir gefällt die Lebensart hier. Ich mag die Bayern. Die sind manchmal ein bißl grob und ein bißl offen. Aber die meinen es nicht bös, und die sind nett und freundlich, und das finde ich sehr schön.

vier ein Viertel Jahr	four and a quarter years
TZ = Tages-Zeitung	
die ich unbedingt besuchen wollte	that I'd set my heart on going to
warum bereuen Sie was?	what do you regret and why?
alle halbe Jahre	every six months
aber ganz dorthin nie wieder	but I'd never want to go back and live there

ein bißl (bayrisch) = ein bißchen

Hören und Verstehen

Sulti ist 14 Jahre alt und kommt aus Griechenland, Loli ist 16 und Spanierin, Mimo ist 14 und Italiener. Ihre Eltern sind in die BRD gekommen, um dort zu arbeiten. Jetzt wohnen alle drei in München und sprechen fließend Deutsch.

Herr Eßer	Wie heißt du?
Sulti	Sultana Katsigiannis.
Herr Eßer	Wo kommst du her?
Sulti	Aus Griechenland.
Herr Eßer	Wo bist du geboren?
Sulti	In München.
Herr Eßer	Wie nennen deine Freunde dich, Sultana?
Sulti	*Sulti*.
Herr Eßer	Und wo kommst du her?
Mimo	Ich komme aus Italien und aus Nola bei Neapel, so fünf Kilometer entfernt von Neapel. Ein kleines Dorf.
Herr Eßer	Und wie heißt du?
Mimo	Domenico De Sena, aber ich werde auch *Mimo* genannt.
Herr Eßer	Wann bist du nach Deutschland gekommen?
Mimo	Vor vier Jahren.
Herr Eßer	Und wo kommst du her?
Loli	Ich komme aus Spanien, Barcelona. Ich bin auch drüben geboren. Ich bin erst mit sieben Monaten hergekommen nach München. Aufgewachsen bin ich hier.

Sulti   *Loli*   *Mimo*

Herr Eßer	Und wie heißt du?
Loli	Ich heiße Maria Dolores Peñas, werde aber oft *Loli* genannt.
Herr Eßer	Wohnst du in einer Gegend, wo viele Spanier wohnen, oder wie ist das?
Loli	Ja, da drüben wohnen sechs, sieben Familien, spanische. Früher haben mehr da gewohnt, aber sie sind alle wieder zurück, die haben Glück!
Mimo	Bei uns da in der Nähe, da sind auch viel italienische Familien, so zehn, zwanzig. Bei mir ist es eigentlich gleich, ob ich mit Deutschen wohne, oder mit Italienern.
Herr Eßer	Wohnen bei euch viele Griechen?
Sulti	Nein, sehr wenige. Also mir ist dort lieber, wo mehr Griechen sind. . . .
Herr Eßer	Hast du mehr deutsche oder mehr griechische Freunde?
Sulti	Am Anfang habe ich deutsche Freundinnen gehabt, jetzt habe ich mehr griechische.
Herr Eßer	Freundinnen und Freunde, oder nur Freundinnen?
Sulti	Freundinnen und Freunde.
Herr Eßer	Hast du auch deutsche Freunde, Mimo?
Mimo	Viele, ja.
Herr Eßer	Hast du auch viele italienische?
Mimo	Ja, sehr viele.
Herr Eßer	Halbe – halbe oder mehr Italiener?
Mimo	Mehr Deutsche eigentlich.
Herr Eßer	Mehr Deutsche? Wie kommst du mit den Italienern aus, wo lernst du die überhaupt kennen?
Mimo	In der katholischen Mission, in der Lindwurmstraße. Da gehe ich zum Tischtennisspielen. Da haben wir auch eine Fußballmannschaft.
Herr Eßer	Hast du spanische Freunde hier, oder nur deutsche?
Loli	Ich habe fast ausschließlich spanische Freundinnen und Freunde. Auch von der spanischen Mission kenne ich die her. Deutsche habe ich eigentlich bloß ein paar.
Herr Eßer	Wie kommt das?
Loli	Das weiß ich auch nicht.

122

Überblick

Asking for and giving reasons

If you want to know why someone moved you could ask:

Warum haben Sie	Ihr Dorf München Ihre Heimatstadt	verlassen?

Warum sind Sie nach Berlin	gegangen? gezogen? gekommen?

If you are asked for your reasons, you might say:

Das hat	viele private finanzielle verschiedene	Gründe	Aus	familiären praktischen beruflichen geschäftlichen	Gründen Überlegungen

– or you could say:

Die Bayern sind sehr nett, und In München gibt es so viele Theater, und	daher deswegen	gefällt es mir hier

You might want to say precisely why – because there's more going on:

Weil	sich hier mehr **ereignet** die Zeitungen größer **sind** man hier mehr Möglichkeiten **hat**

– you were offered a new job:

Weil	ich ein Angebot bekommen **habe** man mir ein Angebot gemacht **hat** meine Firma nach München gezogen **ist**

– you wanted more training:

Weil ich	hier	meine Lehre mein Praktikum	machen **konnte**
	unbedingt diese Schule besuchen **wollte**		

– you were attracted by your new home:

Weil	das Land in der Nähe **ist** man in einer Stunde in den Bergen **ist** der Freizeitwert sehr hoch **ist**

Weil	man so gut	einkaufen bummeln ins Theater	gehen **kann**

– or didn't like your old one:

Weil	ich weg von zu Hause **wollte** ich das Leben in einem Dorf **hasse**

For the word order after *weil*, see page 226

Übungen

1 Wer sagt was?

Sechs Personen haben sechs verschiedene Gründe, warum sie nach München gekommen sind!

1 Herr Wienke fährt gern Ski.

2 Fräulein Bungert arbeitet als Reporterin.

3 Herr Gutzeit ist aus privaten Gründen hier.

4 Fräulein Käfer wollte nicht mehr bei ihrer Familie bleiben.

5 Herr Großmann will Lehrer werden. Aber er muß seinen Beruf noch lernen.

6 Frau Jahnke geht gern aus, z.B. in die Oper, ins Theater und in Restaurants.

Wer sagt was?

„Ich bin nach München gekommen, weil

a   meine Freundin hier wohnt", sagt ....

b   ich hier einen Studienplatz bekommen habe", sagt............................

c   München einen hohen Freizeitwert hat", sagt ....

d   man so schnell in den Bergen ist", sagt ....

e   ich unbedingt von zu Hause weg wollte", sagt ....

f   mir eine Zeitung einen Vertrag angeboten hat", sagt ....

2 Kreuzworträtsel

Alle Wörter finden Sie in diesem Kapitel oder Kapitel 11.

Ü = UE

Waagerecht:

1 Sabine Kynast hat ihr . . . bei der *TZ* gemacht.

6 Frau Kynast würde . . . wieder nach Hause zurückgehen.

7 Eva Pösl hat Waldkraiburg . . .

9 Frau Kynast findet die Bayern . . .

11 In der Innenstadt muß man für Wohnungen . . . Mieten bezahlen.

12 Es zieht einen jungen Menschen . . . deswegen in die Stadt, weil man dort mehr Möglichkeiten für die Freizeit hat.

13 Im *Englischen Garten* kann man unter Bäumen . . . und Bier trinken.

Senkrecht:

1 Viele Leute kommen aus beruflichen oder . . . Gründen nach München.

2 Frau Kynast liebt ihre Familie, . . . doch lieber aus der Ferne.

3 Frau Jahnke (Übung 1) geht gern ins . . .

4 München ist eine Stadt der . . .

5 Herr Schneider ist von Berchtesgaden nach . . . gezogen.

8 Waldkraiburg ist eine kleine . . .

9 Herr Klein fragt Herrn Schneider: „. . . aus beruflichen Überlegungen?"

10 Herr Schneider hat in München viele Möglichkeiten. . . . ist von Beruf Journalist.

3 Ich bin kein Berliner!

You start your visit to Berlin by going on a guided tour. When you talk to your guide Klaus afterwards about his city, you find he isn't from Berlin at all.

a **Sie** (What! He's not from Berlin?)

Klaus Nein, ich bin kein Berliner. Ich komme aus Osnabrück, nicht weit von Münster.

b **Sie** (Why did he come to Berlin?)

Klaus Hauptsächlich aus beruflichen Gründen – das heißt, ich studiere hier.

c **Sie** (Why did he want to study in Berlin?)

Klaus Weil ich Architekt werden will, und hier in Berlin gibt es eine sehr gute Technische Universität.

d **Sie** (Does he like the city?)

Klaus Oh ja, Berlin gefällt mir sehr gut. Man kann hier so viel machen – es gibt so viele Theater, Bars, Kinos.

e **Sie** (And what doesn't he like?)

Klaus Daß das Leben hier so teuer ist. Deswegen muß ich als Fremdenführer arbeiten, um mehr Geld zu verdienen.

f **Sie** (Would he prefer to go back home?)

Klaus Nein, nie wieder.

g **Sie** (Why not?)

Klaus Ich mag kleine Städte nicht, und meine Familie habe ich aus der Ferne viel lieber. Außerdem gefallen mir die Berliner besser als die Osnabrücker.

4 Herr und Frau Ittich – zu Hause!

Was antwortet Herr Ittich?

Frau Ittich fragt:	Der Grund:	Herr Ittich antwortet:
„Warum hast du mich gestern nicht angerufen?"	Er hatte im Büro zu viel zu tun.	a „Weil ich im Büro zu viel zu tun hatte."
„Warum hast du das Auto verkauft?"	Sie brauchen ein neues.	b „.........................."
„Warum hast du nicht abgewaschen?"	Er hat erst gestern abgewaschen.	c „.........................."
„Warum lernst du Englisch?"	Sie wollen doch im Sommer nach England fahren!	d „.........................."
„Warum trägst du immer das Hemd mit den Streifen?"	Erstens hat sie es ihm selbst gekauft und zweitens hat sie die anderen Hemden nicht gewaschen!	e „.........................."
„Warum hast du mir diese teuren Blumen mitgebracht?"	Heute ist ihr Hochzeitstag!	f „.........................."

5 Verschiedene Gründe

Herr Burkhardt wohnt auf dem Dorf. Er haßt das Leben in der Großstadt.
Er wohnt mit seiner Familie in einer Mietwohnung, denn er hat noch
nicht genug Geld, um sich ein Haus zu kaufen. Herr Burkhardt hat ein Auto.
Er braucht es, denn es gibt keine öffentlichen Verkehrsmittel auf dem Dorf.
Als Tierarzt hat er auf dem Land bessere Berufsmöglichkeiten. Arbeit zu finden
ist für ihn kein Problem. Aber für ein Hobby hat er keine Zeit.

Beantworten Sie diese Fragen:

a   Warum wohnt Herr Burkhardt auf dem Dorf?   Weil...........................
b   Warum wohnt er in einer Mietwohnung?   Weil...........................
c   Warum braucht er ein Auto?   Weil...........................
d   Warum hat er auf dem Land bessere   Weil...........................
    Berufsmöglichkeiten?
e   Warum hat er kein Hobby?   Weil...........................

Wissenswertes

Wer ist ein Münchner?

Die Stadt München ist eine Millionenstadt, aber nur etwa 400 000 Einwohner
sind tatsächlich in der Stadt geboren. Die anderen sind Wahlmünchner oder
Zugereiste. München ist in den letzten 30 Jahren von allen deutschen Großstädten
am schnellsten gewachsen. 1945 hatte es 568 000 Einwohner, und seit 1957 ist es
schon Millionenstadt. Die meisten neuen Bürger kamen aus der bayrischen Provinz
in die Landeshauptstadt, aber es sind auch viele ,,Preußen'' zugereist, wie die
Münchner alle Norddeutschen nennen.

Warum ziehen Deutsche nach München?

Viele Bundesbürger möchten gern in München leben – bestimmt nicht nur, weil die
Stadt schön ist und weil es dort viel Kultur und viel Bier gibt. Genauso wichtig
ist es, daß es dort genug Industrie gibt, so daß man Arbeit finden kann. Und
man zieht nach München, weil es so ideal liegt: Seen zum Schwimmen, Wälder zum
Wandern und die Alpen zum Skifahren und Bergsteigen sind gleich in der Nähe.
Von München aus kann man schnell mal ins Ausland fahren: In zwei Stunden ist man
in Österreich, in zirka drei Stunden in der Tschechoslowakei, und Italien und
Jugoslawien sind auch nicht weit.

Warum ziehen Ausländer nach München?

Schnell mal ins Ausland fahren – das heißt für viele südeuropäische *Gastarbeiter:*
Schnell mal nach Hause fahren. In München arbeiten mehr Ausländer als in jeder
anderen deutschen Stadt. Wenn man aus Jugoslawien oder Italien kommt und in
der BRD Geld verdienen will, ist München für viele die erste und beste Station.
München sieht ja auch ein bißchen südländisch aus: die Arkaden und Plätze, die
Restaurants im Freien, das warme Klima im Sommer. . . .

Jeder Münchner Gastarbeiter schickt regelmäßig Geld nach Hause und spart
außerdem noch, um später einmal ein Haus kaufen oder um ein Restaurant oder
Geschäft aufmachen zu können. Nicht in München natürlich, sondern in Barcelona,

Saloniki oder Palermo. Denn nach Hause wollen sie fast alle wieder. Wenn sie bleiben, dann nur ein paar Jahre — höchstens zehn.

Die Männer kommen meistens allein in München an. Sie wohnen in Heimen oder in möblierten Zimmern. Die Türken wohnen mit Türken, die Griechen mit Griechen und die Spanier mit Spaniern zusammen. So versteht man den anderen, und fühlt sich weniger fremd. Später, wenn es möglich ist, kommen die Frauen und Kinder auch. Dann haben die Gastarbeiter oft noch weniger Kontakt zu Deutschen als vorher und sprechen noch weniger deutsch.

Jedes dritte Münchner Baby hat ausländische Eltern. . . .

. . . und später weniger Probleme als sie — wenn es in München bleibt —, weil es als ,,gebürtiger Münchner'' meistens gut deutsch kann. Aber die meisten Gast-arbeiterkinder kommen erst im Alter von etwa zehn Jahren zu ihren Eltern in die BRD, und sie sprechen natürlich kein Deutsch. Das war und ist ein großes Problem für die Münchner Schulen, aber heute können die ausländischen Kinder Deutschkurse besuchen, bevor sie auf eine deutsche Schule gehen. Und in vielen deutschen Schulen haben sie dann ungefähr zweimal pro Woche Unterricht in ihrer Muttersprache. Es gibt auch ein paar Nationalschulen in München: die *Hellasschule* für Griechen z.B., und die spanische Samstagsschule.

In den letzten Jahren sind weniger Gastarbeiter nach München gekommen. Es gibt heute weniger Arbeit in der BRD, und es wird immer schwerer für einen Ausländer, eine *Aufenthaltsgenehmigung* zu bekommen. (Das heißt: eine Erlaubnis, in der BRD wohnen zu dürfen.) Wer ohne Aufenthaltsgenehmigung kommt, arbeitet illegal und hat dann weniger Geld und viel weniger Sicherheit.

14

Ich würde kündigen !
Talking about what you would do if . . .

1   *Sehr viele Münchner spielen jede Woche „Lotto" in der* Bayrischen
     Nationallotterie. *Der Hauptgewinn – viele sagen das „große Los" –
     ist DM 1 500 000. Wovon träumen die Lotteriespieler?*

     *Sabine Kynast würde eine Eigentumswohnung kaufen, von Zeit
     zu Zeit arbeiten und viel reisen.*

Herr Eßer   Was würden Sie machen, wenn Sie das große Los gewinnen
                    würden?

Fräulein Kynast   Oh, was würde ich machen? Also, ich würde sicher nicht alles
                    auf die Bank legen und weiterarbeiten. Das weiß ich bestimmt.
                    Ich würd' sicher ein bißchen Geld anlegen, und dann würde ich
                    mir eine schöne Wohnung – Eigentumswohnung – kaufen und viel
                    reisen, glaube ich. Das würde ich sicherlich.

Herr Eßer   Würden Sie weiterarbeiten?

Fräulein Kynast   Ja, freiwillig. Wenn es mir keinen Spaß mehr macht, dann höre ich
                    auf. Ich glaube, das wäre sogar sehr schön.

Herr Eßer   Wenn Sie weniger gewinnen würden, DM 100 000, was würden
                    Sie dann machen?

Fräulein Kynast   100 000 . . . erst mal meine Schulden bezahlen! Ich hab' nämlich
                    welche. Und zwar habe ich mir ein Auto gekauft, und das würde ich
                    erst mal sofort bezahlen. Dann würde ich mir eine schönere

Wohnung suchen, die natürlich dann auch teurer wäre. Dann hab'
ich eine sehr nette Mutti, die bestimmt auch was kriegen würde.
Noch eine schöne große Reise, und dann, na ja . . .

das würde ich sicherlich	I'd certainly do that
ich hab' nämlich welche	I've got some, you see
die . . . was kriegen würde	who'd get some

2   *Wolfgang Schneider (Interviews 2 auf Seiten 111 und 120) würde
kündigen und wie ein Playboy leben.*

Herr Klein	Warum spielen Sie eigentlich Lotto?
Herr Schneider	Weil man doch immer damit rechnet, daß man irgendwann zu den Gewinnern gehört.
Herr Klein	Was würden Sie denn machen, wenn Sie einmal zu den Gewinnern gehören würden?
Herr Schneider	Ich würde am nächsten Tag kündigen! Ich würde meine Köfferlein packen, und dann würden Sie mich wahrscheinlich erst mal ein bis zwei Jahre in München nicht mehr sehen.
Herr Klein	Würden Sie einen Teil des Geldes anlegen?
Herr Schneider	Ja, selbstverständlich. Ich denke schon, daß man einen Hauptgewinn so anlegen könnte, daß man also nicht mehr gezwungen ist, irgendeine Arbeit zu ergreifen – eine geregelte.
Herr Klein	Wir würde das aussehen?
Herr Schneider	Das würde wahrscheinlich aussehen, daß ich sehr viel faulenzen würde, und daß ich ganz einfach sehr viel reisen würde, um andere Leute, andere Länder kennenzulernen. Ich würde sicherlich das Leben von der Luxusseite genießen, so lange es geht. Das heißt, das Auto wäre ein paar Nummern größer, die Anzüge maßgeschneidert und die Hotels um ein paar Sterne besser.
Herr Klein	Könnte man das als Playboy-Leben bezeichnen?
Herr Schneider	Ja.

weil man . . . damit rechnet	because you expect . . .
wie würde das aussehen?	what would you do?
so lange es geht	as long as I can

3   *Anita Sterner würde viel für ihre Familie tun, viel reisen – und
einen Engländer heiraten!*

Herr Eßer	Was würden Sie sich kaufen, wenn Sie im Lotto gewinnen würden, anderthalb Millionen?
Fräulein Sterner	Anderthalb Millionen? Ja, also, erstens mal würde ich wahrscheinlich meinen Eltern einen größeren Teil geben, und meinem Bruder. Und dann würde ich viel reisen, und dann würde ich mir gerne in England eine Wohnung kaufen – eine Eigentumswohnung.
Herr Eßer	Würden Sie lieber in England wohnen als in Deutschland?
Fräulein Sterner	Nein, das nicht, aber so zwei, drei Monate.
Herr Eßer	Zwei, drei Monate so in England?
Fräulein Sterner	Ja, und dann wieder in Deutschland.
Herr Eßer	Was würden Sie sonst noch kaufen? Würden Sie sich ein Haus bauen?

Fräulein Sterner	Nein, ein Haus würde ich nicht so gerne haben, sondern eher Wohnungen: in München und dann eben England, vielleicht auch noch in Frankreich irgendwo an der Côte d'Azur.
Herr Eßer	Wo würden Sie sonst noch hinreisen?
Fräulein Sterner	Erstens mal nach Australien, weil ich dort eine Tante habe, dann New York und ganz Amerika, Kalifornien. Wunschtraum von mir wären Bahamas oder Tahiti, das würde ich sehr gerne ansehen.
Herr Eßer	Würde Sie dann auch so ein Baströckchen tragen?
Fräulein Sterner	Nein, das würde ich, glaube ich, nicht tragen. Das würde mir, glaube ich, nicht stehen . . .
Herr Eßer	Wen würden Sie mitnehmen?
Fräulein Sterner	Meinen Freund.
Herr Eßer	Sie wollen ein Haus in England irgendwo haben, in München etwas und in Frankreich. Dann sind Sie dauernd unterwegs. Aber Ihr Freund hat ja nicht so viel Zeit. Was würden Sie da tun?
Fräulein Sterner	Ja, da würde ich Freundinnen mitnehmen, oder auch dann meinen Eltern den Schlüssel geben, daß die hinfahren könnten, meinem Bruder, oder auch Freunden. Das wäre dann schon ganz nett für die, wenn die dahin fahren könnten und dann keine teuren Wohnungen nehmen müßten oder Pensionen suchen müßten.
Herr Eßer	Würden Sie Ihren Freund heiraten?
Fräulein Sterner	Nein, das würde ich nicht, glaube ich! Aber wenn ich dann vielleicht verreise, und vielleicht einen Engländer kennenlerne: Der weiß das nicht, daß ich sehr viel Geld hab'.
Herr Eßer	Würden Sie einen Engländer heiraten?
Fräulein Sterner	Ja, würde ich schon.

Wunschtraum von mir wären . . .	I've always dreamt of . . .
das würde mir nicht stehen	it wouldn't suit me
dann sind Sie dauernd unterwegs	so you'll always be travelling around
würde ich	I would

Hören und Verstehen

Herr Rodler hat schon als Student ab und zu bei der Lotterieverwaltung in München gearbeitet, und seit seinem Examen ist er dort fest angestellt. Trotzdem darf er selbst Lotto spielen, aber er hat bis jetzt kaum etwas gewonnen. Durch seine Arbeit spricht Herr Rodler mit vielen Hauptgewinnern. Seiner Ansicht nach legen die meisten ihr Geld sehr vernünftig an. Es gibt sogar einen Fall, wo ein Lottospieler zweimal zu den Hauptgewinnern gehörte: Das war ein älteres Ehepaar aus München. Sie hatten sich mit ihrem ersten Gewinn ein Haus

gebaut und meinten, daß sie mit dem zweiten Gewinn wohl ein
zweites Haus bauen müssen.

Herr Klein	Wie sind Sie persönlich zum Lotto gekommen?
Herr Rodler	Durch reinen Zufall. Ich hatte in München studiert und hatte kein Geld, wie alle Studenten. Und dann gab es einen interessanten Wochenendjob in der staatlichen Lotterieverwaltung, und das habe ich über lange Zeit betrieben. Und da dachte ich immer: „Die Leute in diesen Unternehmen, die haben nicht viel zu tun. Da gehst du hin und machst nach dem Diplom noch deine Doktorarbeit . . .'' Ja, und so bin ich also zur Lotterieverwaltung gegangen. Aus der Doktorarbeit wurde nichts, weil ich dann doch mehr arbeiten mußte, als ich ursprünglich glaubte. Ich hatte dann auch noch geheiratet, und unser Sohn ist gekommen, und so bin ich also heute noch hier.
Herr Klein	Dürfen Sie auch persönlich Lotto spielen?
Herr Rodler	Ich spiele selbst Lotto, und zwar seit etwa 10 Jahren – leider ohne Erfolg. Ich hatte ursprünglich nichts vom Lotto gehalten und habe deshalb auch nicht selbst gespielt. Dann kam eines Tages ein armer Eisenbahner aus Augsburg. Und zwar hatte dieser Mann für eine Mark gespielt und eine Million D-Mark gewonnen. Seitdem spiele ich für eine Mark, immer die gleichen Zahlen, aber ich habe nur unterste Gewinne erzielt.
Herr Klein	Wie reagieren denn die Leute, wenn sie als Hauptgewinner zu Ihnen kommen?
Herr Rodler	Es gibt Leute, die können es gar nicht glauben, daß sie so viel Geld gewonnen haben. Andere wiederum fühlen sich schon als neuer Millionär. Und das mag so weit gehen, daß sie fast mit uns nicht mehr reden wollen, was auch schon einmal vorgekommen ist. Aber in der Regel, kann man sagen, sind die Leute sehr vernünftig. Ich meine überhaupt, daß man in Deutschland eine ganz andere Einstellung zu viel Geld heute hat, als das noch vor 15 oder 20 Jahren war.
Herr Klein	Kommt es eigentlich vor, daß Sie einem Hauptgewinner zweimal begegnen?

Lotto:
Münchner Rentner gewann 1,3 Millionen

Herr Rodler	Auch dieses ist vor kurzem erst passiert. Da war ein älteres Rentnerehepaar bei mir im Zimmer, aus München hier, und ich habe also wie üblich gratuliert zum Gewinn und habe dann gefragt, was sie mit dem Gewinn machen wollten, ob sie sich wohl ein Haus bauen wollten. Und dann sagte der Mann: „Ja, dann werden wir halt wieder bauen müssen''. Dann sage ich: „Was heißt: wieder bauen müssen? Haben Sie denn schon mal gebaut?'' Er sagte: „Ja, wir haben schon einmal gebaut, ja.'' Dann sage ich: „Dann werden Sie wohl so ein kleines Häuschen irgendwo haben.'' „Ach'', sagt er, „kann man eigentlich nicht

sagen." „Na," sag' ich, „aber als Straßenarbeiter ist doch das
sicherlich nicht einfach gewesen." Und dann bekommt er so ein
rotes Gesicht und sagt: „Ja, kennen Sie mich denn nicht?" Sage
ich: „Nein, ich kenne Sie nicht." Sagt er: „Ich war schon in Ihrem
Zimmer hier. Und damals sagten Sie: ‚Wir werden uns mit
Sicherheit nicht wiedersprechen.' Ich bin heute ein zweites Mal da!"

Überblick

Talking about what you would do if . . .

How to ask somebody what he would do :

			Possible answers :		
	reisen?			schon	
	kündigen?			bestimmt	(tun)
Würden Sie	umziehen?		Das würde ich	sicherlich	(machen)
	sich etwas kaufen?			nicht	
	sich ein Haus bauen?				

Wie	würden Sie	leben?
Was	würden Sie	kaufen?
Wen	würden Sie	heiraten?
Wo	würden Sie	wohnen?
		hinfahren?

— if he won a lot of money :

Was würden Sie machen, wenn Sie					
im Lotto				kündigen	
viel Geld		gewinnen	Ich würde	viel reisen	
eine Million		**würden**?		meine Schulden bezahlen	
das große Los				weiterarbeiten	
				meiner Familie etwas geben	

		ein Haus bauen
Ich würde mir		eine Wohnung kaufen
		die Welt ansehen

	anlegen
Ich würde mein Geld	auf die Bank legen

Das Auto wäre größer

— if he were rich or didn't have to work :

	reich **wären,**	
Wenn Sie	kündigen **könnten,**	was würden Sie machen?
	viel Geld **hätten,**	
	nicht arbeiten **müßten,**	

	das Leben genießen	
Ich glaube, daß ich	viel faulenzen	**würde**
	viele Partys feiern	
	ein Luxusleben führen	

Note that in sentences with *wenn* the verb comes at the end, e.g. *würde, könnte, hätte, wäre, müßte.* To check on the use of these verbs see pages 222–4. To revise the word order after *wenn* and *daß* see page 226.

Übungen

1 Haben Sie schon gehört?

Herr Pasing und Herr Kagel sprechen über ihren Kollegen Herrn Deinhardt.
Someone has muddled up their conversation. Sort it out by numbering the
sentences in the correct order. The first one is done for you.

Herr Pasing	A		Was wird er mit dem Geld machen?
Herr Kagel	B		Ich kenne eine nette Engländerin. Die würde ich mitnehmen. Und Sie? Würden Sie weiterarbeiten?
Herr Pasing	C		Allein?
Herr Kagel	1 D		Haben Sie schon gehört? Deinhardt hat eine Million im Lotto gewonnen!
Herr Pasing	E		Nein, das würde ich sicherlich nicht. Ich würde mir ein Haus in den Alpen kaufen und hätte endlich Zeit für meine Hobbys.
Herr Kagel	F		Nein, natürlich würde ich nicht allein fahren.
Herr Pasing	G		Ich? Ich weiß noch nicht . . . Das liegt alles noch in so weiter Ferne. Und Sie?
Herr Kagel	H		Ich würde mir erst einmal die Welt ansehen.
Herr Pasing	I		Typisch für Deinhardt! Immer für Sicherheit. Ich würde sofort kündigen. Und was würden Sie machen?
Herr Kagel	J		Wäre das nicht zu langweilig?
Herr Pasing	K		Wen würden Sie denn mitnehmen?
Herr Kagel	L		Er wird eine Eigentumswohnung kaufen und den Rest des Geldes anlegen.
Herr Pasing	M		Nicht für mich! Ich liebe meine Ruhe!

2 Kein Haus – aber eine Terrassenwohnung

Herr Klein ist Student in München, und Sie treffen ihn dort in einem Café.
Jetzt fragen Sie ihn, was er mit einem Hauptgewinn im Lotto machen würde.

a   *Sie*   (What would he do if he won? Would he continue with his studies – *weiterstudieren*?)

     Herr Klein   Ja, auf jeden Fall. Ich würde ganz bestimmt nicht mit dem Studium aufhören.

b   *Sie*   (He would certainly travel a lot. Where would he go first?)

     Herr Klein   Ja, ich würde eine Weltreise machen – und in der Südsee anfangen! Da wollte ich schon immer mal hin!

c   *Sie*   (You can understand that. The South Sea has always been your dream, too.)

     Herr Klein   Ja, und dann würde ich mir eine phantastische Wohnung hier in München kaufen – eine Terrassenwohnung.

d   *Sie*   (Wouldn't he buy a house? You would do that.)

     Herr Klein   Nein, ich bin mehr für Wohnungen. Die machen nicht so viel Arbeit. In der Schweiz würde ich mir außerdem eine Zweitwohnung kaufen.

e   *Sie*   (What kind of clothes would he wear?)

    Herr Klein   Na, meine Kleidung wäre vielleicht etwas extravaganter. Ich könnte endlich maßgeschneiderte Anzüge tragen. Und ich könnte mir endlich einen Mantel aus Wolfspelz kaufen!

f   *Sie*   (Would he put all his money in the bank or would he give his family something?)

    Herr Klein   Ja, ich würde etwas Geld anlegen und dann meiner Familie einen Teil geben.

3   Vater und Tochter

Herr Eilers liebt seinen Beruf und seine Ruhe. Er ist am liebsten zu Hause, aber er möchte gern in einem größeren Haus wohnen. Seine Hobbys sind Lesen und Autofahren.

Seine Tochter, Monika Eilers, feiert gern, reist gern, und sie liebt das Abenteuer. Sie arbeitet nur, wenn sie unbedingt Geld verdienen muß.

Wie würden Herr Eilers und seine Tochter auf Ihre Fragen antworten? Sie sagen entweder „Das würde ich schon" oder „Das würde ich sicherlich nicht".

Sie	*Monika Eilers*	*Herr Eilers*
Würden Sie...		
a unter Indianern leben?	....	....
b eine Expedition in den Himalaya machen?	....	....
c auf einer einsamen Insel wohnen?	....	....
d allein um die Welt segeln?	....	....
e umziehen?	....	....
f aufhören zu arbeiten?	....	....
g sich viele Bücher kaufen?	....	....
h drei Tage lang eine tolle Party feiern?	....	....

4   Es wäre schön . . . !

Fill in *wäre, hätte, müßte* or *könnte*

Es wäre schön, wenn ich ....

a mir eine Yacht kaufen ....

b mehr als einmal im Jahr Urlaub machen ....

c mehr Geld auf der Bank ....

d nicht so früh aufstehen ....

e mehr Zeit für meinen Deutschkurs ....

f nicht immer ins Büro gehen ....

g sehr reich ....

h eine nette Freundin/einen netten Freund ....

i gut Tennis spielen ....

Wissenswertes

Tip ins Glück: das Lotto

„Und jetzt die Lottozahlen: 3 – 27 – 29 – 41 – 45 – 49 ...."
Jeden Samstag sitzen viele Deutsche um etwa 22 Uhr vor dem Fernsehapparat
und sehen die „Ziehung der deutschen Lottozahlen". Man sieht, wie 49
Tischtennisbälle mit Zahlen darauf sich in einer Maschine drehen. Jedesmal,
wenn die Maschine stoppt, fällt ein Ball mit einer Gewinnzahl heraus. Das ist
immer spannend – auch wenn man wieder einmal nichts gewonnen hat. „Sechs
Richtige" – das heißt: 6 richtige Zahlen im Lotto sind der Hauptgewinn. Aber
auch bei „sechs Richtigen" ist man nicht unbedingt Millionär. Wenn viele Spieler
diese Zahlen richtig haben, gibt es für jeden Gewinner weniger Geld. Die
meisten Spieler gewinnen allerdings gar nichts – oder höchstens ein paar Mark,
wenn sie drei oder vier richtige Zahlen haben.

Wie spielt man Lotto?

Lotto spielen kann jeder. Man braucht nur einen Lottoschein. Den gibt es bei
einer Lotto-Annahmestelle. Die ist meistens in einem Kiosk oder in einem
Zeitungs- und Tabakgeschäft. Auf dem Lottoschein sind sechs Felder, alle mit
den Zahlen von 1 bis 49. Man kreuzt in einem Feld sechs Zahlen an, dann hat
man ein Spiel; man tippt im nächsten Feld auf sechs andere Zahlen, dann hat
man zwei Spiele und mehr Chancen, zu gewinnen. Man kann alle zehn Felder
ausfüllen und hat dann zehn Chancen, aber zehn Spiele sind natürlich teurer. Mit
dem ausgefüllten Lottoschein geht man dann wieder zur Annahmestelle,
meistens auch ein Zeitungs- oder Tabakgeschäft. Die Annahmestelle schickt dann
alle Scheine zur Zentrale der Lotterieverwaltung.

Lotto ist staatlich. Jedes Bundesland hat seine eigene Lotterie-Zentrale, aber die Lotto-Gewinnzahlen gelten für die ganze Bundesrepublik. Wenn man mehr als DM 1000 gewonnen hat, bekommt man von der Lotterieverwaltung einen Brief und dann das Geld. Das heißt, wenn man nicht vergessen hat, den Lottoschein bis spätestens Freitagnachmittag abzugeben.

Eine Alternative zur hohen Einkommensteuer?

Lotto ist das populärste westdeutsche Glücksspiel und bringt dem Staat jährlich Millionen von Mark ein. Am Fußballtoto verdient er auch viel: Ungefähr 300 Millionen Mark geben Spieler für Toto aus, und für Pferdewetten ca. 60 Millionen. Die staatliche Pferdewette in der BRD heißt Rennquintett. Man kann das Rennquintett — wie Lotto — einmal pro Woche spielen.

Acht Millionen Mark pro Jahr bringen die Kasinos oder Spielbanken, die in staatlicher Hand oder staatlich konzessioniert sein müssen. Wenn man sein Geld verspielen will, braucht man nicht unbedingt nach Baden-Baden zu fahren: Es gibt auch Kasinos in Berlin und Hannover aber auch in kleineren Orten wie z.B. im bayrischen Kurort Bad Reichenhall.

Eines der vielen Münchner Theater ist das Staatstheater am
Gärtnerplatz — *viele sagen einfach das* „Gärtnerplatztheater".
Wie ist es, wenn man an einem solchen Theater arbeitet?

1 *Margot Baumgartner leitet die Kasse und hat viel zu tun — und
ihr Beruf macht ihr viel Freude.*

Fräulein Müller	Frau Baumgartner, was sind Sie von Beruf?
Frau Baumgartner	Ich bin an der Tageskasse im *Staatstheater am Gärtnerplatz* und hab' jetzt die Kassenleitung und bin eigentlich ganz glücklich drüber — und mag meinen Beruf sehr gern.
Fräulein Müller	Was genau macht Ihnen Freude?
Frau Baumgartner	An der Theaterkasse ist alles wlrklich sehr abwechslungsreich. Man sieht ständig andere Menschen. Jeder hat eine andere Art, eine andere Mentalität, und dadurch kommt nie eine Langeweile auf. Im Gegenteil: Es ist oft ein bißchen, fast zu viel Streß, aber das hält ja fit, und es ist nicht so eintönig, wie vielleicht in manchem anderen Beruf.
Fräulein Müller	Haben Sie einen Arbeitsvertrag?
Frau Baumgartner	Arbeitsvertrag nicht, sondern richtig Angestellte, Staatsangestellte.
Fräulein Müller	Gehen Sie selber ins Theater?
Frau Baumgartner	Ja, sehr viel sogar. Erstens macht es Freude, ins Theater zu gehen, und dann auch eben: die Gäste muß man beraten, und man muß Bescheid wissen.
Fräulein Müller	Haben Sie Stammkunden?
Frau Baumgartner	Ja, wir haben sehr nette Stammkunden, und wir freuen uns immer wieder, wenn uns die Gäste so treu bleiben.
Fräulein Müller	Wie ist eigentlich das Verhältnis zu Ihren Kollegen?
Frau Baumgartner	Gut. Wir sind zu viert in der Kasse. Eine Dame noch am Telefon, also zu fünft. Und es ist ein sehr gutes Arbeitsklima. Die Kasse ist ja nun täglich geöffnet, auch Samstag- und Sonntagabend. Und jetzt haben wir unregelmäßigen Dienst.

Wir arbeiten teilweise zehn Stunden am Tag und haben dafür
dann unter der Woche mal wieder frei, zwei oder drei Tage.
Wir haben auch 40-Stunden-Woche wie die übrigen, aber in
einer anderen Form.

Fräulein Müller   Was machen Sie, wenn Sie zu Hause sind?

Frau Baumgartner   Oh, ich habe einen kleinen Garten und eine Katze, die sich
natürlich freut, wenn ich mal länger zu Hause bin. Und ich
habe da gar keine Sorgen, wie ich die Freizeit rumbringe.

dadurch kommt nie eine Langeweile auf	so you never get bored
richtig Angestellte	permanent member of staff
unter der Woche (süddeutsch) = während der Woche	
wie die übrigen	like everyone else

2

*Othmar Grubauer hat als Pförtner
viele verschiedene Aufgaben.
Er geht selbst nur selten
ins Theater.*

Fräulein Müller   Herr Grubauer, was machen
Sie — beruflich?

Herr Grubauer   Jetzt bin ich also hier im
Gärtnertheater, bin Pförtner, und
das schon seit 8 Jahren.

Fräulein Müller   Was haben Sie da für Aufgaben?

Herr Grubauer   Ach Gott, so viele Sachen
kommen auf uns zu. Das ist die
Post; wir haben mit Geld zu tun; man hat mit vielen Leuten,
mit unterschiedlichen Leuten zu tun; wir haben
Telefondienst, müssen Auskunft geben . . . Also, es ist so
vielseitig. Das kann man sich gar nicht vorstellen.

Fräulein Müller   Was für Arbeitszeit haben Sie jetzt?

Herr Grubauer   Jetzt heute muß ich meinen Kollegen ablösen um drei Viertel
drei. Heute haben wir 'ne lange Vorstellung: *Die Hochzeit des
Figaro*. Die dauert bis 11 Uhr. Das ist aber eine Ausnahme.
Normalerweise sind die Vorstellungen so halb zehn, zehn Uhr,
Viertel nach zehn fertig, und dann muß man so lange warten,
bis der letzte Mann draußen ist. Das wäre also der
sogenannte *Nachmittags*- oder *Spätdienst* — nicht? Der
Frühdienst beginnt um dreiviertel sieben und endet um
dreiviertel drei. Und das ist, vier Tage Dienst, zwei Tage frei,
vier Tage Dienst . . . Es wechselt dann ab, einmal Frühdienst,
einmal Spätdienst.

Fräulein Müller   Gehen Sie denn auch mal ins Theater?

Herr Grubauer   Nein. Ich habe mir hier angeschaut: *Kiss Me Kate* und
Lustige Witwe.

So viele Sachen kommen auf uns zu	we have so many things to deal with
das kann man sich nicht vorstellen	you can't imagine
drei Viertel drei = 14.45 Uhr	
es wechselt ab	it alternates

3

Angelica Vogel ist Sängerin. Ihre Arbeitszeit ist manchmal kurz, aber oft sehr lang. Sie hat vor jeder Premiere Lampenfieber.

Fräulein Müller   Wie ist es mit Ihrer Arbeitszeit?
Frau Vogel   Es ist so, daß die Probenzeit generell von 10 bis 1 Uhr läuft. Dann ist einmal Mittagspause — bis 5 Uhr. Ab 5 Uhr ist wieder Probenarbeit möglich, und da kann es sogar passieren, daß man bis 10 Uhr abends probt. Bei kleineren Rollen ist man nicht so sehr gebraucht. Da kann es auch passieren, daß man nur eine Stunde am Tag mal Probe hat. Wenn man natürlich Vorstellung hat, fallen die Nachmittagsproben aus.

Fräulein Müller   Wie ist es? Haben Sie jetzt einen ständigen Vertrag?
Frau Vogel   Ja, ich habe angefangen mit einem Zwei-Jahres-Vertrag. Dann habe ich den verlängert bekommen, und jetzt habe ich vor kurzem nochmal einen Ein-Jahres-Vertrag abgeschlossen.

Fräulein Müller   Was gefällt Ihnen so an Ihrem Beruf?
Frau Vogel   Daß er so vielseitig ist; daß man — tagtäglich eigentlich — mit neuen Charakteren befaßt ist; das Studium an den Rollen; und dann, *last not least*, das Studium auch am Konzertgesang.

Fräulein Müller   Was zum Beispiel, gefällt Ihnen überhaupt nicht?
Frau Vogel   In meinem Beruf gibt's eigentlich nichts, was mir überhaupt nicht gefällt. Was weniger Spaß macht, ist, daß man von seinem Hals — also von der Stimme — sehr abhängig ist. Man muß sehr auf die Gesundheit achten. Man ist eigentlich immer in großem Streß.

Fräulein Müller   Hatten Sie am Anfang Lampenfieber?
Frau Vogel   Ich hatte nicht nur am Anfang Lampenfieber; es wird auch nicht weniger. Vor einer Premiere habe ich sehr großes Lampenfieber. Und es würde mir fast fehlen, wenn ich es nicht hätte!

fallen . . . aus	there aren't any . . .
nichts, was mir überhaupt nicht gefällt	nothing I really dislike
man ist immer in großem Streß	you're always under great pressure

Hören und Verstehen

In München gibt es zwei „Musiktheater": Das Nationaltheater und das Staatstheater am Gärtnerplatz. In einem „Musiktheater" spielt man hauptsächlich Opern, Operetten und Musicals, und es gibt auch Ballettabende. Herr Dr. Kertz arbeitet am Gärtnerplatztheater. Seine Hauptaufgabe: mit

*einem Team den Spielplan
auszuarbeiten. Das ist nicht immer
einfach, weil nicht alle
Theaterbesucher die gleichen
Stücke mögen. Daher ist das
Programm des* Gärtnerplatztheaters
*immer sehr abwechslungsreich:
Es gibt dort alte und moderne
Werke, klassische Opern und die
neuesten Musicals. Die Münchner
mögen die komische Oper am
liebsten:* Der Barbier von Sevilla
*von Rossini z.B. hatte
150 Aufführungen.*

Herr Klein	Herr Dr. Kertz: Das *Gärtnerplatztheater* – was ist das eigentlich für ein Theater?
Dr. Kertz	Es ist jetzt ein Musiktheater. Es war nicht immer eines, aber jetzt im Augenblick ist es also vorwiegend ein Musiktheater.
Herr Klein	„Musiktheater" – was bedeutet das?
Dr. Kertz	Ja, „Musiktheater" bedeutet ein Theater, das also alle musikalischen Gattungen umfaßt. Wir spielen also Opern, die gängigen Repertoire-Opern, aber auch Besonderheiten, zum Beispiel Barockoper oder moderne Oper. Wir spielen auch Ballett natürlich. Wir spielen auch Operette: die *Fledermaus*, den *Zigeunerbaron*. Musical, das spielen wir auch: *Mann von la Mancha* zum Beispiel, weil man eben ein Orchester hat, einen Chor, ein Ballett, das sind ja die Voraussetzungen für ein Musical . . .
Herr Klein	Welche Aufgaben haben Sie in diesem Theater?
Dr. Kertz	Ja, ich mache also zunächst einmal den Spielplan – natürlich nicht allein: Es ist eine Teamarbeit bei uns. Der Spielplan richtet sich nicht nach dem, was wir nur wollen, sondern einfach auch nach dem, was in München nötig ist. Darüber hinaus mache ich natürlich auch die Programmhefte, die Werbung, *Public Relation*, wie der schöne deutsche Ausdruck heißt. Und ich bin dabei bei den Engagements von Sängern. Ich bearbeite Stücke, die man in ihrer hergebrachten Form nicht aufführen kann. Ja, das ist so im großen und ganzen die Hauptaufgabe.
Herr Klein	Wie weit gehen Sie ein auf Wünsche der Abonnenten?
Dr. Kertz	Ja, wissen Sie, die Wünsche der Abonnenten, überhaupt des Publikums, die divergieren sehr. Ich könnte Ihnen Zuschriften zeigen, da steht drin: „Wenn Sie solche Stücke machen, wie zum Beispiel also *Kiss me Kate* oder *Hello Dolly*, deswegen gehen wir nicht ins Theater. Wir wollen die *Feenkönigin*, oder wir wollen *Hochzeit der Blathea* . . . Und da gibt es wieder Stimmen, die genau das Gegenteil davon sagen. Ein richtiger Spielplan besteht aus einer richtigen Dosierung von alt und modern, von gängig und ungewöhnlich. Und eigentlich gibt uns das Publikum ja recht, denn also wir sind ein Theater, das unwahrscheinlich gut besucht ist. Und wir haben Aufführungsserien von 100 bis 150, nicht pro Spielzeit, sondern auf Jahre hin gesehen. Also, wir spielen zum Beispiel 150 Mal *Barbier von Sevilla*. Das gibt es kaum mehr in Europa.

Überblick

Talking about working conditions

Asking about the job:

| Was | ist Ihr Beruf?
sind Sie von Beruf?
machen Sie beruflich? |

Possible answers:

Ich	bin	Pförtner Sängerin Telefonistin
	leite die Kasse	
	habe ein eigenes Geschäft	

| Wie lange | machen Sie das schon?
sind \| Sie schon
arbeiten \| hier? |

| Ich bin seit | zehn Jahren
zwei Wochen
einem Monat | hier
Pförtner
am Theater
an der Kasse |

| Was | haben Sie für Aufgaben?
müssen Sie in Ihrem Beruf
machen? |

Ich	berate die	Gäste Kunden
	erledige die Post	
	mache Telefondienst	
	habe mit Geld zu tun	

– how you like it:

Gefällt Ihnen Ihr Beruf?
Macht Ihnen Ihr Beruf Spaß?

| Ja, ich | mag meinen Beruf sehr gern
bin sehr glücklich in meinem Beruf |

Was macht Ihnen Freude
  an Ihrem Beruf?

| Mein Beruf ist so | vielseitig
interessant
abwechslungsreich |

Man		sieht ständig andere Leute
	hat	nie Langeweile
		viel mit Leuten zu tun

Was gefällt Ihnen an Ihrem Beruf
nicht?

| Man | | muß sehr auf seine Gesundheit achten | |
| | ist immer | im Streß
vom Chef
von den Kollegen | abhängig |

Daß	er so	eintönig langweilig	ist
	die Arbeitszeit so lang		
	das Gehalt nicht hoch genug		

– what the working conditions are:

Wie ist es mit Ihrer Arbeitszeit?
Was für eine Arbeitszeit haben Sie?

| Ich arbeite | jeden Tag 8 Stunden
regelmäßig von 8 – 17 Uhr |

Wie lange arbeiten Sie normalerweise?

| Wir haben | täglich von 5 – 10 geöffnet
die 40-Stunden-Woche | |
| | jeden zweiten Sonntag | frei
Dienst |

| Ich habe | Frühdienst
Spätdienst
unregelmäßigen Dienst |

Müssen Sie oft lange arbeiten?

| Manchmal | arbeiten wir | bis |
| | läuft die | Probe
Vorstellung | 11 Uhr
abends |

Ja, aber dafür haben wir dann wieder frei

Wieviele arbeiten mit Ihnen | im Büro?
im Geschäft?
an der Kasse?

| Wir sind zu | zweit
dritt
viert
fünft | und wechseln uns ab |

Wie ist das Verhältnis zu Ihren Kollegen?   Das Arbeitsklima ist (nicht) gut

– and the contract:

Was für einen Vertrag haben Sie?

| Haben Sie einen | Arbeitsvertrag?
ständigen Vertrag? |

| Ich habe einen | Ein-
Zwei-
Fünf- | Jahresvertrag |

| Ich bin | Beamter*
fest angestellt
(Staats-) Angestellte(r)* |

*Employees who do manual work are called *Arbeiter*. *Angestellte(r)* is the general term for an employee who does other kind of work. A *Staatsangestellte(r)* is employed by the state, but does not have the status or the security of a *Beamte(r)*, who is employed for life by the state and can be sacked only in exceptional cases. *Beamte* are not allowed to go on strike; they normally receive a generous pension.

N.B. If you are a man, you say: „Ich bin Angestellter/Beamter"; if you are a woman: „Ich bin Angestellte/Beamtin".

Übungen

1   Beantworten Sie bitte diese Fragen:

There's no key to this exercise! Answer the questions as they apply to you.

Was sind Sie von Beruf?
Was genau müssen Sie machen?
Was für einen Arbeitsvertrag haben Sie?
Sind Sie Angestellte(r)/Beamte(r)?
Was macht Ihnen an Ihrem Beruf Spaß?
Was gefällt Ihnen nicht?
Arbeiten Sie allein oder haben Sie Kollegen?
Wie ist das Arbeitsklima?
Haben Sie regelmäßigen oder unregelmäßigen Dienst?
Wie lange sind Sie schon in Ihrem Beruf/Ihrer jetzigen Arbeitsstelle?
Wie lange arbeiten Sie normalerweise jeden Tag?

2 Richtig oder falsch?

Frau Baumgartner

a Sie hat noch vier Kolleginnen an der Kasse.
b Sie hat einen Zwei-Jahres-Vertrag mit dem Theater.
c Sie hat eine regelmäßige Arbeitszeit.

Herr Grubauer

d Er ist seit 10 Jahren Pförtner.
e Er trifft viele Leute in seinem Beruf.
f Er hat jeden Tag Frühdienst.

Frau Vogel

g Sie hat eine lange Mittagspause.
h Sie hat abends nie Probe.
i Sie muß viele neue Rollen studieren.
j An ihrem Beruf gefällt ihr, daß es so wenig Streß gibt.

3 Kein Beruf ist vollkommen

a Fräulein Bönnighausen ist Telefonistin und gibt einem Interviewer für eine Umfrage Auskunft über Ihren Beruf.

Interviewer	*Fräulein Bönnighausen*
1 Was haben Sie in Ihrem Beruf für Aufgaben?	Ich mache den Telefondienst im Hotel, das heißt, ich gebe den Gästen Auskunft über freie Zimmer, und ich berate sie.
2 Haben Sie eine regelmäßige Arbeitszeit?	Nein, ich mache manchmal Frühdienst und manchmal Spätdienst.
3 Sind Sie ganz allein, oder haben Sie Kolleginnen?	Wir sind hier zu dritt und wechseln uns ab.
4 Was macht Ihnen an Ihrem Beruf keinen Spaß?	Ich finde, ich verdiene nicht genug.

Der Interviewer fragt noch drei andere Leute. Schreiben Sie die Dialoge dazu.

b Herr Bornkamm ist Monteur. Er arbeitet am Fließband einer Automobilfabrik und setzt Autoteile zusammen. Jeden Tag von Montag bis Freitag arbeitet er von 7 bis 16 Uhr. Er hat viele Kollegen am Fließband, aber wenig Zeit, mit ihnen zu sprechen. Herr Bornkamm findet seine Arbeit oft sehr eintönig.

c Frau Vogt ist Sprecherin beim Westdeutschen Rundfunk. Sie spricht Nachrichten, den Wetterbericht und Kommentare. Sie arbeitet acht Stunden pro Tag, aber nicht immer zur gleichen Zeit. Manchmal muß sie sogar bis 23 Uhr arbeiten. Sie ist oft im Streß und hat Angst um ihre Stimme.

d Herr Pfaff ist Fernfahrer. Er hat einen Lastwagen und bringt damit Waren von der BRD in andere Länder — bis nach Persien und Saudi-Arabien. Herr Pfaff hat noch einen Fahrer angestellt, und sie wechseln sich am Steuer ab. Herr Pfaff ist nur selten zu Hause, und das findet er nicht sehr schön. Oft ist er wochenlang unterwegs und hat keinen Tag frei.

4   Arbeitszeit: Unregelmäßig

Sie fliegen von Hamburg nach München. Ihr Nachbar im Flugzeug ist beruflich unterwegs. Er will zur Münchner *Inhorgenta*, einer Messe für Uhren und Schmuck. Sie wollen mehr über seinen Beruf wissen:

a   *Sie*   (What is his job?)
    Ihr Nachbar   Ich bin Juwelier.

b   *Sie*   (Does he have his own business?)
    Ihr Nachbar   Oh ja, ich habe schon seit 14 Jahren ein eigenes Juwelier-
                     und Uhrengeschäft.

c   *Sie*   (Does he have many customers?)
    Ihr Nachbar   Ja, das kann man sagen. Und das Schöne ist, daß mir die
                     meisten Kunden treu bleiben. Ich habe sehr viele
                     Stammkunden.

d   *Sie*   (How long does he usually work?)
    Ihr Nachbar   Wir haben von Montag bis Freitag täglich von 9 bis 18 Uhr
                     geöffnet, und samstags bis 14 Uhr. Aber für mich als
                     selbständiger Geschäftsmann gibt es keinen regelmäßigen
                     Dienst. Man muß abends noch die Korrespondenz und die
                     Buchhaltung machen.

e   *Sie*   (Does he often have to work very long?)
    Ihr Nachbar   Ja, manchmal arbeite ich bis zehn oder elf Uhr abends.
                     Dafür nehme ich mir manchmal einen Nachmittag frei und
                     lasse meine Angestellten allein im Geschäft.

f   *Sie*   (What exactly does he like about his job?)
    Ihr Nachbar   Daß man so viel mit Leuten und mit schönen Dingen wie
                     Schmuck zu tun hat. Und daß man gut verdient.

g   *Sie*   (What doesn't he like at all?)
    Ihr Nachbar   Ich bin sehr glücklich in meinem Beruf, aber was mir weniger
                     gefällt, ist die lange Arbeitszeit.

Wissenswertes

Theater in der BRD: Mehr Shakespeare als Goethe

„Sein oder nicht sein, das ist hier die Frage" kann man in jeder Spielsaison auf deutschen Bühnen hören. Denn Shakespeare ist der populärste klassische Autor in der BRD, und *Hamlet* spielt man besonders gern. Nur von Bertolt Brecht gab es in den letzten Jahren mehr Aufführungen als von Shakespeare. Den größten deutschen Dichter, Goethe, spielt man viel weniger als ausländische Klassiker wie Molière, Ibsen oder Tschechow. Auch die modernen Bühnenautoren sind sehr oft nicht deutsch: Man spielt viel Ionesco, Beckett, Anouilh, Albee oder Shaw.

Man liebt, was man kennt

Das gilt für Musiktheater noch viel mehr als für das Schauspiel. Komponisten moderner Opern haben in der BRD kaum eine Chance, Publikumslieblinge zu werden. Klassische Opernkomponisten wie Verdi, Mozart, Puccini und Wagner haben seit Jahren die meisten Aufführungen. Und das Operetten-Monopol besitzen Lehar, Offenbach, Kalman und Johann Strauß. Gilbert und Sullivan spielt man

Niedersächsisches Staatstheater Hannover   Opernhaus

Sonntag, 30. Dezember 1979, 19.30 bis 22.15 Uhr

Erstaufführung

Hallo, Dolly!

Eine musikalische Komödie in 10 Bildern

Buch von Michael Stewart

Musik und Gesangstexte von Jerry Herman

Nach „The Matchmaker" von Thornton Wilder

Deutsch von Robert Gilbert

selten, aber jedes Jahr stehen etwa sieben bis acht englische und amerikanische Musicals auf dem Programm. *Kiss Me Kate*, *Hello Dolly* und *My Fair Lady* sind immer dabei.

Theaterbesuch und Subventionen

Der Theaterbesuch in der BRD ist eine gut organisierte Sache. Das liegt vor allem am Abonnementsystem. Mit einem Abonnement — einer Art Dauerkarte für eine ganze Theatersaison — geht man alle 14 Tage ins Theater, ganz gleich, was auf dem Programm steht. Abonnenten kaufen etwa 30 Prozent aller Theaterkarten, und so hat das Theater die Garantie, daß es nie leer ist. Mit oder ohne Abonnement — die Deutschen gehen heute wieder mehr ins Theater als zum Beispiel vor zehn Jahren. Die Plätze sind im Durchschnitt zu 70 Prozent besetzt. Aber selbst, wenn alle Theater in der BRD jeden Abend ausverkauft wären, könnten sie von den Eintrittspreisen nicht leben. Zum Glück sind die meisten Bühnen Staats- und Stadttheater und haben ein Recht auf Subventionen. Das heißt: Der Staat (oder die Stadt) finanziert das Theater bis zu 80 Prozent. Mit „Staat" meint man nicht die Bundesrepublik, sondern die einzelnen Bundesländer. Das *Nationaltheater* in München z.B. ist kein deutsches, sondern ein bayrisches Nationaltheater.

Vom Hoftheater zur Städtischen Bühne

Bis 1871 gab es kein „Deutschland", sondern nur viele kleine Staaten. Viele der heutigen Staats- und Stadttheater waren früher Hoftheater in einem dieser Kleinstaaten. Die Fürsten gaben oft viel Geld für ihr Theater aus, und oft wurden gerade die Bühnen kleiner Länder berühmt, wie z.B. das *Hoftheater* in Weimar. Kein Wunder: Sein Direktor war 25 Jahre lang Johann Wolfgang von Goethe. Seine Stücke standen wohl damals öfter auf dem Spielplan als heute. Es gibt immer noch sehr gute Theater in Provinzstädten: das *Deutsche Theater* in Göttingen z.B., das *Schauspielhaus* in Bochum, das *Landestheater Darmstadt* ... *Landestheater* heißen übrigens viele Theater in kleineren Städten. Auch sie bekommen Subventionen. Sie haben ein eigenes Theater als Basis, aber meistens sind sie unterwegs und geben Gastspiele. Denn es gibt Städte, die zwar ein Theater haben, aber ein ständiges Ensemble nicht finanzieren können.

Privattheater

Sie haben gegen so viel staatliche Konkurrenz nicht viele Chancen und können fast nur in Großstädten existieren. Oder sie machen es wie die Landestheater und reisen in die Provinz — oft mit großem Erfolg, weil sie bekannte Stars engagieren. So können die Leute in Viersen, Neheim-Hüsten, Iserlohn und Blaubeuren dann ihre Lieblinge von Film und Fernsehen auf der Bühne bewundern.

A Quiz on Chapters 11–15

1 What are the two *Musiktheater* in Munich?
2 What is the German for "Red sky at night, shepherd's delight, red sky in the morning, shepherd's warning"?
3 What is the German title of the *Magic Flute*?
4 When can you hear the carillon at Munich Town Hall?
5 How much money does the government get per year from casinos in West Germany?
6 Thomas Mann was born in Munich. True or false?
7 What is the German for residence permit?
8 What was the model for Munich's English Garden?
9 If you want to hear the local weather report in Germany, what number do you phone?
10 Is the population of the city of Munich above or below a million?
11 What would a German say when he's guessed all the lottery numbers correctly?
12 German theatres are state-run. True or false?
13 What is the monk on the Munich coat of arms often called?
14 In which month is the weather in Germany most settled?
15 Two thirds of Munich's population were born there. True or false?
16 What does *TZ* stand for?
17 When and how often is the German lottery drawn?
18 What is an *Abonnement*?
19 In which Munich park will you find the *Amalienburg*?
20 When did G.D. Fahrenheit invent his thermometer?

Was hätten Sie in Moskau tun müssen?

Revision – and a bit more besides

1   *Jutta Elsholtz liebt ihre Geburtsstadt Berlin, möchte aber in München bleiben. Am allerliebsten würde sie auf dem Land leben.*

Hilmar Eßer	Warum bist du nach München gekommen?
Jutta Elsholtz	Ja, ganz aus privaten Gründen: Ich habe in Berlin einen ganz charmanten Österreicher kennengelernt, und der hat mich mit sehr viel Charme davon überzeugt, daß ich unbedingt nach München kommen müßte. Das habe ich dann auch gemacht. Wir haben, als ich nach München kam, eine Wohnung mieten wollen – in einem Zweifamilienhaus, unten mit einem alten Ehepaar drin. Und als sie dann gehört haben, daß wir nicht verheiratet sind, da haben sie den Mietvertrag annulliert, haben gesagt: Ein unverheiratetes Paar wollen sie nicht in ihrer Wohnung haben. Und da habe ich gesagt: „Typisch Bayer!"
Hilmar Eßer	Würde das in Berlin nicht passieren?
Jutta Elsholtz	Ich glaube, bei ganz konservativen Leuten würde es in Berlin auch noch passieren.
Hilmar Eßer	Würdest du wieder gern nach Berlin zurückgehen?
Jutta Elsholtz	Tja, ich liebe Berlin noch sehr. Und ich fahre immer gerne nach Hause, weil ich gerne da einkaufe, aber der Freizeitwert ist natürlich in München viel höher. Und ich hab' ja gelernt, Ski zu fahren und zum Bergsteigen zu gehen. Und da man das ja in Berlin nicht kann, gehe ich nicht wieder nach Hause zurück.
Hilmar Eßer	Wenn du die freie Wahl hättest, wo würdest du lieber wohnen – in einer Stadt oder auf dem Land?
Jutta Elsholtz	Ich würde sagen, Stadtrand. Sagen wir mal so: Kompromiß.
Hilmar Eßer	Warum?
Jutta Elsholtz	Ja, ich muß ja arbeiten.
Hilmar Eßer	Wenn du die Wahl hättest und du brauchtest auch nicht arbeiten . . .?
Jutta Elsholtz	Ja, wenn das so wäre, dann würde ich schon auf dem Land leben wollen – aber auch nicht so weit weg von der Stadt!

unten mit einem Ehepaar drin	with a couple living downstairs
typisch Bayer	typical of the Bavarians
du brauchtest nicht arbeiten (coll.)	you didn't have to work

147

2   *Für eine bessere Stellung würde Eva Pösl (Interview 1 auf Seite 119) nicht nach Norddeutschland gehen — aber vielleicht ins Ausland.*

Herr Klein	Würden Sie München verlassen, wenn Sie sich beruflich verbessern könnten?
Fräulein Pösl	Das käme drauf an. Nach Norddeutschland würde ich nicht ziehen, höchstens ins Ausland.
Herr Klein	Warum nicht nach Norddeutschland?
Fräulein Pösl	Ich weiß nicht. Ich bin halt Bayerin, und ich mag in Bayern bleiben.
Herr Klein	Waren Sie schon mal in Norddeutschland?
Fräulein Pösl	Ja, in Hamburg, in Bremen und im Ruhrgebiet. Da würd's mich nicht hinziehen.
Herr Klein	Aber ins Ausland würden Sie schon . . .?
Fräulein Pösl	Mm, ich hätte jetzt eine Stelle haben können — das heißt, wenn ich mich mehr drum beworben hätte vielleicht, und zwar nach Moskau zu gehen. Und das wäre eben erstens finanziell sehr gut, ich würde wahnsinnig viel Geld sparen, und es wäre auf zwei Jahre . . .
Herr Klein	Was hätten Sie denn in Moskau tun müssen?
Fräulein Pösl	Das ist so ein Repräsentationsbüro. Da wäre ich praktisch so 'ne Sekretärin für alles gewesen und hätte auch alles mögliche machen müssen. Und es wär' keine allzu qualifizierte Arbeit gewesen.
Herr Klein	Aber Sie hätten eben etwas mehr . . .
Fräulein Pösl	Ich hätte sehr viel Geld verdient, ja natürlich. Das hätte ich nicht ausgeben können.
Herr Klein	Und Sie hätten auch mal Moskau ein bißchen kennengelernt?
Fräulein Pösl	Oh ja. Und das interessiert mich immer noch. Ja, die Stelle ist auch jetzt noch offen, soweit ich weiß, aber mich hält ja noch jemand anders hier herunten.

wenn Sie sich beruflich verbessern könnten	if it meant a better job
das käme drauf an	that'd depend
ich mag . . . bleiben (bayrisch) = ich möchte . . . bleiben	
wenn ich mich mehr drum beworben hätte	if I'd tried harder to get it
mich hält jemand anders hier	there's somebody else keeping me here

3   *Herta Lutz wohnt in Steingaden, einem Dorf etwa 85 km südwestlich von München. Sie möchte nicht in der Stadt leben. In Steingaden wohnen jetzt viele Norddeutsche oder, wie die Bayern sagen: „Preußen". Viele Bayern haben etwas gegen Norddeutsche, aber Frau Lutz nicht.*

Fräulein Müller	Frau Lutz, fühlen Sie sich hier in Steingaden wohl?
Frau Lutz	Sehr wohl sogar, und ich verstehe mich mit allen Menschen gut. Die grüßen: „Guten Morgen!" — Und das ist einfach schon lustig, wenn man die Straße runterkommt.
Fräulein Müller	Sie würden also nicht lieber in der Stadt wohnen?
Frau Lutz	Nein, überhaupt nicht. Da wäre ich todunglücklich.
Fräulein Müller	Aber trotzdem fahren Sie gerne zum Einkaufen in die Stadt?
Frau Lutz	Ja. Ja, ja. Wenn ich weiß, ich kann am Abend wieder heimfahren, dann war das wunderbar.

Fräulein Müller	Ist es noch so in Steingaden, daß jeder jeden kennt?
Frau Lutz	Ja.
Fräulein Müller	Heißt es nicht denn: „Der kommt aus dem Ruhrgebiet. Was weiß der von Steingaden oder von Bayern?"
Frau Lutz	Nein, gar nicht.
Fräulein Müller	Haben Sie ganz allgemein was gegen Preußen?
Frau Lutz	Nein, im allgemeinen nicht. Aber die ältere Generation, die sind ganz gegen Preußen, aber wir nicht mehr so. Ja, es gibt auch ganz nette Preußen. Mir ist ein guter Preuß' lieber wie ein schlechter Bayer.*
Fräulein Müller	Sehr gut . . . ! Was, glauben Sie, zum Beispiel ist anders an der Mentalität eines Norddeutschen?
Frau Lutz	Die sind eben schon mal laut und machen einen furchtbaren Wind um nichts.
Fräulein Müller	Ja, können Sie da ein Beispiel dafür geben?
Frau Lutz	Ja . . . Jetzt sitzt irgendwo eine Biene. Da machen die ein Geschrei und eine Schau . . . Und alles springt und schreit . . . Das ist für uns gar kein Problem. Die läßt man in Ruhe, dann tut sie uns auch nichts.
Fräulein Müller	Glauben Sie, daß da nicht ein Münchner genauso ist, der aus der Stadt kommt?
Frau Lutz	Das glaub' ich nicht! Der echte Münchner bestimmt nicht!

machen einen Wind um nichts	make a fuss about nothing
jetzt sitzt irgendwo eine Biene	say there's a bee sitting somewhere
ein Geschrei und eine Schau	a fuss and bother
die läßt man in Ruhe, dann tut sie uns nichts	you leave it alone, and it won't do you any harm

*Korrekt ist: „lieber *als* ein schlechter Bayer".

Hören und Verstehen

In der 13. Sendung haben Sulti, Mimo und Loli über ihr Leben in München gesprochen. Hier sprechen sie über ihre Zukunft. Wo möchten sie später leben – in ihrer Heimat oder in Deutschland? Mimo weiß es nicht, Loli möchte eigentlich lieber in Spanien leben, meint aber, daß es in der BRD mehr Freiheit für Frauen gibt. Sulti will einen Griechen heiraten und in Griechenland leben. Beide Mädchen haben Probleme zu Hause: Ihre Eltern verbieten ihnen, allein auszugehen – aber nur in Deutschland.

Herr Eßer	Wirst du in Deutschland bleiben, oder gehst du nach Italien zurück?
Mimo	Oh, das kann ich jetzt nicht sagen.
Herr Eßer	Und bleibst du in Deutschland, oder willst du nach Spanien gehen?

Loli	Ja, zur Zeit will ich wieder nach Spanien gehen, aber vielleicht in zwei oder drei Wochen will ich hierbleiben. In Deutschland, glaube ich, hat man als Frau mehr Freiheit. Ich möchte lieber berufstätig sein, den ganzen Tag — nicht? — und das ist in Spanien, glaube ich, unmöglich. Da muß man als Frau mit 20 oder so heiraten und daheim bleiben, Kinder bekommen, jede Menge, und das mag ich nicht!
Herr Eßer	Würdest du einen Spanier oder einen Deutschen heiraten?
Loli	Ich weiß nicht. In wen ich halt verliebt bin. Das ist mir ganz egal.
Sulti	Also, ich will erst heiraten, wenn ich 20 bin, ungefähr.
Mimo	Einen Griechen oder einen Deutschen?
Sulti	Einen Griechen.
Herr Eßer	Würdest du mit dem Griechen dann nach Griechenland zurückgehen? Oder würdest du schauen, daß du hier mit ihm wohnst, in Deutschland?
Sulti	Nein, ich will unbedingt in Griechenland sein.
Herr Eßer	Du bist in München geboren und in München großgeworden. Glaubst du, daß du das schaffst dann, nur in Griechenland zu wohnen?
Sulti	Ich würde bestimmt wieder nach Deutschland kommen wollen.
Herr Eßer	Wie ist es, wenn du ausgehen magst? Lassen dich deine Eltern weg?
Loli	Nein, die lassen mich nicht weg.
Herr Eßer	Warum nicht?
Loli	Ich darf nicht ausgehen. Wir gehen in der Gruppe immer weg. Allein mit meinem Freund bin ich nie weggegangen. Das heißt, meine Eltern wissen gar nicht, daß ich einen festen Freund habe.
Herr Eßer	Hast du da Probleme mit dem Ausgehen?
Sulti	Hier in Deutschland schon.
Herr Eßer	Also, in Deutschland darfst du nicht, in Griechenland darfst du?
Sulti	Am Anfang habe ich schon zum Schlittschuhfahren alleine mit meinen Freundinnen gehen können, oder zum Schwimmen. Aber ich habe was gemacht: Ich habe ihnen gesagt, daß ich zum Schlittschuhfahren gehe, und dann bin ich in die Diskothek gegangen . . . ! Da haben sie mich erwischt und haben gesagt: ,,Jetzt darfst nicht mehr ausgehen — hier in Deutschland!''
Herr Eßer	Und in Griechenland darfst du ausgehen?
Sulti	Ja in Griechenland, da können sie mir nichts sagen.
Loli	Ja, das ist bei mir genauso: Ich darf hier überhaupt nichts machen, in Spanien kann ich mir alles erlauben. Die fragen überhaupt nicht. Ich sage einfach in der Frühe: ,,Ich gehe weg, und ich komme zum Abendessen wieder.'' Und da bin ich eben den ganzen Tag weg. Die sagen überhaupt nichts.

Überblick

More about if . . .

Saying du:

Wenn du	Millionärin wärst, die Wahl hättest, frei wählen könntest, nicht mehr arbeiten müßtest,	wo würdest du wohnen?

Talking about what might have happened, if ...

| Wenn ich | frei gewesen **wäre,** mich beworben **hätte,** | **hätte** ich eine Stelle | in Moskau in Hamburg im Ausland | haben **können** |

— what it would have been like: **Possible answers:**

| Wie **wäre** die Arbeit dort Was für eine Stelle **wäre** das | **gewesen**? |

| Das **wäre** | nicht zuviel Arbeit eine Bürostelle | **gewesen** |

Was hätten Sie tun müssen?

| Ich **hätte** | nicht viel alles mögliche | machen tun | **müssen** |

| Ich **hätte** | als Sekretärin im Repräsentationsbüro | arbeiten **müssen** |

| **Hätten** Sie dort mehr | verdient? verdienen **können**? |

| Ja, | ich **hätte** viel sparen das **hätte** ich nicht ausgeben | **können** |

Nein, ich **hätte** nicht mehr verdient

| Was **hätten** Sie dort sonst | gemacht? machen **können**? |

| Ich **hätte** | Moskau neue Länder viele Menschen | kennengelernt kennenlernen **können** |

For the use of **hätte ... können, wäre ... gewesen,** etc. see page 223.

Übungen

1   Von Bad Nauheim nach München

Horst Krick hat früher in Bad Nauheim gewohnt. Jetzt arbeitet er bei Siemens in München. Herr Klein fragt ihn, warum er dorthin gezogen ist.

Herr Klein   Warum haben Sie eigentlich Bad Nauheim verlassen?

Herr Krick   Bad Nauheim ist eine kleinere Stadt, und die beruflichen Möglichkeiten sind nicht sehr gut. Ich war froh, als ich ein neues Angebot bekam, um nach München zu gehen. Da wollte ich schon immer hin.

Herr Klein   Und warum?

Herr Krick   Das hat mehrere Gründe: Einmal die Nähe der Berge. Ich bin mit meinen Eltern schon immer in Urlaub in den Bergen gewesen, und deswegen wollte ich auch immer gern hierher. Zum zweiten:

Durch meinen Sport war ich sehr häufig in der Gegend. Mir hat die Gegend wirklich sehr gut gefallen. München selber bietet natürlich auch viele Möglichkeiten.

Herr Klein Wo wohnen Sie denn hier?

Herr Krick Ich wohne mitten in der Stadt. Ich brauche etwa 5 Minuten von zu Hause bis zur Arbeitsstelle. Meine Frau arbeitet fast um die Ecke, und meine beiden Kinder haben es leicht, in die Schule zu kommen.

Herr Klein Können Sie sich vorstellen, daß Sie auch mal nach außerhalb ziehen?

Herr Krick Einerseits ja. Mir würde es sehr gut gefallen, draußen im Grünen irgendwo zu wohnen. Andererseits sehe ich aber auch, daß meine Familie im Moment die Innenstadt braucht.

1 Warum hat Herr Krick Bad Nauheim verlassen?

a aus beruflichen Gründen
b aus privaten Gründen
c aus finanziellen Gründen

2 Warum ist Herr Krick nach München gezogen?

a weil seine Firma ihn nach München geschickt hat
b weil er dort ein Angebot bekommen hat
c weil seine Frau immer nach München wollte

3 Warum wollte Herr Krick schon immer mal in München leben?

a weil ihm schon als Kind die Berge gefallen haben
b weil es in der Gegend so viele Seen gibt
c weil seine Eltern in München wohnen

4 Warum ist Herr Krick schon früher oft in der Münchner Gegend gewesen?

a weil er geschäftlich dort zu tun hatte
b weil er immer dorthin in Urlaub gefahren ist
c weil er als Sportler oft dort war

5 Warum wohnt die Familie Krick in der Innenstadt?

a weil sie dort eine billige Wohnung hat
b aus praktischen Gründen
c Herr Krick will nicht außerhalb wohnen, und deshalb bleiben sie in der Stadt

2 Rätsel

Wie ist die Wettervorhersage?
Sehen Sie sich noch einmal die Wettersymbole auf Seite 117 an. Dann lösen Sie das Rätsel.

In den Morgenstunden vereinzelt (1) ▼, später überwiegend trocken,

aber (2) ⏜⏜. Anfangs schwacher, tagsüber dann böiger (3)➤.

In den Abendstunden im Süden (4) ⚡ möglich, im Norden stellenweise

(5) ≡. Nachts (6) ●. Höchsttemperaturen: 25 Grad.

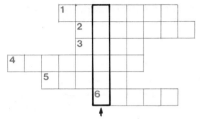

This will tell you what the weather will be like tomorrow

3 Stellenangebote

Ihre Freundin Doris ist Bibliothekarin an der Universität Tübingen.

Sie schreibt:

Tübingen, den 6. Februar 1980

Liebe Sheila,

Du weißt, daß ich seit vier Wochen an der
Universitätsbibliothek arbeite. Ich hätte
aber auch eine Stelle in Melbourne haben
können, wenn ich mich beworben hätte! Das
Goethe-Institut hat mir ein Angebot gemacht.
Das wäre eine sehr abwechslungsreiche Arbeit
gewesen, und außerdem hätte ich endlich
meine australischen Verwandten kennengelernt.
Sie wohnen in der Nähe von Melbourne, und
ich hätte sie oft besuchen können. Aber
andererseits hätte ich nicht so viel Geld
verdient, und ich hätte so schnell kündigen
müssen. Außerdem hätte Hans etwas dagegen
gehabt - schließlich wollen wir im Januar
heiraten!

Alles Gute, und schreib' bald,

Deine

Doris

Sie sind Musikerin und haben auch gerade ein Stellenangebot bekommen. Das schreiben Sie Doris in Ihrem nächsten Brief.

Thank her for the letter and then tell her:
You have just signed a two-year contract with the Symphony Orchestra – *das Symphonieorchester* – in Bournemouth. A few days later the *Bamberger Symphoniker* offered you a contract. You could have had the job, if you had been free. The work would have been very interesting. You would have earned more in Germany, and you could have saved a lot of money. You would have travelled a lot and got to know Germany and really learnt German – *richtig Deutsch gelernt* – But it was too late! Now you must go to a rehearsal. Ask her to write soon.

4 Was hätten sie tun müssen?

Zum Beispiel:

a Das Ehepaar Knowles ist auf
dem Weg zu Freunden in
Göttingen. Sie fahren in
Hildesheim auf die Autobahn
und zwar in Richtung Hannover.
Aber in welche Richtung hätten
sie fahren müssen?

Sie hätten in Richtung Kassel
fahren müssen.

b Hartings aus München machen
Urlaub an der Nordsee. Sie
ärgern sich jeden Tag über das
schlechte Wetter – vor allem
abends, wenn sie die
Wetterkarte im Fernsehen
sehen. Wie wäre das Wetter zu
Hause gewesen?

....

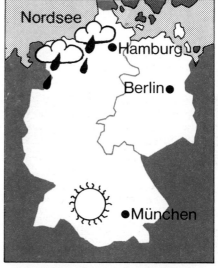

c Herr Lotz will mit der Maschine
um 20.15 nach London fliegen.
Um 20.05 ist er am Flughafen –
zu spät. „Vor zehn Minuten
hätten Sie noch an Bord gehen
können", sagt die Stewardeß.
Wann hätte Herr Lotz da sein
müssen?

....

d Herr Reynolds ist auf
Geschäftsreise in Deutschland
und ißt für DM 13,50 zu
Mittag. Er bezahlt mit einem
Zwanzigmarkschein und
bekommt DM 4,50 zurück. Das
stimmt nicht. Wieviel hätte ihm
der Kellner zurückgeben müssen?

....

Wissenswertes

Bayern ist anders: Der Freistaat

Die meisten Länder der BRD heißen einfach „Hessen", „Saarland",
„Niedersachsen", usw. Aber es gibt drei Ausnahmen: „Hansestadt Bremen",
„Hansestadt Hamburg" und „Freistaat Bayern". An Grenzübergängen zwischen der
BRD und Österreich oder der Tschechoslowakei z.B. stehen auf der deutschen Seite
zwei Schilder: eins für die Bundesrepublik und eins für den „Freistaat Bayern". Die
Bayern möchten jedem zeigen, daß ihr Land einmal frei und nicht Teil eines
„preußischen" Staates war. Wenn die Preußen wollten, könnten sie die Bayern
daran erinnern, daß das Wort „Freistaat" von einem Preußen stammt: von dem
Revolutionär Kurt Eisner. Er wollte 1918 aus Bayern eine sozialistische Republik
machen. Sie dauerte nur ein paar Monate, aber das Wort „Freistaat" gefiel den
Bayern so gut, daß sie es bis heute behalten haben.

Das Königreich

Unabhängig ist Bayern schon einmal gewesen – aber nicht als Republik, sondern
als Monarchie. 1803 machte Napoleon das *Fürstentum Bayern* zum *Königreich*.
Das gefiel den Bayern gut. Sie liebten ihre Monarchen, vor allem den jungen,
schönen König Ludwig II., der so viele romantische Schlösser baute. Von den
Staatsgeschäften verstand er leider nicht so viel, denn unter seiner Regierung wurde
Bayern „preußisch". Das sagten jedenfalls die Bayern. In Wirklichkeit wurde
Bayern, genau wie Preußen, ein Teil des deutschen Reiches. Aber die Hauptstadt des
Reiches war das preußische Berlin, und der Kaiser Wilhelm I. war Preuße . . . Wo
blieb Bayerns Souveränität? Es blieb eigentlich noch sehr viel: Bayern hatte immer
noch seinen eigenen König, seine eigene Verfassung und Verwaltung. Seine eigene
Verfassung hat es auch heute noch: 1949, bei der Gründung der Bundesrepublik,
hat Bayern die allgemeine Verfassung der BRD – das Grundgesetz – nicht
angenommen und hat immer noch als einziges Bundesland ein eigenes
Grundgesetz.

Die Bayern – ein besonderes Volk

Auch in der Kultur ist Bayern heute noch mehr bayrisch als bundesdeutsch.
Überall sieht man die bayrischen Nationalfarben (weiß-blau) und den bayrischen
Löwen auf dem Wappen. Man vergleicht die Bayern oft mit den Schotten. Und mit
Recht, denn auch die Bayern sind sehr stolz auf ihren Dialekt und tragen gern
Tracht. Sie hören am liebsten ihre eigene Volksmusik und lieben ihre Berge: die
bayrischen Alpen. Und im übrigen Deutschland erzählt man viele Witze über die
Bayern. Die Bayern dagegen erzählen Witze über die Preußen. Zum Beispiel: Ein
Preuße fragt einen Bayern in München: „Sagen Sie bitte, wenn ich immer
geradeaus gehe, liegt dann da der Marienplatz?" Der Bayer: „Der liegt auch da,
wenn S' nicht geradeaus gehen." (S' = Sie)

Heute, im Zeitalter der „Zugereisten", müssen die Bayern mit den Preußen leben,
aber ganz leicht fällt es ihnen immer noch nicht. Die Temperamente sind auch zu
verschieden: Der Preuße ist fleißig, pünktlich und ordentlich. Bei ihm muß immer
alles schnell gehen. Auf bayrisch: „Er hat keine Lebensart". Der Bayer mag keine
„Hetze". Er will seine Ruhe und die berühmte *Gemütlichkeit*. Wenn er die nicht
bekommt, wird er unhöflich – oder auf bayrisch: „grantig". Und wenn der Bayer all
die preußischen „Zugereisten" in München sieht, kann er sich nur wundern. Er
würde nie freiwillig nach Norddeutschland gehen, wo niemand seine Sprache spricht.

Warum Steingaden?

Most of the people you have met in *Kein Problem* and in the earlier courses, *Kontakte* and *Wegweiser*, live in towns and cities. To give you a chance to get to know a smaller community, the last four programmes are devoted to some of the 2,600 people who live in Steingaden, a village in *Oberbayern* (Upper Bavaria).

Up to now you have heard various versions of standard German, but when you go to Germany you will hear many other kinds of pronunciation, especially in Southern Germany, where speaking dialect can often be a question of honour. Very roughly speaking, there are two main dialects in Southern Germany: Bavarian in the east and Swabian in the west. The border between these is the river Lech. Steingaden lies only a few kilometres away from the Lech, and the Steingadeners speak a kind of half-and-half dialect (see below). At first you may find them a little difficult to understand, but essentially it's only a different way of saying words you already know, so persevere and you'll soon get used to their way of speaking. Once you have, it shouldn't take you too long to make sense of the way people speak in Lindau, Stuttgart, Innsbruck or Salzburg.

The dialect in Steingaden

Pronunciation People in southern Germany generally tend to shorten words, so you'll sometimes hear such things as:

a	= eine	Stund	= Stunden
kennt	= gekannt	mei	= meine, meinen
macht	= gemacht	na	= nein
hob	= habe	nit *or* net	= nicht
ham	= haben	nimmer	= nicht mehr
hast	= hast du	nix	= nichts
i	= ich	scho	= schon
Jahr	= Jahre	S'	= Sie

Like most people in Upper Bavaria — and many Austrians — Steingadeners say:
des – das   mir – wir   and sometimes: bißl – bißchen

Like people in Swabia, some Steingadeners say:
ischt = ist
erscht = erst
Fescht = Fest   and sometimes: bisselle = bißchen
Angscht = Angst

We have printed what they say as though it were standard German, so don't be surprised if occasionally the dialogue sounds a little different from the text.

Language You will sometimes hear Steingadeners using typically Southern German ways of speaking:

ich habe gemacht gehabt = ich habe gemacht *or* ich hatte gemacht
ich habe angefangt   = ich habe angefangen
gell?   = nicht wahr?
ich bin gesegelt   = ich habe gesegelt

Note also that they often drop the *ge-* of the past participle, e.g.

tanzt   = getanzt
gangen = gegangen

Steingaden

17

Da hat es wenig Freizeit gegeben

Steingaden – damals und heute

1   *Hans Echtler ist 1907 geboren. Hier spricht er über sein Leben in den 20er Jahren und im Krieg.*

Fräulein Müller	Wo sind Sie in die Schule gegangen?
Herr Echtler	Ich bin in Steingaden in die Volksschule, bis zur fünften Klasse. Und dann war ich drei Jahre in der Realschule in Kaufbeuren. Und dann bin ich in die Lehre gekommen – zum ,,Graf Dürkheim''.
Fräulein Müller	Hier in Steingaden?
Herr Echtler	Hier in Steingaden, ja, in der Molkerei.
Fräulein Müller	In der Molkerei. Was für eine Molkerei ist das?
Herr Echtler	*Martin'sche Gutsmolkerei Steingaden* hat das geheißen. Das ist dann verkracht, und jetzt hat die Firma *Hindelang* das übernommen und weitergeführt.
Fräulein Müller	Wie war denn die Arbeit früher?
Herr Echtler	Es war eigentlich sehr hart. Mein Chef war sehr streng, der Herr Inspektor Heilmann. Da hat's wenig Freizeit gegeben, und immer schwer in der Arbeit, im Druck.
Fräulein Müller	Wieviel Stunden hat man denn da im Durchschnitt gearbeitet?
Herr Echtler	Ja, da hat man schon neun Stunden durchschnittlich, und Samstag bis Mittag.
Fräulein Müller	Wie alt waren Sie da?
Herr Echtler	Ja, da fragen Sie mich zuviel. Das weiß ich gar nicht! 14 Jahre halt.
Fräulein Müller	Wissen Sie noch, was Sie damals verdient haben?
Herr Echtler	Ja...
Fräulein Müller	Wieviel war das?
Herr Echtler	Da hab' ich in der Woche 10 DM gekriegt!
Fräulein Müller	Als Lehrling?
Herr Echtler	Als Lehrling.
Fräulein Müller	Und was haben Sie mit den 10 DM gemacht?
Herr Echtler	Das habe ich, glaube ich, vertrunken!
Fräulein Müller	Haben Sie früher Urlaub gemacht?
Herr Echtler	Ganz wenig.
Fräulein Müller	Ganz wenig. Und was haben Sie dann so in der Freizeit gemacht, am Wochenende oder so?
Herr Echtler	Im Winter bin ich viel Ski gefahren, sehr viel Ski gefahren. Und dann Bergsteigen. Bergtouren haben wir gemacht, wir jungen Burschen. Und Schwimmen, ja...
Fräulein Müller	Wo sind Sie denn zum Schwimmen gegangen?

Herr Echtler	In den umliegenden Seen. Wir haben ja lauter so Moorseen, um den Ort herum, und da sind wir überall zum Baden hingegangen. Wir haben uns nicht gefürchtet – Schlingpflanzen und so weiter.
Fräulein Müller	Und wie war es so mit Festen, tanzen oder so?
Herr Echtler	Auch, ja. Ich war kein ganz Solider. Ich hab' schon mit den Mädchen getanzt!
Fräulein Müller	Und haben Sie auch geheiratet?
Herr Echtler	Ja.
Fräulein Müller	Wann war das?
Herr Echtler	1930.
Fräulein Müller	Wissen Sie noch, was damals für ein Wetter war, an Ihrem Hochzeitstag?
Herr Echtler	Da war es so kühl. Es war nicht besonders schön. Aber man sagt ja: Wenn es der Braut auf den Schleier regnet, dann wird man reich. Das hat sich mäßig erfüllt!
Fräulein Müller	Das ist ja sehr nett! Aber es ist Ihnen dann eigentlich immer ganz gut gegangen?
Herr Echtler	Es ist mir ganz gut gegangen.
Fräulein Müller	Wie war es während des Krieges?
Herr Echtler	Neun Kriegsjahre habe ich zusammengebracht, und davon war ich drei Jahre in der Gefangenschaft, in Frankreich. Da war ich ein Jahr in einem Holzkommando, und dann war ich zwei Jahre beim Bauern. Und beim Bauern hat es mir sehr gut . . . gegangen.*
Fräulein Müller	Wie war das, als Sie aus der Gefangenschaft zurückgekommen sind?
Herr Echtler	Wir sind in Ulm entlassen worden, und dann bin ich praktisch frei gewesen. Dann bin ich über München nach Peißenberg gefahren. In Peißenberg, da war mein Freund auf der Bahn beschäftigt, und der hat sich so gefreut gehabt, daß ich gekommen bin. Da hat er mir sein Motorrad geliehen, daß ich gleich heimfahren hab' können. Und das war dann ein Mordsfest zu Hause, weil ich angekommen bin.
Fräulein Müller	Was war das für eine Jahreszeit?
Herr Echtler	Das war im April 1948.

ich bin in die Volksschule = ich bin in die Volksschule gegangen	
bin in die Lehre gekommen	I started my apprenticeship
das ist verkracht	it went bust
das hab' ich vertrunken	I spent it all on drink
haben Sie früher Urlaub gemacht?	did you use to take any holidays?
ich war kein ganz Solider	I was a bit of a lad
wenn es der Braut auf den Schleier regnet	if it rains on the bride's veil
das hat sich mäßig erfüllt	that's more or less what happened
neun Kriegsjahre habe ich zusammen gebracht	I spent altogether nine years in the war
wir sind entlassen worden	we were discharged
Mordsfest (bayrisch) = großes Fest	

*Herr Echtler wollte sagen: „ . . . ist es mir sehr gut gegangen".

Steingaden, das Welfenmünster

2 Heute ist das Leben für die jungen Steingadner nicht mehr so schwer.
In der Freizeit hat die 16-jährige Cornelia Böglmüller auf dem Dorf viele
Möglichkeiten. Aber ihre Schule liegt in Hohenschwangau, 20 km
südwestlich von Steingaden, und sie muß sehr früh aufstehen, um
dorthin zu fahren.

Herr Eßer Fährst du ab und zu nach München?

Cornelia Ja, mit der Schule. Anfang November waren wir in München, und
da waren wir im Theater und im Kino, und einmal waren wir in der
Max-Emanuel-Ausstellung, und im Museum, und einmal haben wir uns
ein Musical angeschaut. Ich fahre auch manchmal privat nach
München. Ich war vor drei Wochen mit einer Freundin drin, haben wir
eingekauft. Aber ich bin froh, wenn ich dann wieder da bin.

Herr Eßer Was machst du in den Ferien immer?

Cornelia Ich bin meistens bei Verwandten – auf 'nem noch kleineren Dorf,
so wirklich auf dem Land, wo fast nur Bauern sind. Oder ich bin daheim,
wie zum Beispiel jetzt. In den Osterferien und in den großen Ferien
arbeite ich in der *Langau**, als Betreuerin für Kinder.

Herr Eßer Wo gehst du abends hin?

Cornelia Och, ich bin am Montag abend schwimmen, und am Mittwoch abend bin
ich manchmal bei einer Freundin, am Donnerstag bin ich Tischtennis
spielen, und Freitag im Kirchenchor, und Samstag abend ist man dann
auch öfters weg. Oder man geht mal ins *Café Preisinger* in Steingaden.
Aber so Diskotheken und so gibt es ja hier nirgends. Wir machen auch
Partys oder so. Da kann man dann auch dahin gehen.

Herr Eßer Was macht ihr denn so auf euren Partys immer?

Cornelia Ja, die Party fängt so um acht an und dauert meistens bis nachts um eins.
Und damit die Sache eben nicht zu teuer wird, bringt da jeder was zu
trinken mit. Der eine bringt Wein, der andere bringt Cola, oder Wermut –
das ist also ganz egal. Meistens mache ich Bowle – die ist ziemlich
schnell leer! So ein großer Topf, das dauert gar nicht lang . . .

Herr Eßer Richtig mit Sekt?

Cornelia Sicher!

Herr Eßer Nicht mit Sprudelwasser aufgefüllt, oder . . . ?

Cornelia	Ach, Gotteswillen! Das trinken die mir nie!
Herr Eßer	So! Und wer zahlt dann die ganzen Flaschen immer?
Cornelia	Ich!
Herr Eßer	Wovon zahlst du das?
Cornelia	Vom Taschengeld, und außerdem gebe ich Nachhilfe in Latein.
Herr Eßer	Was kriegst du für 'ne Nachhilfestunde?
Cornelia	Das sind eineinhalb Stunden, und da kriege ich 10 DM.
Herr Eßer	Das ist sehr billig! Hast du eigentlich viel Zeit für deine Hausaufgaben?
Cornelia	Ah ja, ich komme um zwei heim, und da muß ich also erstmal essen, meistens meiner Mutter noch ein bißl helfen. Und manchmal kommt halt nachmittags Besuch oder so, und dann kommen meine Hausaufgaben eben überhaupt nicht dran! Dann mache ich sie entweder, wenn ich abends heimkomme – oder schreibe sie am nächsten Tag in der Früh' ab! Muß ich zu meiner Schande gestehen! So im Bus...
Herr Eßer	Wie oft fährt der Bus?
Cornelia	Ja, die Busverbindung ist schlecht. In der Frühe fährt eben zwischen halb und dreiviertel sieben ein Bus nach Hohenschwangau. Und mittags geht einer um halb 12 und einer um Viertel nach eins... Und einer um halb fünf.
Herr Eßer	Und wenn ihr den Bus um Viertel nach eins nicht erwischt, dann mußt du drin bleiben...
Cornelia	Bis um halb fünf warten – oder heimtrampen.
Herr Eßer	Wie ist das mit dem Trampen? Habt ihr da Schwierigkeiten, oder kriegt ihr schnell ein Auto?
Cornelia	Och, wenn wir ein paar Mädchen sind, geht das eigentlich immer recht schnell.

*Die *Langau* ist ein Freizeit- und Ferienheim in Steingaden.

ich bin schwimmen/ Tischtennis spielen (South German)	=	ich gehe schwimmen/ Tischtennis spielen
damit die Sache eben nicht zu teuer wird		so that it doesn't get too expensive, you see
mit Sprudelwasser aufgefüllt		topped up with soda water
manchmal kommt... Besuch		people sometimes... drop in
kommen... nicht dran		...don't get done
schreibe sie... ab		copy them
muß ich zu meiner Schande gestehen		I'm ashamed to confess

REZEPT FÜR ERDBEERBOWLE

Zutaten	*Zubereitung*
Erdbeeren **Zucker** **Weißwein** **Sekt** **Gin oder Rum**	Erdbeeren in einem großen Topf mit Zucker bestreuen. Etwas Rum oder Gin über die Erdbeeren gießen. Kurze Zeit später zwei Flaschen Weißwein dazugießen. Deckel auf den Topf tun und stehenlassen (im Kühlschrank oder in einem kalten Zimmer). Erst kurz vor dem Servieren den kalten Sekt (1–1½ Flaschen) dazugießen.

Überblick

Talking about when and where things are happening

In German, you say *when* things are being done before **where** they happen:

Ich | komme *um zwei Uhr* **heim**
fahre *manchmal* privat **nach München**
bin *meistens* **bei Verwandten auf einem kleinen Dorf**

— or, if **you are talking about the past**:

Dann war ich | *zwei Jahre* *drei Jahre* | **beim bauern**
in der Gefangenschaft in Frankreich
in der Realschule in Kaufbeuren

For emphasis you can start a sentence with either kind of expression:

Anfang November waren wir **in München**
In den Ferien arbeite ich **in der Langau**
Nach München fahre ich *manchmal* privat

Übungen

1 Ich möchte Krankenschwester werden

Herr Eßer hat auch mit Rita Kempter gesprochen. Sie wohnt in Wies, einem Ortsteil von Steingaden.

Herr Eßer Wie weit ist es von Wies bis Steingaden?

Rita Ungefähr 5 km. — In Wies gibt es zwei Gasthöfe, drei Bauernhöfe, ein Café, ein paar Wohnhäuser . . . und natürlich die Wieskirche.*

Herr Eßer Rita, wo bist du zur Schule gegangen?

Rita In Steingaden. Da sind wir immer nur mit dem Fahrrad hingefahren. Und nach der 5. Klasse, da haben wir nach Prem zur Schule gehen müssen. Das ist 10 km von Wies weg, und wir sind mit dem Schulbus gefahren.

Herr Eßer Wie lange warst du in der Schule?

Rita Neun Jahre in der Volksschule, und dann war ich ein Jahr auf einer Haushaltungsschule. Jetzt arbeite ich im Steingadner Krankenhaus als Schwesternhelferin, und später möchte ich einmal Krankenschwester werden. Aber Krankenschwester kann man erst ab 17 Jahre werden.

Herr Eßer Und wie alt bist du jetzt?

Rita 16 — ich werde im September 17.

Herr Eßer Glaubst du, daß du einen Vertrag als Krankenschwester kriegst?

Rita Ja, ich habe schon an ein Krankenhaus nach München geschrieben. Vielleicht nehmen die mich.

Herr Eßer Würdest du gern in Steingaden als Krankenschwester arbeiten?

Rita Nein, ich finde, das Krankenhaus hier ist zu klein. Da kann ich nicht genug lernen.

*siehe *Wissenswertes* Kapitel 19, Seite 183.

a Ist Wies ein großes Dorf?
b Welche Sehenswürdigkeit hat Wies?
c Konnte Rita an ihrem Heimatort zur Schule gehen?
d Wie lange war Rita Schülerin?
e Wie ist sie nach Prem gefahren?
f Arbeitet Rita jetzt schon als Krankenschwester?
g Wo wird sie vielleicht einen Vertrag bekommen?
h Würde sie gern in einem größeren Krankenhaus arbeiten?
i Wie alt ist Rita jetzt?
j Wann darf sie Krankenschwester werden?

2 Richtig oder falsch?

Correct the word order where necessary:

a Cornelia singt am Donnerstag in Steingaden im Kirchenchor.
b Herr Echtler ist in den Moorseen im Sommer viel schwimmen gegangen.
c In den zwanziger Jahren hat Herr Echtler in der Molkerei gearbeitet.
d Fräulein Pösl hätte in Moskau vor ein paar Monaten eine Stelle haben
   können.
e Herr Schneider war auf den Bahamas im Januar.
f Nach Hannover würde Frau Kynast nie wieder zurückgehen.
g Mimo ist nach Deutschland vor vier Jahren gekommen.
h Morgen wird das Wetter überall in Deutschland schön sein.
i Fräulein Kempter war neun Jahre in der Volksschule.

3 Englisch und Bayrisch

Sie machen Ferien in einem Dorf bei Steingaden. Da kommt Max Pfaffinger,
der kleine Sohn Ihrer Wirtin. Er ist gerade aus den Ferien zurückgekommen und
kennt Sie noch nicht, aber Sie werden schnell Freunde. Sie duzen ihn
natürlich, und er sagt auch *du* zu Ihnen.

a *Max*   Grüß Gott. Bist du unser neuer Gast?
   Sie   (Yes, you will stay three weeks in the village. And is he Max,
           Mrs Pfaffinger's small son?)
   Max   Ja, aber so klein bin ich nicht mehr. Ich bin schon acht Jahre alt.
b *Sie*   (Then he must already be going to school?)
   Max   Ja. Schon seit zwei Jahren. Morgen fängt die Schule wieder an,
           und dann komme ich ins dritte Schuljahr.
c *Sie*   (Does he like school?)
   Max   Och ja, manchmal, aber nicht immer. – Du sprichst so komisch.
           Bist du nicht aus Bayern?
d *Sie*   (No, and you're also not from North Germany. You come from
           England. You arrived here yesterday.)
   Max   Dann sprichst du ja Englisch!
e *Sie*   (Yes, you were born there. Does he learn English at school?)
   Max   Noch nicht. Aber in zwei Jahren fangen wir mit Englisch an.
f *Sie*   (You can give him English lessons, if he wants.)
   Max   Oh ja! Und ich gebe dir Stunden in Bayrisch!

4   Romantische Partnerschaft

Lossiemouth in Schottland and Hersbruck in Bayern sind Partnerstädte.
Joyce Herd aus Lossiemouth und Helmut Weber aus Hersbruck haben sich 1976
verlobt. Diesen Artikel hat die *Hersbrucker Zeitung* damals geschrieben:

Die Freundschaft zwischen Lossiemouth und Hersbruck ist durch ein familiäres Ereignis noch enger geworden: durch die Verlobung von Joyce Herd mit Helmut Weber. Joyce ist die Tochter des Vorsitzenden des Partnerschaftskomitees Lossiemouth–Hersbruck, David Herd, und Helmut Weber ist der Sohn des 2. Bürgermeisters von Hersbruck. David Herd hat die Verlobung auf einer Party für die Hersbrucker Delegation in Lossiemouth bekannt gegeben. Joyce studiert Sprachen, und Helmut ist Drogist. Sie werden im nächsten Jahr in Schottland heiraten, aber in Hersbruck wohnen. Die zweite Heimat wird natürlich Lossiemouth sein.

Bevor er den Artikel geschrieben hat, hat der Reporter der *Hersbrucker Zeitung*
Joyce, Helmut und David Herd interviewt und ihre Antworten notiert.

Was sagt Joyce, was sagt Helmut und was sagt Joyces Vater?

a   Mein Vater ist der zweite Bürgermeister.
b   Warum ich so gut Deutsch spreche? Weil ich Sprachen studiere.
c   Ich freue mich natürlich, daß die beiden in Lossiemouth heiraten werden.
d   Ich mache beruflich etwas ganz anderes als meine Braut.
e   Die Verlobung war für mich natürlich das Schönste in meiner Arbeit für die
    Städtepartnerschaft.
f   Nein, ich glaube nicht, daß ich Heimweh haben werde. Ich kenne
    Hersbruck schon fast so gut wie Lossiemouth.
g   Wir haben uns vor einem Jahr hier in meiner Heimatstadt kennengelernt.
h   Meine Tochter hofft, daß sie in Deutschland als Englischlehrerin arbeiten
    kann.
i   Ich arbeite in einer Drogerie in Hersbruck.

Wissenswertes

Steingaden in Oberbayern: Wie kommt man dahin?

Sie müssen nur den vielen Touristen folgen und die *Romantische Straße* von
Würzburg nach Füssen hinunterfahren. Kurz vor Füssen kommen Sie nach
Steingaden. Steingaden ist nicht so berühmt wie andere Orte an der Romantischen
Straße – Rothenburg oder Dinkelsbühl zum Beispiel – aber es hat auch seine
Sehenswürdigkeiten und es liegt in einer wirklich schönen Landschaft: dem
Alpenvorland. Die Alpen sind nur 30 km von Steingaden entfernt, und man kann sie
bei klarem Wetter gut vom Dorf aus sehen. Um Steingaden selbst sind die Berge nur
mäßig hoch.

Steingaden, 1643

Steingadens Vergangenheit

Historiker meinen, daß die Anfänge Steingadens bis auf die römische Zeit zurückgehen könnten. Das Wort „Steingaden" zum Beispiel bedeutet „Turm aus Stein". Es ist gut möglich, daß man mit „Gaden" – ein altes Wort für „Turm" – einen römischen Wachtturm gemeint hat. Noch heute ist im Steingadner Wappen ein Turm zu sehen.

Genaueres über Steingaden weiß man allerdings erst seit 1147, als der Herzog Welf VI. dort ein Kloster gründete. Wie alle Klöster damals hatte auch Steingaden große Macht. Der Abt des Klosters war Bürgermeister, Richter, Pfarrer, Schuldirektor und Polizist in einer Person. Er herrschte wie ein Fürst über die Dörfer seiner Umgebung und konnte seine Macht mißbrauchen, wenn er wollte. Die Bauern waren auch finanziell von ihm abhängig. Er gab ihnen Land, und sie mußten ihm Steuern zahlen.

Und so ist es dem Kloster immer sehr gut gegangen. Es hatte große eigene Güter und konnte viel Geld für Kunst und Bauten ausgeben. Jahrhundertelang hatte man die Klosterkirche, das *Welfenmünster*, verbessert und verschönert. Man findet dort alle Stilarten: Romanik, Gotik, Renaissance, Barock, Klassizismus. Das Welfenmünster liegt mitten im Ort Steingaden und ist heute Steingadens wichtigste Sehenswürdigkeit.

Steingaden heute

1803 wurden alle Klöster in Bayern säkularisiert, und danach hat Steingaden seine Bedeutung verloren und ist erst 1939 wieder ein Zentrum geworden, als man aus vier kleinen Dörfern ein großes gemacht hat. Heute hat Steingaden mit seinen Ortsteilen Urspring, Wies und Ilgen 2 600 Einwohner. Für ein Dorf ist Steingaden gut ausgestattet: es gibt dort ein Krankenhaus, einen Kindergarten, eine Apotheke, eine Bücherei, ein Schwimmbad . . . Und Steingaden ist ein Schulzentrum. Kinder aus fünf Nachbargemeinden besuchen die Hauptschule in Steingaden. Ein Schulbus bringt sie morgens zum Unterricht und mittags wieder nach Hause. Aber eine Realschule oder ein Gymnasium hat Steingaden nicht. Wer das Abitur oder die Mittlere Reife machen will, muß nach Schongau oder Hohenschwangau fahren, und die Busverbindungen dahin sind nicht die besten. Schüler, die auf einem Bauernhof wohnen und einen besonders langen Weg zur Schule haben, müssen entweder am Schulort wohnen oder in ein Internat gehen.

Information: Verkehrsverein Steingaden, D–8924 Steingaden

1   *Herr Echtler spricht hier über einige Probleme des Dorfes.*

Fräulein Müller   Ist der Verkehr gewachsen in den letzten Jahren?

Herr Echtler   Schwer, schwer, enorm, ja.

Fräulein Müller   Stört das irgendwie?

Herr Echtler   Nein, das stört weniger. Es gibt wohl viele, die wollen in Steingaden die Kirche anschauen. Aber stören tut's nicht.

Fräulein Müller   Glauben Sie nicht, daß das mit der Zeit zu viel Verkehr wird, daß man vielleicht mal eine andere Straße bräuchte?

Herr Echtler   Das befürchte ich, ja. Das befürchte ich. Wenn eine Umgehungsstraße ist, wird der Ort finanziell Schaden leiden, weil doch viele vorbeifahren, dann.

Fräulein Müller   Die Fremden, die hierher kommen: Bleiben da auch manche in Steingaden für immer?

Herr Echtler   Sehr wenig.

Fräulein Müller   Sehr wenig? Hat die Bevölkerung in letzter Zeit nicht zugenommen?

Herr Echtler   Nein, hat nicht zugenommen. Wissen Sie, hier ist nicht die Verdienstmöglichkeit wie an größeren Orten. Einmal ist alles ausgewandert nach Stuttgart, wo ganz andere Stundenlöhne bezahlt werden als hier. Hier ist die große Verdienstmöglichkeit nicht, weil keine Industrie da ist.

Fräulein Müller   Wie ist das mit den Bauernhöfen?

Herr Echtler   Wir haben sehr viele Bauern, junge Bauern, die keine Aussicht haben, eine Frau zu bekommen. Die jungen Mädchen, die wollen alle ihre Freizeit, die wollen nicht mehr Bäuerin werden. Es ist halt so: Die Bauern haben doch alle Silos. Und die Silos machen

*Verkehr
in Steingaden*

166

	einen furchtbaren Geruch, und der bleibt so an der Kleidung hängen. Und da genieren sich die Bäuerinnen dann, wenn die da in den Ort kommen, in den Laden – da stinkt der ganze Laden wie ein Kuhstall!
Fräulein Müller	Haben Sie hier eine Kanalisation in Steingaden?
Herr Echtler	Eine große Kanalisation. Die hat schon sehr viel gekostet, und die Firma *Hindelang* hat ihren Bedarf zu gering angegeben, und jetzt muß man den ganzen Schlamm von der Kläranlage fortfahren.
Fräulein Müller	Stinkt die manchmal, oder?
Herr Echtler	Bei ungünstigem Wind wird der Geruch nach Steingaden geblasen. Schwierigkeiten kriegen wir ja natürlich in der Müllabfuhr. Die Müllgrube wird geschlossen. Es darf nichts mehr reingeführt werden, und verbrennen darf man auch nichts mehr. Da kommt die Polizei . . . wegen Umweltverschmutzung . . .
Fräulein Müller	Sie dürfen aber doch noch im Garten ein kleines Feuer machen?
Herr Echtler	Das mache ich schon, ob ich darf oder nicht!

stört das irgendwie?	does it cause any bother?
ist alles (colloquial) = sind alle Leute	
der bleibt . . . hängen	it gets into . . .
hat . . . zu gering angegeben	made too low an estimate . . .
bei ungünstigem Wind	when the wind's blowing the wrong way
es darf nichts mehr reingeführt werden	nothing more can be dumped there
ob ich darf oder nicht	whether I'm allowed to or not

2	*Auch Frau Herbst (Seite 175) ist nicht sehr optimistisch über die Aussichten.*
Herr Eßer	Was sehen Sie, wenn Sie aus dem Fenster schauen?
Frau Herbst	Das kommt darauf an, aus welchem Fenster ich schaue.
Herr Eßer	Aus der Bank.
Frau Herbst	Aus der Bank?
Herr Eßer	Ja.
Frau Herbst	Da ist der Ausblick weniger schön, möchte ich sagen. Auf Garagen schaue ich da.
Herr Eßer	Und aus dem Wohnzimmer?
Frau Herbst	Aus dem Wohnzimmer, da sehe ich ins Gebirge rein. Der Ausblick ist sehr schön.
Herr Eßer	Wenn Sie kochen . . .?
Frau Herbst	Wenn ich koch'? Da seh' ich auf die Straße, auf die B17.
Herr Eßer	Was sehen Sie da? Viele Autos?
Frau Herbst	Viele Autos, ja, sehe ich da.
Herr Eßer	Nicht schön. Ist mehr Verkehr jetzt als früher?
Frau Herbst	Ja, das auf alle Fälle.
Herr Eßer	Sie wohnen jetzt etwas außerhalb. Sie wohnen nicht direkt im Dorf. Finden Sie nicht, daß es schon zuviel wird, mit dem Verkehr jetzt?
Frau Herbst	Ja, also, ich möchte meine Mädchen nicht mit dem Fahrrad nach Steingaden fahren lassen. Die Straße ist ziemlich eng, und Kinder . . . das ist auch schon gefährlich. Früher – wir sind immer

mit dem Fahrrad zur Schule gefahren — hat man gar nichts anderes gekannt.

Herr Eßer   Merken Sie was vom Fremdenverkehr?

Frau Herbst   Ja, den Sommer über also rührt sich schon mehr im Dorf. Es ist vielleicht mal ein Blaskonzert abends — ein „Standkonzert" — oder die Heimatabende . . .

Herr Eßer   Haben Sie nicht Angst, daß Sie mal ein paar große Hotels hingesetzt kriegen?

Frau Herbst   Nein, ich glaube eigentlich nicht, daß das bei uns kommt. Und ich glaube also, gerade außerhalb würde uns das auch sehr wenig stören. Steingaden natürlich würde vielleicht schon etwas darunter leiden.

Herr Eßer   Warum leiden?

Frau Herbst   Steingaden wird nie eine Großstadt — kann es nicht werden. Also, es ist nicht möglich, so was. Aber es wird vielleicht versuchen, etwas größer zu werden, und ob das unbedingt gut wäre fürs Dorf?

Herr Eßer   Wie schaut denn das mit Ihren Kindern aus? Welche Möglichkeiten haben die Kinder? Was können die werden — wenn sie im Dorf bleiben wollen?

Frau Herbst   Ja, da sind die Aussichten eigentlich schon sehr schlecht. Mein Gott, was ist in Steingaden da? *Firma Hindelang Butterwerk*, und dann ein paar Banken, na ja, ein paar Kaufhäuser, aber . . .

Herr Eßer   Die Älteste: Hat die schon irgendwie eine Idee, was sie machen will?

Frau Herbst   Nein, noch nicht. Sie ist zehneinhalb Jahre, also — da hat man noch ganz andere Flausen im Kopf!

das auf alle Fälle	definitely
hat man gar nichts anderes gekannt	we didn't know anything else
rührt sich . . . mehr	there's more going on
daß Sie . . . hingesetzt kriegen	that someone will come along and put up . . .
wie schaut das mit Ihren Kindern aus? (süddeutsch)	what about your children?
andere Flausen im Kopf	other things to think about

3	Cornelia Böglmüller möchte Kindergärtnerin werden, aber in Steingaden sind die Arbeitsaussichten nicht sehr gut.
Herr Eßer	Macht dir das Spaß, auf dem Dorf zu wohnen?
Cornelia	Och ja, man kennt die Leute, und es ist eigentlich ein recht persönliches Verhältnis. Man hilft sich viel mehr wie* in der Stadt, und ich find' das schon gut.
Herr Eßer	Gibt es irgendwas, was dir nicht gefällt hier am Dorfleben?
Cornelia	Ja, vielleicht, daß man so wenig Möglichkeiten hat, gerade im Beruf.
Herr Eßer	Weißt du schon, was du werden willst?
Cornelia	Das ist ziemlich schwierig. Ich wollte mal Psychologie studieren. Aber ich glaube, den Plan muß ich aufgeben.
Herr Eßer	Hast du jetzt ganz konkret Pläne, was du machen willst, später?
Cornelia	Ganz konkret nicht, aber – was ich auch noch vorhätte, wäre Kindergärtnerin.
Herr Eßer	Warum gerade Kindergärtnerin?
Cornelia	Ich glaube, daß ich mit Kindern gut umgehen kann, und da ich auch schon Erfahrung mit Kindern habe. Wir hatten mal ein kleines Kind zur Pflege, und jetzt bin ich auch wieder das ganze Wochenende mit zwei Kindern ganz allein in dem Haus, und ich hab' sehr viel Kontakt zu Kindern. Ich glaube schon, daß ich das könnte, und daß mich das auch ausfüllen würde.
Herr Eßer	Würdest du gerne als Kindergärtnerin in Steingaden arbeiten?
Cornelia	Ja, würd' ich schon. Aber ich seh' da nicht viele Aussichten.
Herr Eßer	Warum nicht?
Cornelia	Weil wir drei junge Kindergärtnerinnen in Steingaden haben.
Herr Eßer	Wo würdest du sonst gerne arbeiten?
Cornelia	Ich möcht' schon hier in der Gegend bleiben.
Herr Eßer	Würdest du gern ins Ausland gehen?
Cornelia	Das kommt darauf an, wohin. Vielleicht nach England oder nach Frankreich. Da müßte ich allerdings meine Französisch-Kenntnisse noch etwas verbessern!

was ich auch noch vorhätte	another thing I was thinking of
mit Kindern gut umgehen kann	good with children
wir hatten zur Pflege	we fostered
daß mich das ausfüllen würde	that I would find it rewarding

*Korrekt ist: „als in der Stadt.''

Überblick

Using *werden*

(A) Talking about prospects

If you want to talk about what something or someone is going to be or become, you can ask:

Possible answers:

Was **wird** aus Steingaden?

Steingaden **wird** nie eine Großstadt
kann nie eine Großstadt **werden**

Finden Sie nicht, daß es mit der Zeit zu viel Verkehr **wird**?

Ich glaube, daß es jetzt schon zu viel **wird**

| Was können die Kinder **werden**? | Sie | können wollen | nicht mehr | Bauer Bäuerin | **werden** |

Weißt du schon, was du **werden** willst?

Ich will Kindergärtnerin **werden**.

(B) Talking about what is being done to someone or something:

Der Geruch **wird** nach Steingaden **geblasen**

Die Müllgrube **wird** jetzt **geschlossen**

In Stuttgart **werden** andere Stundenlöhne **bezahlt**

Es darf nichts mehr in die Müllgrube **reingeführt werden**

You might remember these examples from previous chapters:

Das Gerät **wird** neu **eingestellt**

Es **wird** anderen **geholfen**

Sie **werden** seiner Frau **vorgestellt**

Ich **werde** Mimo **genannt**

If you are talking about the past, you say:

König Ludwig **wurde ermordet**

| Vor ein paar Jahren Und so | **wurde** die Straße | **gebaut** neu **geplant** |

Schöne Ferienorte **wurden ruiniert**

In section A you use only *werden*, but in section B it is used together with *geblasen, geschlossen, bezahlt*, etc. to form the passive.

For more details see page 224

Übungen

1 Die Zukunft des Dorfes

Sie sprechen mit Ihrer bayrischen Wirtin, Frau Pfaffinger, über die Aussichten in ihrem Dorf.

a *Sie* (Was she born in this village?)
  Frau Pfaffinger Nein, ich wurde in Augsburg geboren.

b *Sie* (How long has she been living here?)
  (Use present plus *schon*.)
  Frau Pfaffinger 25 Jahre.

c *Sie* (25 years! And would she like to stay here?)
  Frau Pfaffinger Ja, mir gefällt es hier. Aber manchmal bin ich ein bißchen pessimistisch, weil die Berufsaussichten für die Kinder so schlecht sind.

d *Sie* (Couldn't they be improved – *verbessert*?)
  Frau Pfaffinger Ja, sie könnten schon verbessert werden. Im Nachbardorf wurde jetzt eine neue Fabrik gebaut, und ein großes Hotel wird jetzt eröffnet.

e	*Sie*	(And why aren't new hotels and factories being built here?)
	Frau Pfaffinger	Das Geld wird für andere Dinge ausgegeben – zum Beispiel für die neue Umgehungsstraße und das Gemeindezentrum. Das ist auch wichtig, aber die Arbeitsplätze dürfen nicht vergessen werden.
f	*Sie*	(Would the children stay here, if the job prospects were better?)
	Frau Pfaffinger	Ja, auf jeden Fall. Keines meiner Kinder möchte in einer Großstadt wohnen.

2 Was wird aus Zierfeld?

Zierfeld, ein kleines Dorf, macht sich Sorgen um seine Zukunft. Hier ist ein Artikel aus der ,,Zierfelder Presse'':

Was wird aus Zierfeld? Es wird bestimmt nie eine Großstadt, und darüber sind wir Zierfelder froh. Wir haben gesehen, wie viele Dörfer in unserer Umgebung durch den Tourismus ruiniert wurden. Auch bei uns werden Straßen geplant, Hotels eröffnet und Häuser gebaut, aber es darf nicht zuviel werden. Viele Zierfelder meinen, daß es jetzt schon zu viel Verkehr wird. Sie wollen keine neue Straße, sondern lieber eine neue Schule. Sie bedauern es, daß der einzige Kindergarten in Zierfeld geschlossen wurde. Was soll jetzt aus den Kindern werden? Sollen sie auf der Straße spielen? Wir finden, es muß endlich etwas getan werden!

Choose the right answers

A What is going to become of Zierfeld?

    a will it never be a big city?
    b will it be incorporated into a city?
    c or will it develop into a big city?

B What has tourism done for nearby villages?

    a was it good for them?
    b is it getting out of hand now?
    c has it already ruined some of the villages nearby?

C The people of Zierfeld think that

    a there isn't enough traffic in their village.
    b there is already too much traffic.
    c there will be too much traffic in a few years' time.

D What does the author say about the Kindergarten?

    a was it closed down?
    b will it be closed down?
    c should it be closed down?

E Does the last sentence mean that

    a something should finally be done.
    b they don't know what they are going to do.
    c nothing will ever be done?

3   Sport in Steingaden

Im Steingadener Touristen-Prospekt gibt es eine Seite über die Sportmöglichkeiten im Dorf. Leider hat der Drucker einige Wörter vergessen. Können Sie sie an der richtigen Stelle einsetzen?

a   Wenn Sie gern schwimmen, kommen Sie in unser neues Freibad. Es ... vor vier Jahren ... und ... jährlich von vielen Badegästen ...

(besucht – gebaut – wird – wurde)

b   Hohe Berge und schnelle Pisten ... Sie in Steingaden nicht finden, aber für Anfänger und Langläufer ist unsere Gegend ideal. Der Skilift ... im letzten Jahr ... und ...

(ausgebaut – erweitert – werden – wurde)

c   Unsere Wanderwege ... in den letzten Jahren sehr ..., so daß Sie Ausflüge in die Umgebung machen können. Ein beliebtes Ziel sind die Moorseen. Es kann dort ... und ... werden

(geschwommen – getaucht – verbessert – wurden)

d   Viele Fußballspiele ... hier schon vom Steingadner Sportverein ... und ... . Aber der Platz kann auch von unseren Sommergästen ... ...

(benutzt – gewonnen – verloren – werden – wurden)

4 Eine Stadtbesichtigung

Eine Gruppe aus Hersbruck besucht Lossiemouth und besichtigt die Stadt.
Spielen Sie Fremdenführer und beantworten Sie die vielen Fragen der
Hersbrucker:

a *Hersbrucker* Woher kommt der Name „Lossiemouth"?
  Sie (The town is called Lossiemouth, because it lies at the
  mouth — *an der Mündung* — of the river Lossie.)

b *Hersbrucker* Wie alt ist die Stadt?
  Sie (Lossiemouth is about 250 years old.)

c *Hersbrucker* Wer hat die Stadt gegründet?
  Sie (Lossiemouth wasn't actually founded — it was built as a
  harbour for Elgin.)

d *Hersbrucker* In Lossiemouth wird sicher viel Fisch gegessen?
  Sie (Yes, and a lot of whisky is drunk. But fishing — *die
  Fischerei* — is the main industry here. Over there they can see
  the factory.)

e *Hersbrucker* Ja, und man kann sie auch riechen . . .
  Sie (Oh, no! That doesn't come from the factory! That's the
  sewage from Elgin. Sometimes the smell is blown across to
  Lossiemouth.)

f *Hersbrucker* Ach so! Entschuldigung! — und was für ein Gebäude ist das
  dort drüben?
  Sie (That's the new community centre — *das Gemeindezentrum*.
  It cost a lot of money, and the people of Lossiemouth are
  very proud of their centre.)

g *Hersbrucker* Haben Sie hier auch einen Fußballplatz?
  Sie (Yes, but for the Scots golf is the finest sport. Do they play
  golf in Hersbruck?)
  Hersbrucker Nein. Bei uns wird hauptsächlich Fußball und Handball
  gespielt.

Wissenswertes

Steingaden: Die Industrie

Im Moment gibt es nur ein größeres Industrieunternehmen in Steingaden: *Hindelang
Feinkäse GmbH.* Die Firma produziert 16 verschiedene Käsesorten — zusammen zirka
30 Tonnen Käse pro Tag. Die Firma wurde 1925 gegründet und gehörte
jahrzehntelang der Familie Hindelang, aber heute hat sie einen neuen Besitzer. Ein
Drittel der 180 Arbeiter und Angestellten sind türkische Gastarbeiter. Auch die
Steingadner würden eigentlich lieber an ihrem Heimatort arbeiten als in der
nächsten größeren Stadt, aber sie möchten natürlich am Wochenende frei haben.
Und das geht in einer Molkerei nicht — die Kühe müssen jeden Tag gemolken werden.
Deshalb wurden in Steingaden türkische Gastarbeiter eingestellt. Ihnen ist der
Sonntagsdienst und die relativ niedrige Bezahlung egal. Sie fühlen sich wohl im
Ort. Im Gegensatz zu vielen Großstädten gibt es hier wenig Probleme zwischen
Deutschen und Ausländern. Einige Gastarbeiterfamilien wohnen schon lange im
Dorf und wollen auch bleiben. Ihre Kinder sprechen den Steingadner Dialekt oft
besser als türkisch.

Außer der Käsefabrik gibt es noch drei Sägewerke und mehrere Werkstätten in Steingaden. Aber nicht alle Steingadner finden dort Arbeit. Vor allem für junge Leute, die einen Beruf lernen wollen, sind die Möglichkeiten begrenzt.

Die Landwirtschaft

Zur Gemeinde Steingaden gehören mehrere Bauernhöfe. Die meisten dieser Höfe sind Familienbetriebe. Das heißt: Kinder, Eltern und manchmal auch die Großeltern oder andere Verwandte arbeiten zusammen auf dem Hof. Fremde Arbeitskräfte sind für den Bauern von heute meistens zu teuer. Aber dafür gibt es jetzt andere Verdienstmöglichkeiten: Ferien auf dem Bauernhof werden immer populärer. Fast alle Bauern in Steingaden und Umgebung vermieten heute Zimmer an Sommergäste.

Nicht nur Fortschritt

Vor ein paar Jahren wurde eine Straße zwischen Steingaden und einem Nachbarort gebaut. Eine schöne alte Eiche stand genau da, wo der Ingenieur seine Straße geplant hatte. Was sollte man tun? Die einfachste Lösung war natürlich, die Eiche zu fällen. Aber Bürgermeister Weeber war anderer Meinung. Sein Argument: „Die Eiche ist wichtig und dominierend für die Landschaft. Die Straße muß sich nach der Eiche richten und nicht umgekehrt." Und so wurde die Straße neu geplant – die Eiche steht heute noch.

Sentimental? Die Steingadner fanden das Argument ihres Bürgermeisters sehr vernünftig. Sie haben nichts gegen den Fortschritt, aber das Tempo soll mäßig sein.

Der Tourismus

Wie überall in Oberbayern, so expandiert auch in Steingaden der Fremdenverkehr. Man kann heute wählen, ob man in einem Hotel, einer Pension, einer Ferienwohnung oder in einem Privatzimmer seinen Urlaub verbringen will. Aber nach Hochhäusern und Luxushotels wird man in Steingaden vergeblich suchen. Die Steingadner haben gesehen, wie schöne Ferienorte wie Garmisch-Partenkirchen durch zu viele Neubauten ruiniert wurden. Das soll bei ihnen nicht passieren. Steingaden soll ein Ort bleiben, wo Bürger und Gäste sich wohl fühlen.

1

Babette Herbst arbeitet halbtags in einer Bank – und halbtags als Hausfrau. Einkaufen in Steingaden ist nicht immer einfach.

Herr Eßer	Frau Herbst, sind Sie aus Steingaden?
Frau Herbst	Ja, eigentlich gebürtige Steingadnerin. Also, ich wohne zwar außerhalb, aber es gehört zu Steingaden.
Herr Eßer	Was sind Sie von Beruf?
Frau Herbst	Ich bin Bankkaufmann und Hausfrau.
Herr Eßer	Arbeiten Sie auf der Bank noch?
Frau Herbst	Ja, halbtags.
Herr Eßer	Wann fangen Sie da an, in der Bank?
Frau Herbst	Morgens um Viertel vor acht.
Herr Eßer	Und wie lange müssen Sie da arbeiten?
Frau Herbst	Bis 12 Uhr, und dann geht's zu Hause rund.
Herr Eßer	Wenn Sie aus der Bank nach Hause kommen, was machen Sie dann zu Hause?
Frau Herbst	Was ich als erstes mach'? Ja, zuerst zieh' ich mich mal um. Das ist mal das erste. Ja, und dann, na ja, zuerst mal aufräumen. Ja, und dann kommt meistens schon die größere Tochter von der Schule heim. Und dann geht's an die Hausaufgaben. Die schwierigen Sachen, das macht mein Mann dann, abends.
Herr Eßer	Wo gehen Sie einkaufen?
Frau Herbst	In Steingaden, und teilweise auch außerhalb: Schongau, Markt Oberdorf . . .
Herr Eßer	Wo kaufen Sie Ihre Schuhe?
Frau Herbst	Ach, in Füssen hauptsächlich: Füssen, Schongau, Steingaden eigentlich weniger.
Herr Eßer	Sind Sie eigentlich zufrieden mit dem, was Sie so auf dem Dorf kaufen können? Ist das Angebot gut genug?
Frau Herbst	Nein, das Angebot ist nicht so groß. Also, es dürfte schon größer sein.
Herr Eßer	Was würden Sie manchmal lieber hier kaufen?
Frau Herbst	Ja, zum Beispiel Schuhe würde ich lieber in Steingaden kaufen. Weil bei uns im Schuhgeschäft ist auch zugleich wieder jemand da,* der mal die Schuhe richtet. Und auf dem Dorf ist es irgendwie so: Wenn man sich ein Paar Schuhe auswärts kauft und bringt sie dann zu dem zum Richten, der auch Schuhe selber verkauft – na ja, er schaut immer ein bißl komisch dann . . . !
Herr Eßer	Schaut er bloß komisch und macht es nicht, oder?
Frau Herbst	Doch, er macht's schon. Aber er schaut etwas komisch.
Herr Eßer	Wo kaufen Sie Ihre Kleidung ein?
Frau Herbst	Kleidung? Näht mir alles meine Schwiegermutter!
Herr Eßer	Das näht alles die Schwiegermutter?
Frau Herbst	Alles! Ja.

| Herr Eßer | Oh! Das finde ich gut. Da können Sie viel Geld sparen, oder? |
| Frau Herbst | Oh, sehr viel! Sie bringt sogar noch den Stoff mit! |

außerhalb	outside the village
dann geht's zu Hause rund (Bayrisch)	then I'm off home
dann geht's an die Hausaufgaben	then the homework has to be done
schaut . . . komisch	gives you a funny look

*Frau Herbst wollte sagen: „Weil bei uns . . . jemand da ist."

2

Volkmar Horcher ist der katholische Dorfgeistliche.

Fräulein Müller	Wann sind Sie nach Steingaden gekommen?
Pfarrer Horcher	November 1972.
Fräulein Müller	Und gefällt's Ihnen hier?
Pfarrer Horcher	Sehr gut: Ich hab' es mir ja ausgewählt!
Fräulein Müller	Und wie kommen Sie so mit den Leuten aus?
Pfarrer Horcher	Besser, als ich dachte! Sie waren etwas unzufrieden mit meinem Vorgänger, und deswegen hat es der Nachfolger ohne viel Anstrengung sehr leicht, wissen Sie. Also, ich möchte das gar nicht für mich als Pluspunkt buchen.
Fräulein Müller	Wie sieht so ein Alltag für Sie aus?
Pfarrer Horcher	Ach, wissen Sie, es gibt einige Pflichten, die laufen immer, gell? Und anderes, das hängt dann halt vom Eifer des Einzelnen ab.
Fräulein Müller	Welche sind die ständigen Pflichten?
Pfarrer Horcher	Nun, das sind die festgesetzten Gottesdienstzeiten und die Schulzeiten. Das sind bei mir zur Zeit 14 Unterrichtsstunden.
Fräulein Müller	Das ist sehr viel! Wieviele Gottesdienste haben Sie in der Woche?
Pfarrer Horcher	Ja, eigentlich mehr als erlaubt! Und zwar haben wir montags Viertel nach sieben: im Welfenmünster, in einer kleinen Kapelle; Dienstag sieben Uhr: Krankenhaus, abends 19 Uhr: im großen Welfenmünster; mittwochs Viertel nach sieben: in der kleinen Kapelle, beim Welfenmünster; Donnerstag sieben Uhr: Krankenhaus, abends: auswärts; Freitag Viertel nach sieben: wiederum Welfenmünster; Samstag in der Früh also: Krankenhaus – 7 Uhr, und 19 Uhr: der Vorabendgottesdienst als Vorbereitung für den Sonntag. Dann am Sonntag noch um 8 Uhr ein Gottesdienst; dann 9 Uhr 30 der zweite Gottesdienst; um 14 Uhr eine Andacht. Und dann bin ich eigentlich frei. Oder ich könnte auch sagen: „Dann bin ich müde" – gell?
Fräulein Müller	Wird sehr viel Ihrer Zeit durch die Verwaltung in Anspruch genommen?
Pfarrer Horcher	Leider ja – aber dafür sind die Nächte lang!
Fräulein Müller	Wie lang sind denn die Nächte bei Ihnen?
Pfarrer Horcher	Ja, also, wenn ich vor zwei Uhr ins Bett gehe, dann hab' ich ein bißl ein schlechtes Gewissen. Aber ich ruhe dafür nachmittags etwas aus.

ich hab' es mir ja ausgewählt	I chose it
die laufen immer	they're always there
die festgesetzten Gottesdienstzeiten	the regular services
auswärts	in the outlying areas
wird . . . in Anspruch genommen?	is . . . taken up by . . . ?

3   *In Steingaden sind der Apotheker und der Bürgermeister der
gleiche Mann: Ernst Weeber. Die Apotheke gehört schon seit über
170 Jahren seiner Familie.*

Herr Eßer	Seit 1803 ist die Apotheke im Familienbesitz?
Herr Weeber	Ja. Die ist also aus der Klosterapotheke hervorgegangen. 1803 ist das Kloster Steingaden säkularisiert worden, und der letzte Klosterapotheker war der erste freie Apotheker. Das dürfte ein Ur-ur-ur-ur-urgroßonkel gewesen sein.
Herr Eßer	Nicht schlecht! Machen Sie die Arbeit in der Apotheke alleine?
Herr Weeber	Nein. Ich habe drei Mitarbeiter.
Herr Eßer	Wenn Sie so viel Mitarbeiter haben, haben Sie viel Freizeit.
Herr Weeber	Ja, in meiner Freizeit betreibe ich also meinen ehrenamtlichen Bürgermeisterposten.
Herr Eßer	Warum sind Sie eigentlich Bürgermeister geworden, Herr Weeber?
Herr Weeber	Es wurde zur damaligen Zeit — beeinflußt durch den damaligen Geistlichen im Ort — eine Politik gemacht, zu der alle Steingadner „nein" sagen mußten. Und das war der Grund, warum ich kandidiert habe, weil die Leute gesagt haben: „Du bist der einzige, der es vielleicht schafft, daß er gewählt wird." Und es ist so weit gegangen, daß der Geistliche also von der Kanzel die Gläubigen aufgerufen hat, diesen „Antichrist" — darunter hat er mich gemeint — ja nicht zu wählen . . . Hab' ich dann doch mit 60 Prozent gewonnen. Das war für eine katholische, ländliche Gemeinde eine absolute Sensation.
Herr Eßer	Was haben Sie als Bürgermeister alles zu tun?
Herr Weeber	Ja, der Bürgermeister ist also der Vorsitzende der Verwaltung und auch des Gemeinderates. Aber da gibt es natürlich sehr viele Kleinigkeiten: Da kommen zwei streitende Parteien. Da gibt's Reibereien zwischen Grundstücksbesitzern, und alle kommen am Schluß zum Bürgermeister gelaufen, und der muß dann dafür sorgen, daß der Ortsfriede wieder hergestellt ist.

Herr Eßer	Wieviele Stunden arbeiten Sie durchschnittlich als Bürgermeister am Tag?
Herr Weeber	Ich kann sagen, daß ich durchschnittlich im Büro am Tag vier bis fünf Stunden arbeite. Da ist aber nicht dazugerechnet die Zeit für Sitzungen. Es kommt also sehr oft vor, daß ich in der Woche keinen einzigen Abend zu Hause bin. Und übers Wochenende auch nicht.
Herr Eßer	Haben Sie auch noch Zeit für ein Hobby?
Herr Weeber	Ich liebe Krawatten! Und zwar in jeder Form, in jeder Art und in jeder Farbe. Und jede Krawatte, die ich sehe und die mir gefällt, kaufe ich mir — so daß ich über ein Krawattenarsenal von 400 Stück verfüge.
Herr Eßer	Und was hält Ihre Frau von diesem Hobby?
Herr Weeber	Ja, sie meint, daß ich's übertreibe. Aber ich habe ihr schon einmal einen guten Vorschlag gemacht, und zwar hab' ich ihr gesagt, sie kann aus meinen Krawatten ein Faschingskostüm machen. Und das war also so originell, das war ein Knüller auf diesem Faschingsfest.
Herr Eßer	Werden Sie manchmal irgendwie von Ihrer Familie angeredet, daß Sie nach Hause kommen, daß man so fragt, ob Sie wieder was Neues haben?
Herr Weeber	Ja. Immer, wenn ich fort war, ist die erste Frage: „Hast du wieder eine Krawatte gekauft?"

ist aus . . . hervorgegangen	is a descendant of . . .
ist säkularisiert worden	was taken over by the state
es wurde eine Politik gemacht	they followed a political line
beeinflußt durch	under the influence of
der es schafft, daß er gewählt wird	who'll manage to get elected
darunter hat er mich gemeint	by that he meant me
dafür sorgen, daß der Ortsfriede wieder hergestellt ist	to see that peace is restored in the village
da ist nicht dazugerechnet	that doesn't include
ich verfüge über	I possess

Überblick

Talking about your daily routine

To ask people about their working day you can say: **Possible answers:**

Wann fangen Sie an?	Um	Viertel vor acht* dreiviertel acht Viertel nach sieben Viertel acht	
Was haben Sie alles zu tun?	Ich	mache die Hausarbeit	
		arbeite halbtags stundenweise	im Büro in der Bank im Geschäft

Wie sieht ein Alltag für Sie aus?					
Wie viele Stunden müssen Sie arbeiten?		Das hängt von den	Schul- Gottesdienst- Öffnungs- Sitzungs-	zeiten ab	

Wie oft	haben Sie Gottesdienst? müssen Sie Unterricht geben?	Zehnmal Vierzehn Stunden	in der Woche

Ab wann sind Sie	mittags abends	wieder zu Hause?	Ab	zwölf Uhr halb eins zwanzig Uhr

Was machen Sie	zuerst, als erstes,	wenn Sie nach Hause kommen?

	Zuerst Als erstes Zunächst einmal	räume ich auf wasche ich ab ziehe ich mich um esse ich zu	Mittag Abend

Und dann?	Dann	sehe ich fern schreibe ich Briefe helfe ich bei den Hausaufgaben habe ich meistens noch eine Sitzung

Viertel vor acht and *dreiviertel acht* both mean the same: 7.45 (a.m. or p.m.).
Viertel nach sieben and *Viertel acht* both mean 7.15 (a.m. or p.m.). On the whole,
Viertel vor and *Viertel nach* are more common.

Übungen

1 Frau Pfaffingers Alltag

Frau Pfaffinger vermietet Zimmer an Gäste, ist Hausfrau und arbeitet nachmittags in einem Supermarkt. Sie erzählt Ihnen ihren Tagesablauf:

,,Ich stehe in der Frühe um dreiviertel sieben auf. Als erstes mache ich für die Gäste und die Familie das Frühstück. Dann wasche ich ab, räume auf, mache die Betten in den Gästezimmern. Das geht bis etwa 11 Uhr. Als nächstes gehe ich meistens einkaufen, und dann bereite ich das Mittagessen für meine Tochter vor. Sie kommt um 2 Uhr aus der Schule. Vorher habe ich schon zu Mittag gegessen — ich esse mittags nur eine Kleinigkeit. Um 14 Uhr muß ich im Geschäft sein und bis 18 Uhr dort bleiben. Wenn ich nach Hause komme, hat mein Mann oder meine Tochter schon das Abendessen gemacht, und ich kann mich ausruhen.''

Nun erzählen Sie ihr *Ihren* Tagesablauf:

You get up later — at 7.30. First you make breakfast for yourself and your family. You can't wash up the dishes or tidy up, because you have to go to work at 8.30. You work part-time, but in the morning. You are a teacher in a primary school. At about 1 o'clock you come back. First you have lunch. Then you wash up and tidy up the rooms, and then you go shopping. At 4.30 your children come back from school, and you have tea with them (*Tee trinken*). Your husband comes home at about 6.30. You make dinner at 7, and you all eat together at about 8. Then you rest. Your husband and the children do the washing up.

2 Auskunft am Telefon

A Sie wollen nach Hannover fahren und rufen die Bahnhofsauskunft an. Was antwortet der Beamte in der Auskunft auf Ihre Fragen?

19 Uhr					
▮ **19¹⁴**	D 592	Kreiensen 19.37 Hannover 20.20 Celle 20.46 🚌 Bremen 22.12	**Hamburg** Hbf 22.09 Altona 22.26	♈ bis Hannover	**4**
† **19³⁷**	E 3080	Nörten-Hardenberg 19.44 Northeim 19.50 Kreiensen 20.06 Elze 20.52	**Hannover** 21.25		**5**
▮ **19³⁸**	D 671 Senator	Kassel 20.25 Gießen 21.51 Frankfurt 22.35	**Wiesbaden** 23.20	♈ bis ◆ Frankfurt	**6**
▮ **19⁵⁵**	🚆 90 Blauer Enzian	Hannover 20.52	**Hamburg** Hbf 22.27 Altona 22.41	✕ ◆	**4**

a *Sie*   Ich möchte morgen zwischen 19 und 20 Uhr nach Hannover fahren. Gibt es da einen Zug?

Beamter   ....

b *Sie*   Können Sie mir die genauen Abfahrtszeiten für die drei Züge sagen?

Beamter   ....

c *Sie*   Wann ist der Zug um 19.14 Uhr in Hannover?
Beamter   ....

B Sie wollen ins Kino gehen und rufen die *Palette am Zoo* an und fragen nach dem Programm. Wie antwortet man auf Ihre Fragen?

Woody Allens bester Film!
Der Stadtneurotiker
11. Woche — **palette** am zoo — 14.15·16.30·18.45·21.00 Fr. u. Sbd. a. 23.00 Uhr

Sie   Was für einen Film spielen Sie heute?
a *Kassendame*   ....

Sie   Wann sind die Anfangszeiten?
b *Kassendame*   ....

Sie   Haben Sie auch eine Spätvorstellung?
c *Kassendame*   ....

Sie   Dann reservieren Sie mir bitte zwei Karten für die Vorstellung um 21 Uhr.

C   Sie wollen zum Arzt und fragen telefonisch, wann Sie einen Termin haben
    können. Was antwortet die Rezeptionistin?

Dr. Med. Hans Schöller

Sprechstunden
Montag–Freitag 9–11 Uhr. Montag und Donnerstag 14–16 Uhr.

	Sie	Wie lange haben Sie heute morgen Spechstunde?
a	*Dame*	....
	Sie	Das schaffe ich nicht mehr. Haben Sie auch Freitagnachmittag Sprechstunde?
b	*Dame*	....
	Sie	Könnte ich Donnerstag nachmittag einen Termin haben?
c	*Dame*	....
	Sie	Um dreiviertel drei? Ja, das geht.

D   Sie wollen Ihren Mantel aus der Reinigung holen und fragen telefonisch, wie
    lange sie geöffnet ist. Was sagt die Angestellte?

CHEMISCHE REINIGUNG *Öffnungszeiten*
Montag–Freitag 8.30–13.00 Uhr, 15.00–18.30 Uhr.
Samstag 8.30–13.00 Uhr.

---

a	*Sie*	Hallo? Haben Sie mittags geöffnet?
	Angestellte	....
b	*Sie*	Ab wann sind Sie denn wieder geöffnet?
	Angestellte	....
c	*Sie*	Und wann schließen Sie heute abend?
	Angestellte	....
	Sie	Dann komme ich heute abend vorbei.

3   Einkaufen in Lossiemouth und Hersbruck

Sie wohnen in Lossiemouth und haben einen Gast aus Hersbruck, Frau Kausler.
Sie gehen zusammen einkaufen und sprechen über die Einkaufsmöglichkeiten in
Lossiemouth und Hersbruck.

	Frau Kausler	Wie sind die Einkaufsmöglichkeiten in Lossiemouth?
a	*Sie*	(Tell her they are quite good for a small town. You can buy vegetables, bread, meat.)
	Frau Kausler	Gibt es hier einen Supermarkt?
b	*Sie*	(Yes, there is a small supermarket. Is there one in Hersbruck?)
	Frau Kausler	Oh ja, nicht nur einen, es gibt sogar mehrere. Aber Hersbruck ist ja auch ein bißchen größer.

c	Sie	(Because Elgin is nearby, most people go there for shopping, and therefore there's no shopping centre — *Einkaufszentrum* — in Lossiemouth. But there are a few dress and shoe shops — *Mode- und Schuhgeschäfte*.)
	Frau Kausler	Und wie ist das Angebot da?
d	Sie	(The choice isn't very good. You buy your clothes and shoes in Elgin. Where does she go shopping? Is there a good choice in the shops in Hersbruck?)
	Frau Kausler	Ja, es ist eigentlich sehr gut. Hersbruck ist eine Art Einkaufszentrum für alle Dörfer in der Umgebung. Es gibt viele Modegeschäfte, Schuhgeschäfte . . . Ich kann sagen, daß das Angebot wirklich gut ist.
e	Sie	(Is there a big store?)
	Frau Kausler	Ja, wir haben ein sehr schönes großes Kaufhaus.
f	Sie	(So you don't have to go to Nürnberg?)
	Frau Kausler	Nur, wenn ich etwas Besonderes haben will.

4   Pfarrer Eicherts Tagesablauf (siehe auch *Hören und Verstehen* Seite 74)

| Fräulein Witt | Wie sieht eigentlich Ihr normaler Tagesablauf aus? |
| Herr Eichert | Normalerweise beginnt er morgens um acht mit einer Stunde, in der ich Papiersachen erledige. Um neun Uhr beginnen die Einzelgespräche. Dann geht es nach einer Stunde Mittagspause weiter bis um 17 Uhr mit Einzelgesprächen, und dann kommt „Teestube" oder Selbsterfahrungsgruppe. Ab 18 Uhr wieder Einzelgespräche, ab 20 Uhr bis 22 Uhr Selbsterfahrungsgruppen, und zwischen 22 und 24 Uhr, sage ich immer den Leuten, da könnten sie mich telefonisch am besten erreichen. |

Beantworten Sie die Fragen:
a   Wie lange hat Pfarrer Eichert für Papier- und Verwaltungsarbeiten Zeit?
b   Hat er nur am Morgen „Einzelgespräche"?
c   Wie lange dauert Pfarrer Eicherts Mittagspause?
d   Ab wieviel Uhr ist er in der „Teestube"?
e   Von wann bis wann ist „Gruppenarbeit"?
f   Bis um wieviel Uhr können die Leute Pfarrer Eichert telefonisch erreichen?

Wissenswertes

Schongauer Land und Schongauer Leute: Die Sehenswürdigkeiten

Den Teil des Alpenvorlands, in dem Steingaden liegt, nennt man auch *Schongauer Land*. Diesen Namen hat es von Schongau, einer schönen alten Stadt hoch über dem Fluß *Lech*. Schongau hat im Mittelalter eine bedeutende Rolle gespielt. Es war ein religiöses Zentrum und hat heute noch mehrere sehenswerte Kirchen. Überhaupt ist das ganze Schongauer Land für Kirchenfreunde eine Reise wert. Weil es dort so viele Kirchen und Klöster gibt, heißt das Gebiet schon seit Jahrhunderten *Pfaffenwinkel*. „Pfaffe" ist heute ein etwas respektloses Wort für einen Geistlichen, und „Winkel" heißt etwa „einsame Gegend". Aber der Name

Die Wieskirche

Pfaffenwinkel ist hier gar nicht böse gemeint – er erinnert nur daran, daß man dort nie weiter als ein paar Kilometer vom nächsten Kloster oder von der nächsten Kirche entfernt ist. Besonders schön sind die Dorfkirchen im *Pfaffenwinkel*. Die *Wieskirche* z.B., ganz in der Nähe Steingadens, gilt als die schönste Rokokokirche Deutschlands. Berühmt sind auch die Klöster im Schongauer Land: *Benediktbeuern, Ettal, Rottenbuch* ...

Vielleicht interessieren Sie sich mehr für Schlösser als für Kirchen: Im Schongauer Land gibt es die Schlösser *Linderhof, Neuschwanstein* (beide von Ludwig II. erbaut) und *Hohenschwangau*. Viele bekannte Ferienorte sind in der Nähe: Oberammergau, Garmisch-Partenkirchen, Mittenwald; und nach Tirol ist es auch nicht weit.

Schloß Linderhof

Schloß Neuschwanstein

Schwaben und Bayern

Das Schongauer Land liegt im Westen Bayerns – nicht weit von der Grenze zum Bundesland Baden-Württemberg. In Baden-Württemberg wohnen die *Schwaben*. Die Bayern mögen ihre Nachbarn nicht besonders gern. Die Schwaben sind zwar süddeutsch, aber sie sind auch fleißig, ordentlich und sparsam – wie die Preußen. Und das ist den Bayern ein bißchen suspekt. Im Grenzgebiet zwischen Bayern und Baden-Württemberg wohnen natürlich auch viele Schwaben, und man findet dort typisch bayrische Namen wie *Heringer, Pfaffinger, Huber, Greisl* oder *Kiesl*, aber man findet auch *Eberle, Künzle* oder *Häberle* mit dem typisch schwäbischen *le* am Ende. Aber kein Einwohner des Schongauer Landes will ein Schwabe sein. Sie fühlen sich als Bayern – mit gewissem Recht, denn politisch war das Schongauer Land schon immer bayrisch.

Das Urlaubsland

Das Schongauer Land hat dem Urlauber viel zu bieten: Es gibt überall gut markierte Wanderwege durch die schöne Landschaft. Besonders charakteristisch für die Gegend sind die Hochmoore mit ihren Moorseen. Dort kann man baden und angeln. Zum Segeln und Bootfahren gibt es größere Seen, und die Flüsse Lech und Ammer sind wild genug für Kanu-Experten. Die Berge im Schongauer Land sind für Ski-Anfänger und Langläufer ideal, aber wer eine schöne lange Abfahrt haben will, der muß in die Alpen fahren.

Information:
Fremdenverkehrsverband des Schongauer Landes
Postfach 40
D – 8920 Schongau

Die Milchwirtschaft

Das Schongauer Land hat aber noch mehr zu bieten als Sehenswürdigkeiten und Urlaubsmöglichkeiten. Es gehört zum Teil noch zum Allgäu, wie man das schwäbisch-bayrische Gebiet östlich des Bodensees nennt. Das Allgäu hat eine lange Tradition als Zentrum der bayrischen Milch- und Käseproduktion. Ungefähr ein Drittel des bundesdeutschen Käse kommt aus Bayern, und die Allgäuer Käsesorten sind besonders beliebt. Man produziert dort Standard-Sorten, die eigentlich aus anderen Ländern stammen: ,,Allgäuer Emmentaler'', Gouda, Brie, Camembert, Chester . . . Viel vom ,,Käse aus Bayern'' wird exportiert – nach Italien z.B., und sogar nach Frankreich, dem Heimatland der berühmtesten Käsesorten der Welt.

Information:
Landesvereinigung der Bayrischen Milchwirtschaft e.V.
Kaiser-Ludwig-Platz 2
D – 8000 München 2

Dienstag ist Chorprobe

Freizeit in Steingaden

1	*In Steingaden gibt es viele Vereine: Herta Lutz ist im Sportverein aktiv.*
Fräulein Müller	Glauben Sie, daß die Leute auf dem Land sehr passiv sind?
Frau Lutz	Ja, möchte ich schon sagen.
Fräulein Müller	Ist auch das Dorfleben hier in Steingaden sehr ruhig?
Frau Lutz	Ja, aber wenn die Bayern ein Fest feiern, da sind die voll dabei.
Fräulein Müller	Welche Feste feiert man denn hier in Steingaden?
Frau Lutz	800-Jahr-Feier von Steingaden, die Fahnenweihe, von Vereinen bedingte Feste, die sind natürlich immer willkommen.
Fräulein Müller	Welche Vereine gibt es denn hier in Steingaden?
Frau Lutz	*Veteranenverein, Schützenverein, Trachtenverein,* die sind ganz groß.
Fräulein Müller	Gehören Sie selber auch zu einem der Vereine?
Frau Lutz	Nur zum *Sportverein.* Den habe ich vergessen, obwohl ich selber dabei bin!
Fräulein Müller	Und was machen Sie da beim *Sportverein?*
Frau Lutz	Tischtennis spielen, meine Söhne spielen Fußball...
Fräulein Müller	Gehen Sie da regelmäßig hin?
Frau Lutz	Ja. So, da muß schon ganz was Besonderes sein, daß ich nicht hingehe.
Fräulein Müller	Und die Leute, mit denen Sie Tischtennis spielen, gehen Sie mit denen auch mal aus — in ein Café oder zum Tanzen?
Frau Lutz	... oder mal hinterher zum Kegeln.
Fräulein Müller	Ja?
Frau Lutz	Ja.
Fräulein Müller	Kegeln Sie gerne?
Frau Lutz	Ja.
Fräulein Müller	Und wo kegeln Sie hier in Steingaden?
Frau Lutz	In Steingaden: Wir haben eine sehr schöne Kegelbahn, und da macht's Spaß. Aber wenn man nicht regelmäßig kegelt, hat man einen fürchterlichen Muskelkater!

da sind die voll dabei	they do it in a big way
von Vereinen bedingte Feste	club festivities
da muß... was Besonderes sein, daß ich nicht hingehe	it'd... have to be something special for me not to go
mit denen Sie... spielen	you play... with
hat man einen fürchterlichen Muskelkater	you ache all over

2	*Heinrich Reichart ist Gymnasiast und im Dorfleben sehr aktiv. Aber er hat Angst, den Kontakt zu seinen Freunden zu verlieren.*
Fräulein Müller	Wie alt bist du jetzt?

Heinrich	Neunzehn.
Fräulein Müller	Arbeitest du schon, oder gehst du noch in die Schule?
Heinrich	Nein, ich gehe noch in die Schule, ins Gymnasium.
Fräulein Müller	Was machst du am Wochenende, wenn du nicht in der Schule bist?
Heinrich	Na, wenn ich nicht in der Schule bin, wenn ich Zeit hab': Bergsteigen, und wenn nicht, dann irgendwas lernen.
Fräulein Müller	Machst du das ganz alleine, das Bergsteigen?
Heinrich	Na, da geht mein Bruder immer mit, und ein paar Freunde.
Fräulein Müller	Unter der Woche, was macht ihr denn da am Abend so?
Heinrich	Na ja, Dienstag ist Chorprobe für Männerchor; Freitag, Kirchenchor; Mittwoch muß ich für den *Trachtenverein* Ziehharmonika spielen und so ... manchmal *Landjugend* ...
Fräulein Müller	Hast du selber irgendwie Probleme innerhalb vom Dorf mit anderen Leuten?
Heinrich	Ja, Probleme habe ich schon, zum Beispiel, daß ich Angst habe, daß ich den Anschluß einmal verliere, weil ich doch momentan wenig beieinander bin mit den anderen, mit meinen ehemaligen Kollegen von der Volksschule, weil ich halt ziemlich viel lernen muß und wenig aus dem Haus komm'!
Fräulein Müller	Sind deine Eltern Steingadner?
Heinrich	Ja, mein Vater ist aus Steingaden, aber meine Mutter ist eine Sudetendeutsche.
Fräulein Müller	Und gefällt es der Mutter hier?
Heinrich	Ja, ich glaub', daß es ihr jetzt schon gefällt. Aber zuerst hat sie halt mit den Leuten überhaupt kein Auskommen gehabt.
Fräulein Müller	Und wieso nicht?
Heinrich	Ja, meine Mutter war furchtbar Sauberkeit gewöhnt*, und in Bayern haben sie es früher anscheinend nicht so gehabt mit Sauberkeit.
Fräulein Müller	Und jetzt ist es besser geworden, oder?
Heinrich	Ja, jetzt hat sie meinen Vater erzogen!

die Landjugend	(Catholic) rural youth movement
daß ich den Anschluß einmal verliere	of losing touch one day
beieinander (süddeutsch) = zusammen	
hat sie mit den Leuten kein Auskommen gehabt	she didn't get on with the people
war furchtbar Sauberkeit gewöhnt*	was used to everything being spotless
haben sie es ... nicht so gehabt mit Sauberkeit (colloquial)	they weren't too fussy about cleanliness

*Ganz korrekt wäre: „*an* Sauberkeit gewöhnt".

3   *Hans Echtler ist Rentner. Er ist früher viel gesegelt und ist jetzt Geschäftsführer im Schützenverein.*

Fräulein Müller	Herr Echtler, was sind Sie von Beruf?
Herr Echtler	Kaufmann. Ich hab' ein eigenes Geschäft in Steingaden, und das hab' ich meinem Sohn übergeben. Und mein Sohn, der geht viel auf die Jagd und ist fort, und der Papa macht den Stellvertreter.
Fräulein Müller	Aber Sie haben trotzdem Freizeit für sich?
Herr Echtler	Doch, das schon, ja.
Fräulein Müller	Und was machen Sie da?
Herr Echtler	Was ich da mach'? Ich bin viel gesegelt, habe ein eigenes Boot gehabt, und da bin ich aktiv gewesen. In Lechbruck ist ein Segelklub, und da haben wir Regatta gesegelt, bin sogar einmal Erster geworden – und zwar nur deshalb, weil man die Preisverteilung von hinten angefangt* hat . . . !
Fräulein Müller	Gehören Sie irgendeinem Verein hier in Steingaden an?
Herr Echtler	Ja, ich gehör' dem *Schützenverein* an und dem *Trachtenverein*. Und im *Schützenverein*, da bin ich Geschäftsführer. Wir haben hier in Steingaden ein großes Schützenhaus gebaut. Die Schützen mußten freiwillige Arbeit leisten, bis zu 100 Stunden ohne Bezahlung. Wir haben einen ganz großzügigen Schützenmeister gehabt, und der hat uns ein Erbe vermacht – von Grundstücken. Und die Grundstücke haben wir dann zum Teil verkauft. Sonst wär's nicht möglich gewesen.
Fräulein Müller	Was machen Sie denn sonst noch am Wochenende?
Herr Echtler	Am Wochenende? Da tu' ich manchmal spaßhalber Gamsbart binden.
Fräulein Müller	Was?
Herr Echtler	Gamsbart binden.
Fräulein Müller	Und was macht man denn mit den Gamsbärten?
Herr Echtler	Auf den Hut stecken.
Fräulein Müller	Verkaufen Sie die hier im Ort?
Herr Echtler	Nein, die Verwandten in München, die möchten immer meine Bärte!

das schon	yes, I have
macht den Stellvertreter	stands in for him
bin Erster geworden	came first
Gamsbart binden	tying together hairs from the beard of the chamois goat

*Korrekt ist: „angefangen".

4   *Josef Joerger ist Direktor der Firma Hindelang. Er wohnt schon seit 1945 in Steingaden, aber er ist nie ein richtiger Steingadner Bürger geworden.*

Herr Eßer	Herr Joerger, sind Sie aus Steingaden?
Herr Joerger	Nein, ich bin nicht hier geboren, ich stamme aus dem Schwarzwald.

Herr Eßer	Seit wann sind Sie schon in Steingaden?
Herr Joerger	Seit 1945 bin ich Direktor dieses Unternehmens.
Herr Eßer	Haben Sie dadurch eine besondere Stellung im Dorf?
Herr Joerger	Ja, ich möchte sagen, man wird anerkannt, aber daß ich dadurch ein Steingadner geworden wäre, das kann ich nicht behaupten. Auch der Besitzer des Unternehmens, der von 1932 bis 1971 hier war, ist nicht hier geboren. Der ist ein Allgäuer, stammt aus Kempten,* und ist an und für sich nie ein Steingadner Bürger geworden. Die Steingadner erkennen einen nur dann an, wenn er hier geboren ist.

Herr Eßer	Wie schaut es mit Ihrem Freundeskreis aus?
Herr Joerger	Ja, nachdem ich aus der Stadt komme, habe ich mir vorgestellt, hier auf einem Dorf zu landen, wo die Geselligkeit sehr gepflegt wird. Und das hat sich leider nicht bewahrheitet. Man kommt unter Umständen mal zwanglos zusammen, aber das kann im halben Jahr nur einmal sein. Man müßte dann irgendwie auf Veranstaltungen gehen, die der Fremdenverkehrsverein aufzieht, aber das kann man ja alles nur einmal hören und nur einmal sehen. Oder man müßte eben im Verein aktiv tätig sein. Es gibt hier drei Schützenvereine und drei Trachtenvereine. Man muß auch bei der Feuerwehr sein, was auf dem Dorf sehr wichtig ist. Und man dürfte sich ja nie erlauben, etwas Negatives über die Feuerwehr zu sagen – selbst wenn das wahr wäre!
Herr Eßer	Haben Sie einen Stammtisch hier?
Herr Joerger	Leider nein. Früher – in Ortschaften dieser Größe hatte man einen Stammtisch. Man könnte hier sogar einen Akademikerstammtisch aufmachen. Es gibt also hier mehrere Ärzte; es gibt zwei Zahnärzte, es gibt einen Bürgermeister, der Apotheker ist; einen Geistlichen haben wir hier; es gibt eine ganze Reihe von Leuten – auch von Schongau haben sich hier Leute angesiedelt. Also, eine fantastische Sache. Es haben nette Leute hier gewohnt. Aber man hat sich nicht getroffen. Das ist alles daran gescheitert, daß am Anfang . . . nach dem Krieg gab es keine Möglichkeit auszugehen, und dann später hat es dann Konkurrenzneid gegeben unter den Ärzten, unter den Zahnärzten. Und dann gab es Differenzen mit dem Krankenhaus, weil der Krankenhausarzt wieder nebenbei Privatpraxis getrieben hat. Also, alles lauter Dinge, die dem Stammtisch hinderlich waren. Viele Freundschaften sind dann auch auseinandergegangen, weil die Frauen sich nicht vertragen haben, gell? Weil die eine einen schöneren Hut gehabt hat, wie die andere,† oder . . . Das sind so Dinge, die also von mir aus gesehen kleinlich sind – gell? aber die spielen dann doch irgendwie eine Rolle.

| wo die Gesselligkeit sehr gepflegt wird | where people have a busy social life |
| die von mire aus gesehen kleinlich sind | which I regard as petty |

*Kleinstadt ca. 60 km westlich von Steingaden.
†Korrekt ist: „*als* die andere".

Überblick

How to emphasize certain points in colloquial speech

Conversational German is full of little words like *da, schon, doch, halt, eben, so*.
These words are not strictly necessary, but they often emphasize a particular point or
give a certain flavour to the language. They often have no English equivalent, and it
is not really necessary for the non-native speaker to use them. But you should be
able to recognize and understand them when you come across them.

Here are examples from the last four chapters:

da

. . . is used to stress *where* or *when* something is done:

| Was | machen Sie | da | beim Sportverein? |
| | macht ihr | | am Abend so? |

| Im Schützenverein, | da | bin ich Geschäftsführer |
| Aus dem Wohnzimmer, | | sehe ich ins Gebirge |

. . . is often a reference back to a place or time mentioned in conversation:

Was sehen Sie da?
  (= auf der Straße)

Wann fangen Sie da an?
  (= in der Bank)

Gehen Sie da regelmäßig hin?
  (= zum Sportverein)
Da sehe ich auf die Straße
  (= aus dem Fenster)
Da bin ich aktiv gewesen
  (= im Segelklub)

Wie alt waren Sie da?
  (= in den zwanziger Jahren)

Wieviel Stunden hat man da gearbeitet?
  (= in den zwanziger Jahren)

Da	hat es wenig Freizeit gegeben
	(= in seiner Jugend)
	war es so kühl
	(= am Hochzeitstag)

. . . and sometimes stands for *dann* or *in diesem Fall*:

Da	kommt die Polizei
	stinkt der ganze Laden wie ein Kuhstall
	müßte ich allerdings meine Französischkenntnisse verbessern

Habt ihr da Schwierigkeiten mit dem Trampen?

Very often *da* is short for *damals, daraus, dabei*, etc. (see pages 226)

Schon

. . . is often used when you're admitting something or are slightly hesitant:

Ich habe schon mit den Mädchen getanzt	(I must admit I danced with the girls)
Probleme habe ich schon	(admittedly I've got problems)
Ich möchte schon hierbleiben	(I'd rather stay here)
Ich finde das schon gut	(I must admit I like that)

doch

... adds emphasis in various ways, although it is not always stressed in speech:

Die Bauern haben doch alle Silos	(The farmers all have silos, you know)
Sie dürfen aber doch noch im Garten ein Feuer machen?	(But you are still allowed to have a fire in your garden, aren't you?)
Die Wahl habe ich dann doch gewonnen	(I did win the election after all)
Das spielt dann doch irgendwie eine Rolle	(This is somehow important after all)

halt/eben

... are used to underline what appears obvious. Sometimes they can be translated by 'just' or 'simply'. *Halt* and *eben* have the same meaning. In general, *eben* is used in the north and *halt* in the south of Germany, but you will hear Bavarians use *eben* as well.

Es ist halt so
Manchmal kommt halt nachmittags Besuch
Weil ich halt ziemlich viel lernen muß
Sie hat halt mit den Leuten kein Auskommen gehabt

Dann kommen meine Hausaufgaben eben überhaupt nicht dran
Man müßte eben im Verein aktiv sein
Das hängt eben vom Eifer des einzelnen ab

oder so/und so

When a German can't be bothered to finish a sentence properly, you'll often hear *oder so* or *und so*. The nearest equivalents in English are 'or something', 'or something like that', 'and so on'.

Was haben Sie in Ihrer Freizeit gemacht, am Wochenende oder so?	Ziehharmonika spielen und so ...
Und wie war es mit Festen, tanzen oder so?	Wir machen auch Partys oder so ... Manchmal kommt nachmittags Besuch oder so ...

Übungen

1 Langweilig ist es nie!

Sie sprechen mit Frau Pfaffinger über das Dorfleben. Wie antwortet sie auf Ihre Fragen?

	Sie		*Frau Pfaffinger*
1	Finden Sie nicht, daß das Leben auf dem Dorf manchmal eintönig ist?	A	Der sagt nichts, weil er auch in zwei Vereinen aktiv ist.
2	Wieviele Vereine gibt es denn hier?	B	Nein, weil der Max noch zu klein ist, und weil die Tochter jetzt ins Gymnasium geht und viel lernen muß.

3 Sind Sie auch in einem Verein?	C Ich glaube, daß es zirka 12 Vereine gibt.
4 Was sagt denn Ihr Mann dazu, daß Sie zweimal in der Woche abends nicht zu Hause sind?	D Ja, natürlich. Wenn unser Verein nächstes Mal einen Heimatabend macht, kommen Sie mit.
5 Sind Ihre Kinder auch im Dorfleben aktiv?	E Ja, ich bin sogar in zwei Vereinen: im Sportverein und im Trachtenverein.
6 Kann ich einmal mit Ihnen in Ihren Trachtenverein gehen?	F Nein, es ist nie langweilig hier, weil es so viele Vereine gibt.

2 1000-Jahr-Feier in Hersbruck

Bei der 1000-Jahr-Feier in Hersbruck war auch eine Delegation aus Lossiemouth dabei. Das schrieb damals die *Hersbrucker Zeitung*:

Die offizielle Geburtstagsfeier unserer Stadt begann am Samstag Nachmittag auf dem Hindenburgplatz. Die Hersbrucker Bürger und die vielen, vielen Gäste wurden von Bürgermeister Endres begrüßt. Ein besonders herzliches Willkommen hatte der Bürgermeister für die Delegation aus Hersbrucks Partnerstadt Lossiemouth. Die Rede des Delegationsleiters, Mr. Herd, wurde von seiner Tochter Joyce übersetzt. Mr. Herd sagte unter anderem: Ich danke Ihnen, daß Sie uns so herzlich begrüßt haben. Die 1000-Jahr-Feier von Hersbruck ist eine gute Gelegenheit, auch an die lange Freundschaft zwischen unseren beiden Städten zu denken. . . . Wir Lossiemouther haben uns hier immer sehr wohl gefühlt, weil man uns jedesmal herzlich empfangen hat und weil wir die Stadt Hersbruck sehr schön finden. Wir hoffen, daß die Stadt auch in Zukunft ihren Charakter nicht verliert und daß die alten Häuser restauriert und gepflegt werden. . . . Und nun möchte ich Ihnen eine schöne Feier wünschen. Wir wissen von früher: Wenn die Hersbrucker Feste feiern, dann sind sie voll dabei."

a Warum sind die Schotten nach Hersbruck gefahren?
b Wer wurde von Bürgermeister Endres begrüßt?
c Waren viele Gäste da?
d Welche Delegation wurde von Herrn Endres besonders herzlich begrüßt?
e Wofür hat Mr Herd den Hersbruckern zuerst gedankt?
f Warum haben sich die Leute von Lossiemouth immer wohl in Hersbruck gefühlt?
g Was hoffen die Leute von Lossiemouth?
h Findet Mr Herd, daß die Hersbrucker gut feiern können?

3 Familie Klingsiek am Telefon

Frau Klingsiek ist viel allein und freut sich über jeden Anruf von ihrer Familie. Ihr Sohn, Alf, ist Student in München, und ihr Mann ist oft geschäftlich unterwegs. Alf hat schon lange nicht mehr angerufen, aber jetzt ist er endlich am Telefon.

Hier ist ihre Unterhaltung:

Frau Klingsiek	Alf! Endlich! wie geht es dir?
Alf Klingsiek	Danke, Mutter, mir geht es gut.
Frau Klingsiek	Warum hast du so lange nicht angerufen?
Alf Klingsiek	Ich muß so viel arbeiten. Ich bin tagsüber an der Universität, und abends komme ich kaum aus dem Haus.
Frau Klingsiek	Wie schrecklich! Kann ich etwas für dich tun?
Alf Klingsiek	Ja . . . ich brauche Geld.
Frau Klingsiek	Ja, natürlich. Wofür brauchst du es denn?
Alf Klingsiek	Ich muß mir neue Bücher kaufen.
Frau Klingsiek	Kommst du am Wochenende nach Hause?
Alf Klingsiek	Nein, ich kann leider nicht kommen. Ich muß mir ein neues Zimmer suchen. Ich muß hier ausziehen.
Frau Klingsiek	Was? Aus welchen Gründen?
Alf Klingsiek	Meine Wirtin sagt, es ist immer so laut bei mir!
Frau Klingsiek	Das kann doch nicht stimmen! Wenn du immer zu Hause bist und arbeitest . . .
Alf Klingsiek	Ja, nicht wahr? — Mutti, ich habe jetzt kein Kleingeld mehr. Auf Wiederhören!

Eine halbe Stunde später ruft Herr Klingsiek an. Seine Frau erzählt ihm, daß sie mit Alf telefoniert hat.

Wie beantwortet sie die Fragen von Herrn Klingsiek?

	Herr Klingsiek	So? Und was hat er gesagt?
	Frau Klingsiek	Er hat gesagt, daß es ihm gut geht.
a	*Herr Klingsiek*	Warum hat er so lange nicht angerufen?
	Frau Klingsiek	....
b	*Herr Klingsiek*	Und warum hat er so wenig Zeit?
	Frau Klingsiek	....
c	*Herr Klingsiek*	Was macht er denn den ganzen Tag? Was hat er gesagt?
	Frau Klingsiek	....
d	*Herr Klingsiek*	Hm . . . Was hat er sonst noch gesagt?
	Frau Klingsiek	....
e	*Herr Klingsiek*	Was? Schon wieder? Warum braucht er denn Geld?
	Frau Klingsiek	....
f	*Herr Klingsiek*	Kommt er am Wochenende nach Hause?
	Frau Klingsiek	....
g	*Herr Klingsiek*	Und warum nicht?
	Frau Klingsiek	....
h	*Herr Klingsiek*	Ein neues Zimmer? Warum denn das?
	Frau Klingsiek	....
i	*Herr Klingsiek*	Warum muß er ausziehen?
	Frau Klingsiek	....
	Herr Klingsiek	Das glaube ich auch! Der feiert bestimmt Partys!

4 Familie Renners Tante

a   Familie Renners Lieblingstante ist Tante Albertine, denn eines Tages werden
Renners Tante Albertines Millionen erben. Jeder würde etwas anderes mit
ihrem Geld machen.

Herr Renner ist Beamter, und er ist sehr für Sicherheit. Jeden Monat bringt er
etwas Geld auf die Bank. Er liebt seine Arbeit. Sein Wunschtraum: ein Eigenheim!
Was würde *er* machen?
z.B. Er würde sein Geld anlegen.   Und was würde er noch machen?

Frau Renner ist Laborantin. Aber mehr Spaß als ihr Beruf macht ihr der Urlaub.
Sie reist gern und gibt viel Geld für Reisen aus. Ihr Traum: eine Reise um die
ganze Welt.
Was würde *sie* machen?
z.B. Sie würde kündigen.   Und was noch?

Annette Renner liebt ihre Familie sehr – vor allem ihre Mutter. Sie liebt auch
ihren Freund und möchte ihn gern heiraten. Wenn sie nur genug Geld für eine
eigene Wohnung hätten!
Was würde *sie* machen?
z.B. Sie würde eine Wohnung kaufen.

Franz Renner möchte aufhören zu arbeiten. Er feiert gern Partys, liebt schnelle
Autos – und hat jedes Wochenende eine andere Freundin.
Was würde *er* machen?
z.B. Er würde aufhören zu arbeiten.

b   Wenn *Sie* die Familie Renner interviewen würden, wie würden sie
antworten? Herr Renner würde z.B. sagen: Ich glaube, daß ich mein Geld
anlegen würde.

Wissenswertes

Dorfleben in Oberbayern

Es gibt keine Kinos oder Diskotheken in Steingaden, aber viele Bürger sind trotzdem
jeden Abend unterwegs. Denn es gibt ja schließlich die Wirtshäuser – und die
Vereine. Vereine gehören zu jedem deutschen Dorf, und in Oberbayern gibt es
besonders viele (in Steingaden ca. 20). Typisch für Oberbayern sind die
Trachtenvereine. Dort trifft man sich in bayrischer Tracht (*Lederhosen* und
Gamsbarthut für Männer, *Dirndlkleider* für Frauen), macht bayrische Musik und
tanzt bayrische Tänze. Der Einfluß der Trachten auf die Mode ist übrigens in
Oberbayern stärker als anderswo in der BRD. Der „Trachtenlook" in Loden und
Leder dominiert in München wie auf dem Dorf.

Der Trachtenverein hat männliche und weibliche Mitglieder, und auch im
Sportverein sind Damen zu finden. Die meisten anderen Vereine, z.B. der
Soldatenverein und die beiden *Schützenvereine*, sind Männersache. Einer der zwei
Schützenvereine in Steingaden ist sehr traditionsreich: die *Königlich-privilegierte*

Feuerschützengesellschaft. (Das königliche Privileg stammt aus dem 19. Jahrhundert vom Bayernkönig Max II.) Jede Woche einmal treffen sich die Vereinsmitglieder in ihrem Schützenhaus zum Schießen. Einmal im Jahr gibt es ein *Schützenfest*, und der beste Schütze wird „Schützenkönig". Das ist nicht nur in Bayern so. Überall in der BRD ist das Schützenfest ein Höhepunkt des Dorflebens.

Nach einem Vereinsabend sitzt man meistens noch gemütlich zusammen und trinkt ein Glas Bier – oder auch mehrere. In vielen Dorfwirtshäusern gibt es auch Stammtische, an dem sich die Männer des Dorfes regelmäßig treffen.

Wer in keinem Verein ist – und das ist nicht leicht! – der ist meistens für die Kirche aktiv: in der *Katholischen Landjugend*, im *Kirchenchor* oder im *Frauenbund*. Und das ganze Dorf ist bei der Fronleichnamsprozession dabei oder – an jedem 1. Sonntag im Juli in Steingaden – beim St Ullrichsritt, einer traditionellen Prozession. Einige Steingadner reiten, die anderen folgen zu Fuß. Die Prozession geht zur 4 km entfernten Kreuzbergkirche. Dort gibt es einen Gottesdienst, und anschließend werden die Pferde gesegnet, denn St Ullrich ist der Heilige der Pferde. Heute ist der St Ullrichsritt mehr als eine religiöse Prozession – er ist eine Art Volksfest für die Steingadner und die vielen Besucher an diesem Tag. Der St. Ullrichsritt ist übrigens nicht der einzige Ritt dieser Art. Andere Dörfer reiten zu Ehren von anderen Heiligen: Es gibt einen Sylvesterritt, einen Wendelinsritt, einen Leonhardiritt . . .

Überhaupt lebt das katholische Bayern noch ganz im Rhythmus des Kirchenjahres. Es gibt dort mehr katholische Feiertage als in anderen Ländern der Bundesrepublik. Wallfahrten, Prozessionen und Passionsspiele finden das ganze Jahr über statt, und sogar geschossen wird aus religiösen Gründen: beim *Christkindl-* und beim *Heilig-Geist-Anschießen* in Berchtesgaden.

Information:
Fremdenverkehrsverband München – Oberbayern e.V.
Sonnenstraße 10
D – 8 *München* 2

Wenn Sie mehr über Bayern wissen wollen:

Bücher auf deutsch:
D.D. Hook/G.F. Strasser
FAHRTINSWEISS-BLAUE
Harrap, London, 1971

Fiction:

Ludwig Thoma
LAUSBUBENGESCHICHTEN
(simplified version)
Ernst Klett Verlag,
Stuttgart, 1973

Oskar Maria Graf
DER GROSSE BAUERNSPIEGEL
(Tales from Bavaria)
Kurt Desch Verlag, 1962

Bücher auf englisch:
J. Bunting
BAVARIA
Batsford Ltd., London, 1972

Margaret Wightman
DISCOVERING GERMANY
BAVARIA
Harrap, London, 1974

A Quiz on Chapters 16–20

1 When was Bavaria first named *Freistaat*?
2 The *Welfenmünster* is built in one style only. True or false?
3 Can you name the most famous village church in the *Schongauer Land*?
4 What kind of lakes are typical for the area around Steingaden? (Say the German name)
5 The *Schützenverein* is a mixed club. True or false?
6 Who was Bavaria's favourite king?
7 Hohenschwangau was built by Ludwig II. True or false?
8 Are there excellent career prospects for young people in Steingaden?
9 What is the meaning of the old dialect word "Gaden"?
10 What are the colours of the Bavarian flag?
11 What is the German equivalent of the "British Legion" called?
12 Relatively speaking, Steingaden's financial problems are not as big as Munich's. True or false?
13 What was Mr Weeber's argument for keeping the oak tree?
14 Can you name two famous towns along the *Romantische Straße*?
15 Is it easy for children living on farms near Steingaden to get to school?
16 Who was the most powerful man in Steingaden before 1803?
17 Only Germans work at the *Hindelang* cheese factory. True or false?
18 What is the German for "Bavarian way of life"?
19 Why do many Steingaden citizens not want to work at the local cheese factory?
20 Why is the *Schongauer Land* also called *Pfaffenwinkel*?

In this key you will find translations of the more difficult words and phrases in *Hören und Verstehen* and *Wissenswertes* and the key to the exercises. The key gives you, where possible, a variety of answers achievable by someone who has also followed the earlier courses — *Kontakte* and *Wegweiser*. So you may find not only your version but others as well. If your version is not included this does not necessarily mean it's wrong!

1 Übungen

1 a Ja b Ja c Nein d Ja

2 a Entschuldigen Sie bitte. Ich möchte zum Messegelände. Können Sie mir sagen/erklären, wie ich da-/dorthin komme? *oder* Wie komme ich dorthin? — Das war ein bißchen/etwas viel (auf einmal) *oder* Das war aber kompliziert! Können/könnten Sie das bitte wiederholen? *oder* Kann ich das bitte noch einmal hören? b Entschuldigen Sie bitte. Wie komme ich/kommt man zur Bastei? Mit der Fähre, oder? — Wann fährt die nächste Fähre? — Ist es (dann) weit zur Bastei? — Kann ich/man das verfehlen?

3 a Entschuldigen Sie bitte. Ich habe mich verlaufen. b Ich möchte zur Höfener Mühle. c Können Sie mir sagen/erklären, wie ich da-/dorthin komme? Wie komme ich/kommt man dorthin? d Ich muß zurückgehen? *oder* Muß ich zurückgehen? e Das war aber (ein bißchen) kompliziert. Können/könnten Sie es bitte wiederholen/noch einmal sagen? f Kann ich das verfehlen? g Wie weit ist es/das ungefähr? h Danke schön/Vielen Dank!

4 a Hohe Straße b Abfahrtsstelle c Hahnenstraße d noch e entschuldigen f Neumarkt g Tag h Öffnungszeiten i rechtsrheinisch j Budengasse k ungefähr l römischen m geradeaus. Hahnentorburg

Hören und Verstehen

viel von ihrem Wesen	what it's like
wobei ich betonen möchte	and I'd like to stress
die kölnischen Ursprungs sind	that came from Cologne
der Zentralbau	centrally planned church
hat sich bei ihrem Herbergsvater beschwert	complained to the landlord of her inn
das wäre ein unentwegtes Geläute von Kirchenglocken	the church bells had just gone on ringing and ringing
ein Ausspruch in der Mundart	a saying in the Cologne dialect

Wissenswertes

schließlich	last but not least
eine reiche Handelsstadt	a prosperous trading centre
ein bedeutender Verkehrsknotenpunkt	a key centre of communications

2 Übungen

1 Wein; herbe; gern; lieber; süßer; Qualitätswein; regelmäßig; mäßig; Lieblings-; Hobby; Flaschen; Vorliebe

2 A a Wie trinken/mögen Sie den Kaffee? Schwarz/Schwarz wie meine Seele. b Und den Tee? Den Tee mag ich recht stark, mit etwas Zucker oder Zitrone, aber keine Milch. c Was trinken Sie sonst gern? Das richtet sich nach meinen Stimmungen. Zum Durstlöschen ein schön kaltes Bier. d Was trinken Sie zum Essen? Zum Essen trinke ich Bier, aber auch sehr oft Wein. e Welches Bier trinken Sie am liebsten? Kölsch vom Faß. f Welchen Wein trinken Sie am liebsten? *oder* Was ist Ihr Lieblingswein? Ich bevorzuge französischen Weißwein — weißen Bordeaux. g Was trinken Sie gern nach dem Essen? Einen Calvados. h Was trinken Sie nie? Milch!

B a Ja, ich höre sehr gern Musik. b Meine Lieblingskomponisten sind Mozart, Vivaldi und Johann Strauß. c Ja, es/das kommt auf die Gelegenheit an. d Abends höre ich gerne moderne Rhythmen. e Meine Lieblingsorchester sind Bert Kaempfert und Ray Conniff. f Sonntags vormittags höre ich am liebsten eine Oper von Mozart, zum Beispiel „Die Zauberflöte" oder „Die Entführung aus dem Serail". g Nein, danke. Jazz mag ich überhaupt nicht.

3 A a Ich trinke nicht sehr viel, aber meine Lieblingsweine sind deutsche (Weine). b Das kommt auf meine Stimmung an/richtet sich nach meiner Stimmung. c Sehr gut! Ich möchte (gern) einen Rheinwein trinken — vielleicht Nummer 236? d Warum nicht? e Ich trinke/mag nicht gern Rotwein *oder* Rotwein mag ich nicht — ich bevorzuge/trinke lieber Weißwein. f Was ist das, „Qualitätswein mit Prädikat"? g Ja, sehr gern.

B a Der Wein hat die Nummer 231. b Er heißt Mainzer Domherr Spätlese. c Eine Flasche kostet DM 27,50.

4 a Das ist unterschiedlich *oder* Herr Basting trinkt gelegentlich (mal) (ein Glas) Sekt oder Wein. b Am liebsten/vor allem trinkt er Mineralwasser *oder* Er bevorzugt Mineralwasser. c Mosel- und Saarweine schmecken ihm an besten/sind seine Lieblingsweine. d Er trinkt sehr gern/mit Vorliebe italienische und französische Weine. e Er trinkt lieber/hat eine Vorliebe für/ bevorzugt ausländische Weine. f Sie sind sehr leicht *oder* Das sind leichte Weine und man kann etwas mehr trinken. g Man kann am nächsten Tag arbeiten *oder* Am nächsten Tag kann man arbeiten.

5 „Zum Durstlöschen ein Kölsch vom Faß — das Beste, was es gibt!"

Hören und Verstehen

greifen Sie mal zu	go ahead
man muß darauf achten, wohin man geht	you can't just go anywhere
wird von Ärzten empfohlen	is recommended by doctors

Bänke gibt es vielfach	lots of them have benches
da gehen sechs Gläser drauf	it takes six glasses
dann wird das gezapft	then it's drawn
Brauknechte	men working in the breweries
wenn Sie so wollen	you might say
die haben dieses blaue Wams	they wear a blue jerkin
deplaciert	completely wrong

Wissenswertes

Bierdeckel	beermats
offenes Hemd	open-neck shirt
baut . . . an	produces . . .
Krötenbrunnen	lit. toads' well
Hungerbiene	lit. hungry bee
Katzenbeißer	lit. cat-biter
Güteklassen	categories
eine Art Auszeichnung	special distinction
die Spätlese	late grape harvest

Recipe: Slowly heat up a litre of red wine and add cinnamon, cloves, sugar and a little lemon juice to taste.

3 Übungen

1 hatte; geworden; aufgehört; wollte; umgezogen; gesehen; gekauft; mußte; angefangen; gemacht; gedauert; konnte

2 A a; Bc; Cc; Dd; Eb

3 a Nein — er hatte *gestern* frei. b Ja. c Nein — er hat alles allein gemacht. d Nein — er sitzt *am Schreibtisch* und schläft. e Nein — seine neue Wohnung hat *drei* Zimmer. f Ja. g Nein — *das Telefon* klingelt.

4 A a Warum sind Sie umgezogen? b Wer hat den Entschluß gefaßt, eine neue Wohnung zu suchen? c Und auch den Entschluß zu bauen? d Wie lange hat der Bau gedauert? e Wie war der Umzug? f Haben Sie das alles allein gemacht? g Wer hat Ihnen geholfen? h Wer waren diese Umzugsleute? i Was haben sie gemacht?

B a Wir haben jeden Freitagabend den Stadt-Anzeiger gekauft und die Annoncen durchstudiert. b Nein (für diese Wohnung nicht). c Wir haben uns einen „Flitzer"/Mietwagen gemietet. d Ja, mit Freunden, und mein Bruder hat geholfen. e Wir haben die Wohnung selbst renoviert. f Eine große Kröte, Käfer, Blumen, Pflanzen . . .

5 *Waagerecht:* 6 in 9 noch 10 Plan 13 fuer 15 Annoncen *oder* Anzeigen 16 meinem 17 Erdbeben 19 Tisch 22 Eindruck 23 Bruder 26 nie 27 Vorhaenge 28 rein- 29 Nachmittag

Senkrecht: 1 Blumen 2 Glueck 3 Umzug 4 Umzugsleute 5 drei 7 Tip 8 Tageszeit 11 Aufgaben 12 einen 14 Rautenberg 18 Nerven 20 Sonne 21 Huette 24 dann 25 Raum

Hören und Verstehen

zu viert	all four of us
danach	accordingly
in dem Raum, in dem ich arbeite	in the room I'm working in
wenn die Sonne mich nicht lockt	if the sun doesn't tempt me
am Nachmittag halte ich mich ... auf	I spend my afternoons ...
das haben wir geschafft	we managed to do that
im Rohbau	half-built
so, wie ich mir das vorgestellt hatte	the way I'd imagined it
das Richtfest	party for workmen when roof framework has been completed
zertrümmert	smashed
damit es Glück bringt	to bring luck
die Einweihung	house-warming

Wissenswertes

steht noch bevor	is still to come
gleich am Pressehaus	straight from the newspaper offices
die haben Ansprüche	they are pretty demanding
die Wohngemeinschaft	commune
der Abstand	payment for fixtures and fittings
nach eigenen Plänen	from their own plans
die auf ein Haus sparen	who are saving up for a house
Bausparer	people who save up to build a house
die Steuererleichterung	tax relief
zur Miete	in rented accommodation

4 Übungen

1   A   a Treiben Sie noch Sport? *oder* Sind Sie noch sportlich aktiv?   b Was ist Ihr Lieblingssport? *oder* Welchen Sport treiben Sie am liebsten?   c Sind Sie in einem Verein?   d Wieviele Mitglieder hat/Wie groß ist der Verein?   e Was macht Ihnen am Hockeyspielen am meisten Spaß/Freude?

B   *Herr Basting* antwortet: a Ja, ich spiele Tennis, fahre gern Motorrad, photographiere und fliege gern.   b Mein Lieblingssport ist Fliegen *oder* Am liebsten fliege ich.   c Ja, (ich bin) im *Kölner Klub für Luftsport*.   d Der Verein hat 500 Mitglieder.   e Man sieht die Erde aus einer anderen Perspektive *oder* Man ist losgelöst von allem, man ist frei und bewegt sich im Raum *oder* Jeder Flug ist anders.

Herr Näkel antwortet: a Ich treibe nicht mehr aktiv Sport *oder* Ich bin nicht mehr sportlich aktiv.   b Früher habe ich aktiv Fußball gespielt. Heute wandere ich gern.   c Ich bin in einem Wanderverein, *dem Eifelverein*.   d Sehr groß *oder* In Dernau ist eine sehr große Ortsgruppe   e Besonders Spaß macht mir das Tätigsein und das Gefühl der Entspannung, wenn man nach Hause kommt. Dann schmeckt der Rotwein besonders gut.

2   a Rugby   b Segeln   c Cricket   d Boxen

3   *Herr Werth*   a Ja, ich reite gern.   b Ich bin aktives Mitglied des Reitvereins /in einem Reitverein.   c Ich reite lieber/am liebsten allein.   d Ich habe als Student mit dem Reiten angefangen.

Frau Werth   a Ja, ich fahre am liebsten/sehr gern(e) Ski *oder* Mein Lieblingssport ist Skifahren.   b Ich bin Vorsitzende des Alpenvereins.   c Ich laufe/
fahre lieber mit anderen (Leuten) zusammen Ski.   d Das Skifahren habe ich
schon als Kind gelernt.

Hans Werth   a Ich wandere gern.   b Nein, ich mag keine/hasse Vereine.
c Ich wandere am liebsten/lieber allein.   d Ich habe immer die Natur und
das Alleinsein geliebt.

Brigitte Werth   a Ich fliege gern *oder* Ja, mein Sport ist das Fliegen.   b Ja,
natürlich – ohne Verein kein Flugzeug!   c Ich fliege lieber mit anderen
(zusammen).   d Schon als kleines Mädchen bin ich in die Ferien geflogen,
und das hat mir Spaß gemacht.

Anne Werth   a Ja, ich schwimme sehr gern.   b Nein, ich bin in keinem
Verein *oder* Ich bin Individualistin.   c Am liebsten schwimme ich allein *oder*
Ich schwimme lieber allein.   d Mein Bruder hat mich mit fünf Jahren ins
Wasser geworfen, und das hat mir gefallen. So habe ich schwimmen gelernt.

4   1 – C;   2 – E;   3 – A;   4 – B;   5 – D

5   1 Eifelverein   2 Kontakte   3 Luftsport   4 liebsten
    5 Perspektive   6 Mannschaftssport   7 Ballonfahrer
    8 Freizeitzentrum   9 Instrumente   10 Tennisspielen
    11 Fliegerhobby
    Was macht Herrn Näkel am Wandern Freude? Die ENTSPANNUNG

Hören und Verstehen

mache ich mit	I'm taking part in
kann man das zu Sport zählen?	can you count that as a sport?
tänzerisch	choreographical
die Körperbeherrschung	body control
etwas Feingeistigeres	something a bit more artistic
wo . . . mehr dahintersteckt	with . . . more to it
von . . . klein auf	from . . . early on

Wissenswertes

der Turnverein/Turnerbund	gymnastics club
der Ruderverband	rowing association
das Drachenfliegen	hang-gliding
kommt immer mehr in Mode	is becoming increasingly fashionable

5   Übungen

1   a Herr Bemp bevorzugt Frankreich/einen Frankreich-Urlaub/einen Urlaub in
Frankreich. Frau Bemp fährt lieber nach Norwegen/macht lieber in Norwegen
Urlaub/möchte lieber nach Norwegen fahren.   b Herr Bemp bevorzugt einen
Urlaub mit seiner Familie. Frau Bemp fährt lieber mit Bekannten in Urlaub/möchte
lieber mit Bekannten Urlaub machen/macht lieber mit Bekannten Urlaub.
c Herr Bemp bevorzugt Wasser und Sonne im Urlaub/einen Urlaub mit Wasser
und Sonne. Frau Bemp hat lieber Berge und Wind im Urlaub.   d Herr Bemp
bevorzugt den Strand/einen Urlaub am Strand. Frau Bemp wandert lieber/
geht lieber wandern/macht lieber Wanderungen.   e Herr Bemp bevorzugt ein
Luxushotel/einen Urlaub im Luxushotel. Frau Bemp wohnt lieber in einer

Pension oder in einem Privatzimmer.   f Herr Bemp bevorzugt teure Restaurants.
Frau Bemp ißt lieber einfach.

2 a Entschuldigen Sie bitte, können Sie mir helfen?   b Ich möchte zum
Olympia-Stadion (fahren). Was für eine Fahrkarte brauche ich?   c Das war
ein bißchen viel (auf einmal). Könnten/können Sie das bitte wiederholen/noch
einmal sagen? *oder* Kann/könnte ich das bitte noch einmal hören?   d Wieviele
Abschnitte muß ich entwerten – zum Olympia-Stadion?   e Haben Sie/Gibt es
(auch) Fahrkarten für Touristen?   f Wo kann ich/man das kaufen?   g Noch
eine Frage: Wie oft fährt die U-Bahn zum Olympia-Stadion?   h Vielen Dank
oder Ich danke Ihnen *oder* Danke schön *oder* Danke sehr.

3 a Ja, gern *oder* Spanien gefällt mir.   b Die Trennung von meinen Eltern und
Bekannten ist mir schwergefallen.   c Nein, mit der Sprache habe ich keine
Schwierigkeiten (gehabt)/Spanisch fällt mir leicht.   d Ja, ich habe
inzwischen neue Freunde gefunden.   e Ich bin sehr zufrieden mit meiner
Wahl *oder* Ja, mit meiner Wahl bin ich zufrieden.

4 a Damen ab 60 und Herren ab 65 können ihn/den Senioren-Paß kaufen.
b Man kann mit der Bundesbahn/mit dem Zug fahren.   c Paß A kostet 50
Mark. Paß B 98 Mark.   d Man zahlt den halben Preis/die Hälfte.   e Mit Paß
A kann man dienstags, mittwochs und donnerstags/am Dienstag, am Mittwoch,
am Donnerstag fahren.   f Mit Paß B kann man an allen Tagen der Woche
fahren.   g „Fahr und Spar".

5 A   a Früher hat sie/die Familie Hartung in Stelle gewohnt *oder* Sie/Die
Familie Hartung hat früher in Stelle gewohnt.   b Sie haben dort in der
Harburger Straße gewohnt.   c Sie sind nach Rottorf umgezogen.   d (Die)
Hartungs haben einen Möbelwagen gemietet.   e Sie sind durch Winsen
gefahren.   f Sie mußten 14 km fahren.   g Ihre neue Anschrift/Adresse
heißt: Kleiner Sandhagen 37, 2091 Winsen-Rottorf.

B   a Früher hatten (die) Hartungs ein modernes, kleines Haus.   b Das alte
Haus war zu klein.   c Die Entscheidung ist ihnen nicht schwergefallen.
d Sie haben ein altes, großes Haus gekauft.   e Sie sind sehr zufrieden mit
ihrer Wahl *oder* Sie sind mit ihrer Wahl sehr zufrieden *oder* Mit ihrer Wahl sind
die Hartungs sehr zufrieden.

Hören und Verstehen

der Lok(omotiv)führer	engine driver
nach meinem Schulabschluß	after leaving school
Maschinenschlosser gelernt	trained as an engine fitter
nach meiner Lehre	after completing my apprenticeship
aus freien Stücken	of my own free will
ich habe mich in die Laufbahn gemeldet	I applied to train
der Heizer	stoker
sind Sie ihr vorgestellt worden?	were you presented to her?
. . . werden . . . Sicherheitsmaßnahmen getroffen	security measures . . . are taken
gerüstet	prepared
die Aufsichtskraft	supervisor

Wissenswertes

die öffentlichen Verkehrsmittel	public transport
losfahren	set off
die Kern-, Rand-, und Außenzone	inner, suburban, and outer zone
gilt	applies
der Entwerter	cancelling machine
die Stadt, in der Sie gerade sind	the town you happen to be in

Quiz on chapters 1–5

1 50 B.C.   2 The name of a German wine   3 Squash   4 beer   5 50 metres
6 *Abstand*/payment for fittings and fixtures   7 1902; Berlin   8 Tünnes
9 Gymnastics/*Turnen*   10 *Eiswein*   11 *Deutscher Sportbund*   12 False — it
means *Stadtbahn* or *Schnellbahn*   13 Berliner Weiße mit Schuß   14 500
years   15 Bonn   16 May 1965   17 a rented removal van/*ein Mietwagen*
18 *Westdeutscher Rundfunk, Deutschlandfunk, Deutsche Welle*
19 *Entwerter*   20 Wine mixed with mineral water; Southern Germany

6   Übungen

1   a Warum weinst du?   b Wie heißt du?   c Wo kommst du her? *oder* Woher
kommst du?   d Wie lange bist du schon hier/auf dem Zeltplatz?   e Wo sind
deine Eltern?   f Hast du Geschwister?

2   a Wo wohnst du?   b Wie alt bist du?   c Hast du Geschwister?   d Wie alt
sind deine Schwestern?   e Wie kommst du mit ihnen aus? *oder* Kommst du
gut mit ihnen aus? *oder* Wie ist dein Verhältnis zu ihnen?   f Bist du schon
(einmal) in Mainz gewesen? *oder* Warst du schon (einmal) in Mainz?   g Wo
haben deine Großeltern früher gewohnt?   h Wie lange bleibst du bei deinen
Großeltern/in Mainz? *oder* Wie lange möchtest/willst du bei deinen Großeltern/
in Mainz bleiben?   i Wann mußt du nach Hause zurück? *oder* Wann fängt
die Schule wieder an?   j Fährst du gern mit dem Zug?   k Bist du schon
(einmal) geflogen?

3   a Darf ich „du" zu dir sagen oder soll ich „Sie" sagen?   b Wie gefällt es dir in
England?   c Gehst du noch in die/zur Schule?   d In welcher Klasse bist du?
e Was ist dein Lieblingsfach?   f Wie lange lernst du schon Englisch?
g Wie ist dein Englisch?   h Was für Hobbys hast du?   i Hast du einen
Freund?

4   a Entschuldige. Hast du einen Tennisball gefunden?   b Er muß in deinem
Garten sein.   c Nein, das stimmt nicht ganz. Ich komme/Wir kommen aus
Schottland.   d Nein, noch nicht. Sprichst/Kannst du Englisch?   e Möchtest/
Willst du mit mir und den Kindern/mit uns heute nachmittag schwimmen
gehen? Schwimmst du gern(e)?   f Komm um drei Uhr/Du kannst um drei
Uhr kommen, wenn deine Mutter „ja" sagt.

Hören und Verstehen

zunächst einmal	first of all

stellen die von Jahr zu Jahr fest	they find with every year that passes
mit Autos umgehen	work on cars
sich . . . vorzustellen	to get a job interview
die Schüler müssen sich beurlauben	pupils have to ask for permission to be absent
schminkt euch nicht so kräftig	don't put on such heavy make-up
niedrigere Schuhe	shoes with lower heels
auf den Strich gehen	to walk the streets
die den Abschluß bei Ihrer Schule gemacht haben	who left your school
das kommt immer wieder vor	that happens time and time again
keine Ahnung	never heard of you (*lit.* no idea)
die gingen bis zum Popo	that went right down to his bottom
er wollte alles grundsätzlich anders	he wanted to do everything completely different
raten Sie mal, was ich werde	guess what I'm going to be

Wissenswertes

das Zeugnis	report
das Kultusministerium	Ministry of Education
Schulämter	school authorities
der Lehrplan	curriculum
die Grundschule	primary school
die Abschlußprüfung	school-leaving examination
das Abitur	roughly equivalent to 'A' Levels
die Mittlere Reife	roughly equivalent to 'O' Levels
Internate	boarding schools
Sehbehinderte, Schwerhörige, Körperbehinderte	people with seeing or hearing difficulties or physical handicaps

7 Übungen

1 a Ich möchte meinen Cassettenrecorder in Reparatur bringen/reparieren lassen.
b Er ist kaputt *oder* Er funktioniert/geht nicht (mehr).   c Ja, er ist
runtergefallen.   d Wie lange dauert das/wird das dauern? *oder* Können Sie mir
sagen, wie lange das dauert/dauern wird?   e Ich brauche ihn (aber)
morgen! *oder* Ich muß ihn (aber) morgen haben!   f Können Sie mir sagen,
wie teuer das wird? *oder* Was wird das ungefähr kosten? *oder* Wie teuer wird es
ungefähr kommen?   g Lohnt sich die Reparatur?   h Ja, vielleicht kaufe ich
den/ihn. Ich komme übermorgen wieder vorbei.

2 1 – C;   2 – D;   3 – A;   4 – E;   5 – G;   6 – B;   7 – H;   8 – F

3 .a
Herr Braun	Ich möchte meinen Fernseher in Reparatur bringen/reparieren lassen.
Verkäufer	Ja, was ist denn damit?/was macht er denn?
Herr Braun	Er hat kein Bild, nur den Ton.

Verkäufer	Seit wann?
Herr Braun	Seit zwei Wochen *oder* Er ist seit zwei Wochen kaputt.
Verkäufer	Ja, ich werde einmal nachsehen.
Herr Braun	Können Sie mir sagen, was das kosten wird?
Verkäufer	Die Reparatur wird etwa DM 80 kosten.
Herr Braun	Lohnt sich dieser Preis?
Verkäufer	Ein neuer Apparat kostet sehr viel mehr. Geben Sie mir Ihre Anschrift, bitte?
Herr Braun	Ja, Braun, Ohmstraße 13.
Verkäufer	Kann ich Sie telefonisch erreichen?
Herr Braun	Ja, meine Telefonnummer ist 50 10 52.
Herr Braun	Wie lange wird die Reparatur dauern?
Verkäufer	Eine Woche.

b

Fräulein Wittat	Ich möchte meinen Wecker in Reparatur bringen
Verkäufer	Ja, was ist denn damit? *oder* was macht er denn?
Fräulein Wittat	Er funktioniert nicht mehr.
Verkäufer	Seit wann?
Fräulein Wittat	Er ist gestern runtergefallen.
Verkäufer	Ja, ich werde einmal nachsehen.
Fräulein Wittat	Können Sie mir sagen, was das kostet?
Verkäufer	Die Reparatur wird um die DM 23 kosten.
Fräulein Wittat	Wie lange dauert das?
Verkäufer	Drei Tage.
Fräulein Wittat	Gibt es auf die Reparatur Garantie?
Verkäufer	Ja, einen Monat. Geben Sie mir Ihre Anschrift, bitte?
Fräulein Wittat	Ja, Wittat, Hotel Wien.
Verkäufer	Kann ich Sie telefonisch erreichen?
Fräulein Wittat	Ja, aber die Telefonnummer (des Hotels) weiß ich leider nicht.

c

Frau Krause	Meine Gefriertruhe ist kaputt. Können Sie sie reparieren?
Verkäufer	Ja, was ist denn damit?/was macht sie denn?
Frau Krause	Der Thermostat funktioniert nicht mehr.
Verkäufer	Seit wann?
Frau Krause	Ganz plötzlich.
Verkäufer	Geben Sie mir Ihre Anschrift, bitte?
Frau Krause	Ja, Krause, Führichstraße 21.
Verkäufer	Kann ich Sie telefonisch erreichen?
Frau Krause	Ja. Ich habe die Rufnummer 30 31 88. Wann schicken Sie jemand?
Verkäufer	Der Techniker kommt in einer halben Stunde.

4 a Ich habe eine Panne *oder* Mit meinem Auto stimmt etwas nicht *oder* Mein Auto ist kaputt/funktioniert nicht.   b Der Motor funktioniert nicht richtig. c Ich bin Mitglied der AA.   d Ich bin auf der Autobahn Aachen-Köln.   e In der Nähe der Notrufsäule Nummer 288.   f Wird es lange dauern? *oder* Dauert es lange? g Vielen Dank/Danke schön/Danke sehr.

5 *Waagerecht:* 1 abholen 2 steht 5 Reparatur 6 funktioniert 8 es 11 teuer 12 lohnt 13 sagen
Senkrecht: 1 Anschrift 3 kaputt 4 Uhr 7 kosten 9 Preis 10 volle

Hören und Verstehen

das Alltagsauto	everyday car
um mein wertvolleres Auto hineinzustellen	to put my more valuable car in
das Baujahr	year of manufacture
die Pflege von	taking care of
das brachte mich dazu	that started me
wo Veteranen angeboten werden	where old cars are offered for sale
das klappte wunderbar	it worked like a dream
verwendet wird für das Auswandern	will be used for emigrating
ich hätte es können	I could have done
sehr verärgert darüber	very annoyed about it

Wissenswertes

der Verkehrssünder	traffic offender
der Personenkraftwagen	private car
Unfallraten	accident rates
die Kartei	card-index
die Pannenhilfe	breakdown service
eine Auslandsversicherung abschließen	to take out insurance cover for foreign travel

8 Übungen

1 1 – C; 2 – E; 3 – A; 4 – F; 5 – B; 6 – D

2 a Hören Sie regelmäßig Radio? b Wann hören Sie Radio? c Sehen Sie oft fern? d Meinen/Finden/Glauben Sie, daß Radio und Fernsehen sehr wichtig sind? e Was, meinen/finden/glauben Sie, ist wichtiger – Radio oder Fernsehen? f Warum, glauben Sie, sehen die Leute fern? g Ist das der einzige Grund? h Meinen/Finden/Glauben Sie, daß wir zu viel fernsehen? i Finden Sie es richtig, daß kleine Kinder fernsehen? j Meinen/Finden/Glauben Sie, daß Radio und Fernsehen einen großen Einfluß auf die öffentliche Meinung haben?

3 a Ja, das finde ich richtig b Nein, das glaube ich nicht. c Ja, sicher *oder* Ja, ich bin der Ansicht, daß man Kinder schon als Babys taufen soll. d Ich finde das richtig. Man muß Kirchensteuer zahlen. e Nein, das bedaure ich nicht. Nach meiner Meinung sollen die Kinder in der Schule Religionsunterricht haben.

4 1 regelmaessig 2 schwierig 3 katholisch 4 Kirchensteuer 5 Einfluss 6 verheiratet 7 miteinander 8 Protestanten 9 wahrscheinlich 10 Kirchenbindung. Herr Bauhoff ist *Großvater*.

Hören und Verstehen

uns ging es um	we were concerned about
Faltblätter	information leaflets
auf dem Weg der persönlichen Werbung	by personal recommendation

auf meine Fährte gesetzt	put . . . on my trail
in den Boden versinken	sink into the ground
einigermaßen gerecht und billig	more or less equitable
wenn die Beiträge freiwillig erfolgen würden	if the contributions were voluntary
wir haben von vornherein darauf verzichtet	we refused right from the start
würde die Kirche sich gezwungen sehen	if the church found itself obliged
eine solche Last aufzufangen	to take over such a burden

Wissenswertes

sich konfirmieren lassen	be confirmed
wollen einen Pfarrer oder Priester dabei haben	want a clergyman or a priest to be present
auch wer	even those
Fronleichnam	Corpus Christi
der Buß-und Bettag	day of prayer and repentance

9 Übungen

1   a Wo wart ihr heute? *oder* Wo seid ihr heute gewesen?   b Was habt ihr dort gemacht/getan?   c Wo habt ihr gegessen?   d Wohin seid ihr am Nachmittag gegangen? *oder* Wo seid ihr am Nachmittag gewesen? *oder* Wo wart ihr am Nachmittag?   e Habt ihr die Löwenbabys gesehen?   f Welche Tiere haben dir am besten gefallen?

2   a Thomas, komm (mal) bitte her!   b Warum willst du nicht kommen? c Komm (mal) her und sei brav!   d Könntest/Kannst du mir (bitte) eine Zeitung kaufen?   e Hier ist eine Mark: 50 Pfennig für die Zeitung und 50 Pfennig für dich.

3   a Gehst du gern in die Schule?   b Was für Hobbys hast du? *oder* Hast du ein Hobby? *oder* Was machst du in deiner Freizeit?   c Bist du in einem Verein? d Wie oft/Wann gehst du in den Sportverein? *oder* Gehst du regelmäßig in den Sportverein?   e Was ist dein Lieblingssport? *oder* Welchen Sport treibst du am liebsten?   f Trainierst du oft? *oder* Mußt du oft trainieren? *oder* Wie oft mußt du trainieren?   g Das ist (aber) viel! *oder* Das muß (für dich) sehr anstrengend sein!   h Und dein anderes Hobby? *oder* Und wann treibst du dein anderes Hobby?   i Nimmst du deine Sammlung mit in die Ferien? *oder* Hast du deine Sammlung jetzt mit?   j Ich sammele auch Briefmarken *oder* Ich bin auch Briefmarkensammler.

4   Liebe Freunde! Endlich habe ich Zeit, *Euch* zu schreiben. Sicher wartet *Ihr* schon auf Post von uns. Hoffentlich habt *Ihr* unsere Karte aus Schottland bekommen. Vielen Dank für *Eure* Karte aus der DDR. Hat es *Euch* wieder so gut gefallen wie im letzten Jahr? Habt *Ihr* schon Pläne für nächstes Jahr gemacht? Wenn nicht, möchten wir *Euch* zu uns nach England einladen. Was haltet *Ihr* davon? Vielleicht in den Osterferien oder im August, wie es *Euch* lieber ist. Im Haus ist jetzt Platz genug für *Euch* alle – wir haben das Gästezimmer renoviert. Wir freuen uns auf *Eure* Antwort und hoffen, daß *Ihr* „ja'' sagt! Es grüßt *Euch* herzlichst, *Eure* Clare und Robin Bass und Kinder.

Hören und Verstehen

da behält man das *du* bei	with them you go on saying 'du'
mit meiner Schwiegermutter werde ich nicht richtig warm	I don't really hit it off with my mother-in-law
Sie werden seiner Frau vorgestellt	you're introduced to his wife
dann hat sich der Fall erledigt	that's that
weil eine gewisse Eifersucht mit ins Spiel kommt	because there's a certain amount of jealousy involved
ich habe mich . . . ständig vertan	I kept getting it wrong
können Sie sich vorstellen, daß Sie das *du* zurücknehmen würden?	can you imagine stopping saying 'du'?

Wissenswertes

Formen der Anrede	modes of address
mit Recht	justifiably
Parteigenossen	members of the same political party
Bundeswehrsoldaten	soldiers of the Federal Republic's armed forces
Meinungsumfragen	opinion polls
dafür, daß es bleibt	in favour of keeping it
eine Möglichkeit zur Distanz	a way of keeping your distance
man soll sich ruhig siezen	you can perfectly well say 'Sie'
Euer Gnaden	Your Grace
Hol' Er mein Taschentuch	(literally) let him fetch my handkerchief

10 Übungen

1   a Wie oft waren Sie schon in Felixstowe? *oder* Wie oft sind Sie schon in Felixstowe gewesen?   b (Wie) gefällt Ihnen die Stadt?   c Wieviele Mitglieder hat Ihr Verein? *oder* Wie groß ist Ihr Verein?   d Was machen/tun Sie? *oder* Welche Tätigkeit haben Sie?   e Wie lange sind Sie schon/Seit wann sind Sie Dirigent des Gesangvereins?   f Ist Ihre Frau auch Mitglied?   g Müssen Sie viel Zeit für Ihren Verein aufwenden? *oder* Müssen Sie viel Zeit aufwenden für Ihren Verein?   h Wer kann/darf Mitglied werden?   i Wie oft treffen Sie sich?   j Wieviele Konzerte geben Sie im Jahr?   k Wieviele Konzerte geben Sie in Felixstowe?   l Wann kommen Sie wieder?

2   a Ich bin seit fast drei Jahren Geschäftsführer.   b Ich mache die organisatorische Arbeit und schreibe die Briefe.   c Hauptsächlich moderne Stücke, zum Beispiel von John Osborne und Edward Bond.   d Sechs Wochen vor einer Aufführung: drei- bis fünfmal in der Woche.   e Ja, jeden Tag montags bis samstags/Montag bis Samstag, aber sonntags nie/nie am Sonntag.   f Ja, fast immer.   g Das Theater hat 105 Plätze.   h Ja, immer.   i Die Saison ist Mitte Juli zu Ende, aber für mich ist sie praktisch nie zu Ende!   j Ja, ziemlich (viel) – ungefähr 4 Stunden in der Woche. Aber die Arbeit gefällt mir/mir gefällt die Arbeit/die Arbeit macht mir Spaß.

3   a München   b Hamburg   c Düsseldorf   d Hameln   e Berlin   f Göttingen

4 a Woher kommen Sie? b Wo wohnen Sie (jetzt)? c Was sind Sie von Beruf? *oder* Was machen Sie beruflich? d Wo studieren Sie? e Und was für Sport treiben Sie/was treiben Sie für Sport? f Sind Sie in einem Verein? g Müssen Sie regelmäßig trainieren? h Wann trainieren Sie? i Trainieren Sie (auch) am Wochenende?

Hören und Verstehen

wieviele Leute werden erwartet?	how many people are expected?
der Karnevalszug	carnival procession
wo wir die Million überschritten haben	when we had more than a million
im Einsatz	on duty
Front zum Zug	facing the procession
war seiner Mütze beraubt	had had his cap stolen
zustoßen	happen
er wird geküßt	he gets kissed
auswärtige Polizisten	policemen from elsewhere

Wissenswertes

Kölle alaaf! (dialect)	three cheers for Cologne!
verpfändet	pawned
die Fastenzeit	Lent
der Wagen	float
Hochburgen	strongholds
der Umzug	procession

Quiz on chapter 6–10

1 Göttingen 2 *Personenkraftwagen* 3 True 4 *Fasching* 5 three
6 a primary school 7 *Bütt* 8 About 1700 9 women 10 False
11 8 a.m. 12 False – it can be an insult or merely convention
13 *Rosenmontag*, the Sunday preceding it, and *Faschingsdienstag*
14 Failure to comply with stop sign (*Stoppschild nicht beachtet*); drunken driving (*Trunkenheit am Steuer*); driving without a licence (*Fahren ohne Führerschein*) 15 sixteen years 16 February 17 *Abitur* 18 seven years 19 *Allgemeiner Deutscher Automobil Club* (*ADAC*) 20 six weeks

11 Übungen

1 5 – A; 4 – B; 1 – C; 3 – D; 2 – E.

2 Liebe Freunde!
Wir würden Ihnen vorschlagen, durch Nord Wales zu fahren. Wenn Sie von Dover kommen, fahren Sie auf den Autobahnen M2, M1 und M6 über London nach Birmingham. Wir würden (Ihnen) empfehlen, daß Sie nach Birmingham die M6 verlassen und die A5 über Shrewsbury in Richtung Llangollen nehmen. In der Nähe von Llangollen ist Dinas Bran Castle. Sie müssen sich das ansehen. Dann fahren Sie am besten auf der A494 an den Bala-See. Die Campingplätze dort sind alle (sehr) zu empfehlen. In der Nähe sind ein paar berühmte Höhlen. Sie sind sehr sehenswert. Für den nächsten Tag würden wir Ihnen raten, auf

Landstraßen durch Snowdonia nach Caernarvon zu fahren. Wenn Sie fit sind, können Sie auf den Snowdon steigen. Das ist der höchste Berg in Wales. Von Caernarvon aus können Sie dann über Bangor und Llandudno nach Chester fahren, und dann auf der M6 nach Lancaster. Wir erwarten Sie hier etwa Anfang Juli. Gute Reise und auf Wiedersehen! Ihre Familie . . .

3 a Ich würde/könnte Ihnen das Edinburger Schloß oder den Holyrood Palace empfehlen.   b Da ist die National Gallery of Scotland oder die Scottish National Gallery empfehlenswert.   c Ich würde Ihnen das Museum of Childhood oder das Royal Scottish Museum vorschlagen.   d Da sollten Sie/ Sie sollten in der Princes Street oder in der George Street beginnen.   e Da könnten Sie/Sie könnten die Forth-Brücken oder die Princes Gardens besuchen.

4 a Ich bin (für) zwei Stunden in Bamberg und möchte gern ein paar/einige Sehenswürdigkeiten besichtigen/möchte mir gern ein paar/einige Sehenswürdigkeiten ansehen/anschauen.   b (Ja) ich möchte mir gern(e) eine Kirche ansehen.   c Ich interessiere mich auch für Kunst.   d Ich möchte auch einen Eindruck von Bamberg erhalten.   e Ich möchte auch gern essen gehen. Können/Könnten Sie mir ein Restaurant empfehlen?   f Danke für die Auskunft. Auf Wiedersehen.

Hören und Verstehen

wo klare Sicht herrscht	when there's clear visibility
mit dem Lift . . . rauffahren	to go up . . . by lift
bis in das Gebirge reinsehen	see as far as the Alps
Sie werden feststellen	you'll find
daß die Landschaft Bayerns künstlich nachgemacht wurde	that the Bavarian landscape was artificially recreated
daß wir unseren König . . . sehr verehrt haben	we had a very high regard for our King
er wurde ermordet	he was murdered
bayrischen Abend	evening of Bavarian entertainment
Volkssängerspiele	folk music concerts
Mundartgedichte	poetry in dialect
Leute, denen das bayrische Herz schlägt	people with Bavarian blood in their veins
das nächstbeste Café	any old café

Wissenswertes

Literaten	writers
gebürtige Münchner	born in Munich
heimliche Hauptstadt	secret capital
da Berlin geteilt ist	since Berlin is a divided city
vermietet man sie ans Fernsehen	they're rented out to television companies

12 Übungen

1 a Glatteis b Gewitter c kalt d Sonne e Schnee f heiß

2 A 1 am Morgen;   2 nein;   3 nein, nur leichten Frost;   4 im Süden.

   B 1 bedeckt und regnerisch;   2 ja, aber nicht viel;   3 etwa/zirka/ungefähr
      15 Grad;   4 aus südwestlichen Richtungen;   5 in den Hochlagen der
      Mittelgebirge;   6 nein.

3 a Im großen und ganzen war es schön/ist es schön gewesen.   b Ja,
   zwischendurch mal/manchmal, aber es wurde bald schön/ist bald wieder
   schön geworden.   c Über 25 Grad.   d Ja, es gab zwei heftige Gewitter/
   hat zwei heftige Gewitter gegeben.   e Nein, ich finde Blitze wunderbar.
   f Keine Wolke am Himmel!

4 zum Beispiel:

   gestern: Gestern war das Wetter schön. Es gab morgens Nebel, aber ab
   Mittag/dann wurde es schön/heiter. Es war heiß. Wir hatten Temperaturen von
   25 Grad. Abends gab es Gewitter.

   heute: Heute ist das Wetter nicht so schön. Es ist bedeckt, und es gibt
   zwischendurch Schauer. Wir haben Wind aus Südost, und die Temperaturen
   sind niedriger als gestern: nur 18 Grad.

   morgen: Morgen wird das Wetter (noch) schlechter sein. Es wird regnen, und
   abends wird es örtlich Nebel geben. Es wird auch für die Jahreszeit zu kalt sein:
   nur 16 Grad.

Hören und Verstehen

das Wetteramt	weather centre
ich nehme schon an	I would imagine
die überlegen	they're wondering
weil keiner einen Regenschirm dabei hat	because no-one has got an umbrella
was machen Sie für einen Quatsch und so?	what sort of rubbish do you think you're churning out?
das Enttäuschende ist	what's disappointing is
der Verwaltungsbeamte	local government official
werden Sie privat angesprochen?	do people ask you when you're not at work?
da bekommt ihr alles erzählt	then you'll hear all about it
haben Sie schlechte Erfahrungen gemacht?	were things not up to expectations?
mit dem beständigsten Wetter	with the most reliable weather

Wissenswertes

frißt	eats
Bauernregeln	proverbs, country sayings
Abendrot – Schönwetterbot, Morgenrot – schlecht Wetter droht	Red sky at night, shepherd's delight, red sky in the morning, shepherd's warning
Celsius	centigrade
die Messung	measurement
die Skala	scale

13 Übungen

1 a Herr Gutzeit   b Herr Großmann   c Frau Jahnke   d Herr Wienke
  e Fräulein Käfer   f Fräulein Bungert

2 *Waagerecht:* 1 Praktikum   6 nie   7 verlassen   9 nett   11 teure
  12 auch   13 sitzen
  Senkrecht: 1 privaten   2 aber   3 Theater   4 Kunst   5 Muenchen
  8 Stadt   9 nur   10 er

3 a Was! Sie sind nicht aus Berlin/kein Berliner?   b Warum sind Sie nach Berlin
  gekommen/gezogen?   c Warum wollten Sie in Berlin studieren?   d
  Gefällt Ihnen die Stadt? *oder* Mögen Sie die Stadt?   e Und was gefällt
  Ihnen nicht/mögen Sie nicht?   f Möchten/Würden Sie lieber wieder nach
  Hause zurückkehren?   g Warum nicht?

4 b Weil wir ein neues Auto brauchen;   c Weil ich erst gestern abgewaschen
  habe;   d Weil wir doch im Sommer nach England fahren wollen!
  e Erstens, weil du es mir selbst gekauft hast und zweitens, weil du die
  anderen Hemden nicht gewaschen hast!   f Weil heute unser Hochzeitstag ist!

5 a Weil er das Leben in der Großstadt haßt.   b Weil er nicht genug Geld hat,
  um sich ein Haus zu kaufen.   c Weil es keine öffentlichen Verkehrsmittel auf
  dem Dorf gibt.   d Weil er Tierarzt ist.   e Weil er keine Zeit hat.

Hören und Verstehen

ich werde auch Mimo genannt	people also call me Mimo
sie sind alle wieder zurück	they've all gone back now
halbe-halbe	half and half
wo lernst du die überhaupt kennen?	where do you actually meet them?

Wissenswertes

der Wahlmünchner	person who chooses to live in Munich
der Zugereiste	person who moved from elsewhere
die erste und beste Station	the first stop and the best
südländisch	mediterranean
die Aufenthaltsgenehmigung	residence permit

14 Übungen

1 1 – D;   2 – A;   3 – L;   4 – I;   5 – G;   6 – H;   7 – C;   8 – F;
  9 – K;   10 – B;   11 – E;   12 – J;   13 – M.

2 a Was würden Sie machen, wenn Sie gewinnen würden? Würden Sie
  weiterstudieren?   b Sie würden sicherlich viel reisen. Wo würden Sie
  zuerst hinfahren?   c Das kann ich verstehen. Die Südsee war auch schon
  immer mein Traum/ist auch schon immer mein Traum gewesen.
  d Würden Sie kein Haus kaufen? Das würde ich machen.   e Was für

Kleider/Kleidung würden Sie tragen? f Würden Sie Ihr ganzes Geld auf die Bank legen, oder würden Sie Ihrer Familie etwas geben?

3 a *Monika:* Das würde ich schon. *Herr Eilers:* Das würde ich sicherlich nicht.
  b *Monika:* Das würde ich schon. *Herr Eilers:* Das würde ich sicherlich nicht.
  c *Monika:* Das würde ich sicherlich nicht. *Herr Eilers:* Das würde ich schon.
  d *Monika:* Das würde ich schon. *Herr Eilers:* Das würde ich sicherlich nicht.
  e *Monika:* Das würde ich schon. *Herr Eilers:* Das würde ich schon.
  f *Monika:* Das würde ich schon. *Herr Eilers:* Das würde ich sicherlich nicht.
  g *Monika:* Das würde ich sicherlich nicht. *Herr Eilers:* Das würde ich schon.
  h *Monika:* Das würde ich schon. *Herr Eilers:* Das würde ich sicherlich nicht.

4 a könnte; b könnte; c hätte; d müßte; e hätte; f müßte; g wäre; h hätte; i könnte.

Hören und Verstehen

wie sind Sie zum Lotto gekommen?	how did you get into the lottery business?
durch reinen Zufall	purely by accident
machst du nach dem Diplom noch deine Doktorarbeit	will you go on to do your Ph.D. once you've got your B.A.
aus ... wurde nichts	... came to nothing
als ich ursprünglich glaubte	than I'd thought I would
der Eisenbahner	railwayman
ich habe nur unterste Gewinne erzielt	I've only won the lowest prizes
eine ganz andere Einstellung zu viel Geld	a completely different attitude to lots of money
dann werden Sie wohl so ein kleines Häuschen irgendwo haben?	so I suppose you'll have a small house somewhere?
wir werden uns ... nicht wiedersprechen	we'll never talk to each other again

Wissenswertes

Tip ins Glück	lucky tip
die Ziehung	draw
der Lottoschein	lottery ticket
die Annahmestelle	shop that accepts lottery tickets
Felder	squares
das Glücksspiel	game of chance
das Fußballtoto	football pools
das Rennquintett	form of horse-racing bet
staatlich konzessioniert	licensed by the state
verspielen	gamble away

15 Übungen

2 a richtig b falsch c falsch d falsch e richtig f falsch g richtig h falsch i richtig j falsch.

3 Questions as in a
Possible answers:

b 1 Ich arbeite am Fließband einer Automobilfabrik und setze Autoteile

zusammen.   2 Ja, ich arbeite von Montag bis Freitag jeden Tag von 7 bis
16 Uhr.   3 Ja, aber ich habe wenig Kontakt mit ihnen/zu wenig Zeit, mit
ihnen zu sprechen.   4 Ich finde meine Arbeit eintönig/langweilig.

c   1 Ich bin Sprecherin beim Westdeutschen Rundfunk und spreche zum
Beispiel Nachrichten und Kommentare.   2 Nein. Ich arbeite immer acht
Stunden, aber mein Dienst ist unregelmäßig/nicht regelmäßig. Ich arbeite
nicht immer zur gleichen Zeit *oder* Ich habe Frühdienst oder Spätdienst — oft
sogar bis 23 Uhr.   3 Ja, ich habe fünf Kollegen, aber wir arbeiten nicht
zusammen.   4 Ich bin oft im Streß und habe Angst um meine Stimme.

d   1 Ich bringe mit meinem Lastwagen Waren ins Ausland/in andere Länder.
2 Nein, meine Arbeitszeit ist natürlich sehr unregelmäßig.   3 Ja, ich habe
einen Kollegen. Er ist bei mir angestellt. Wir fahren zusammen und wechseln uns
am Steuer ab.   4 Ich finde es nicht schön, daß ich so selten zu Hause/so viel
unterwegs bin *oder* Mir gefällt es nicht, daß ich oft wochenlang unterwegs bin
und keinen Tag frei habe.

4   a Was sind Sie von Beruf? *oder* Was machen Sie beruflich?   b Haben Sie
Ihr/ein eigenes Geschäft?   c Haben Sie viele Kunden?   d Wie lange
arbeiten Sie gewöhnlich/normalerweise?   e Arbeiten Sie oft sehr lang(e)? *oder*
Haben Sie oft einen sehr langen Arbeitstag? *oder* Müssen Sie oft sehr lange
arbeiten?   f Was genau gefällt Ihnen an Ihrem Beruf?   g Was gefällt Ihnen
überhaupt nicht?

Hören und Verstehen

das alle Gattungen umfaßt	that includes all genres
die gängigen Repertoire-Opern	the standard repertory operas
Besonderheiten	rarities
das sind die Voraussetzungen	that's what you need
der Spielplan richtet sich nicht nach ...	the repertoire doesn't depend on ...
darüber hinaus	in addition
ich bin dabei bei ...	I am involved in ...
hergebrachten Form	traditional form
die divergieren sehr	they're extremely varied
Zuschriften	letters to us
die genau das Gegenteil davon sagen	that say exactly the opposite
ein richtiger Spielplan besteht aus einer richtigen Dosierung ...	a good repertoire is made up of the right mixture ...
das unwahrscheinlich gut besucht ist	with fantastically high audience figures
wir haben Aufführungsserien ...	we have ... performances of the same piece
auf Jahre hin gesehen	over a period of years
Die Fledermaus	*The Bat* by Johann Strauss (1825–1899)
Der Zigeunerbaron	*The Gypsy Baron* by Johann Strauss
Mann von La Mancha	*Man of la Mancha* based on a play by Dale Wassermann (born 1917)
Der Barbier von Sevilla	*The Barber of Seville* by A. Rossini (1792–1868)

Wissenswertes

Bühnenautoren	playwrights
die Dauerkarte	season ticket
zum Glück	fortunately
Bühnen	theatres (*lit.* stages)
ein ständiges Ensemble	a permanent company

Quiz on chapters 11–15

1 *Nationaltheater* and *Gärtnerplatztheater*   2 "*Abendrot – Schönwetterbot,
Morgenrot – schlecht Wetter droht*"   3 *Die Zauberflöte*   4 11 a.m.
5 DM 8 000 000 (8 million marks)   6 False – he lived for a long time in
Munich, but was born in Lübeck   7 *Aufenthaltsgenehmigung*   8 Kew
Gardens   9 1164   10 Above a million   11 "*Ich habe sechs Richtige!*"
12 False – many of them are financed by the *Land* or town   13 Das
Münchner Kindl   14 September   15 False – *one* third   16 *Tageszeitung*
17 Every week on a Saturday/*Jeden Samstag*   18 A kind of season ticket
for a theatre   19 *Nymphenburg* park   20 1759

16 Übungen

1 1a;   2b;   3a;   4c;   5b.

2 1 Schauer   2 bedeckt   3 Wind   4 Gewitter   5 Nebel   6 Regen –
heiter.

3 Liebe Doris, vielen Dank für Deinen Brief. Ich habe gerade einen Zwei-
Jahres-Vertrag mit dem Symphonieorchester in Bournemouth unter-
schrieben/abgeschlossen. Ein paar Tage später haben mir die *Bamberger
Symphoniker* einen Vertrag angeboten. Ich hätte die Stelle haben können,
wenn ich frei gewesen wäre. Die Arbeit wäre sehr interessant gewesen. Ich
hätte in Deutschland mehr verdient, und ich hätte viel Geld sparen können.
Ich hätte viel reisen können und hätte Deutschland kennengelernt, und ich hätte
richtig Deutsch gelernt. Aber es war zu spät! Nun muß ich zur Probe gehen.
Bitte schreib bald! Deine Sheila.

4 b Zu Hause wäre des Wetter schön gewesen *oder* Es wäre schön gewesen.
c Er hätte um 19.55 Uhr da sein müssen.   d Der Kellner hätte ihm/Herrn
Reynolds DM 6.50 zurückgeben müssen.

Hören und Verstehen

Kinder bekommen, jede Menge	have lots and lots of children
in wen ich halt verliebt bin	whoever I fall in love with
würdest du schauen	would you make sure
daß du das schaffst	that you'll manage
magst (bayrisch) = möchtest	
erwischt	caught out

Wissenswertes

an Grenzübergängen	at frontier posts
daran erinnern	remind

das Fürstentum	principal city
Staatsgeschäfte	state affairs
wo blieb . . . ?	what was left of . . . ?
die Verfassung	constitution
die Tracht	local costume
kann er sich nur wundern	he can only be astonished

17 Übungen

1 a nein b die Wieskirche   c nein, sie mußte nach Steingaden und Prem fahren d 10 Jahre e mit dem Schulbus f nein, als Schwesternhelferin g in München h ja i 16 j wenn sie 17 ist/mit 17.

2 a richtig b falsch. Richtig wäre: Herr Echtler ist damals im Sommer in den Moorseen viel schwimmen gegangen. c richtig d falsch. Richtig wäre: Fräulein Pösl hätte vor ein paar Monaten eine Stelle in Moskau haben können. e falsch. Richtig wäre: Herr Schneider war im Januar auf den Bahamas. f richtig g falsch. Richtig wäre: Mimo ist mit seinen Eltern vor vier Jahren nach Deutschland gekommen. h richtig. i richtig.

3 a Ja, ich werde drei Wochen im Dorf bleiben. Und bist du Max, Frau Pfaffingers kleiner Sohn?   b Dann mußt du (ja) schon zur Schule gehen? c Magst du die Schule? *oder* Gehst du gern zur Schule? *oder* Gefällt dir die Schule? d Nein, und ich bin auch nicht aus Norddeutschland. Ich komme aus England. Ich bin gestern hier angekommen. e Ja, ich bin dort geboren. Lernst du Englisch in der Schule?   f Ich kann dir Englischstunden/ Englischunterricht geben, wenn du willst/möchtest.

4 a Helmut b Joyce c Mr Herd d Helmut e Mr Herd f Joyce g Joyce h Mr Herd i Helmut.

Wissenswertes

das Alpenvorland	foothills of the Alps
der Wachtturm	watchtower
herrschte	ruled
Güter	domains
Stilarten	styles
die Romanik	romanesque

18 Übungen

1 a Sind Sie in diesem Dorf geboren?   b Wie lange wohnen Sie schon hier? c 25 Jahre! Und möchten Sie hier bleiben?   d Könnten sie nicht verbessert werden?   e Und warum werden hier nicht neue Hotels und Fabriken gebaut? f Würden die Kinder hier bleiben, wenn die Berufsaussichten besser wären?

2 A a; B c; C b; D a; E a.

3 a wurde, gebaut, wird, besucht.   b werden, wurde, ausgebaut, erweitert (*oder* erweitert, ausgebaut).   c wurden, verbessert, getaucht, geschwommen (*oder* geschwommen, getaucht).   d wurden, gewonnen, verloren (*oder* verloren, gewonnen), benutzt werden.

4   a Die Stadt heißt Lossiemouth, weil sie an der Mündung des Flusses Lossie
liegt.   b Lossiemouth ist ungefähr 250 Jahre alt.   c Lossiemouth wurde
nicht eigentlich gegründet – es wurde als Hafen für Elgin gebaut.   d Ja, und
eine Menge Whisky wird getrunken. . . . Aber die Fischerei ist hier die
Hauptindustrie. Im Hintergrund können Sie die Fischfabrik sehen.   e Oh nein!
Das kommt nicht von der Fabrik! Das ist die Kanalisation von Elgin.
Manchmal wird der Geruch nach Lossiemouth geblasen.   f Das ist das neue
Gemeindezentrum. Es hat eine Menge Geld gekostet, und die Leute von
Lossiemouth sind sehr stolz auf ihr Zentrum.   g Ja, für die Schotten ist
Golf der schönste Sport. Spielt man in Hersbruck Golf? *oder* Wird in
Hersbruck Golf gespielt?

Wissenswertes

gemolken	milked
Sägewerke	saw mills
die Gemeinde	rural district
fremde Arbeitskräfte	hired labour
umgekehrt	the other way round
zu viele Neubauten	too many new buildings

19 Übungen

1   ,,Ich stehe später auf – um 7.30 Uhr. Als erstes mache ich (das) Frühstück für
meine Familie und mich. Ich kann nicht abwaschen oder aufräumen, weil ich
um 8.30 Uhr zur Arbeit gehen muß. Ich arbeite auch halbtags, aber morgens.
Ich unterrichte (*oder* Ich bin Lehrerin) an einer Grundschule (*oder*
Volksschule) in der Nähe. Ungefähr um 1 Uhr (*oder* 13 Uhr) komme ich
zurück. Als erstes esse ich zu Mittag. Dann wasche ich ab und räume die
Zimmer auf, und dann gehe ich einkaufen. Um 4.30 (*oder* 16.30 Uhr) kommen
meine Kinder von der Schule zurück (*oder* aus der Schule), und ich trinke Tee
mit ihnen. Mein Mann kommt ungefähr um 6.30 (*oder* 18.30 Uhr). Um 7 (*oder*
19 Uhr) mache ich das Abendessen, und wir essen alle zusammen um
ungefähr 8 (*oder* 20 Uhr). Dann ruhe ich mich aus. Mein Mann und meine
Kinder waschen ab.''

2   A   a Ja. Es gibt (sogar) drei Züge.   b Um 19.14, um 19.37 und um 19.55
c Um 20.20 Uhr.

B   a Der Stadtneurotiker   b 14.15, 16.30, 18.45 und 21 Uhr   c Nur
Freitag und Samstag um 23 Uhr.

C   a Bis elf Uhr   b Nein, nur Montag- und Donnerstagnachmittag
c Ja, um dreiviertel drei.

D   a Nein, mittags sind wir geschlossen   b Ab 15 Uhr   c Um 18.30 Uhr.

3   a Für eine kleine Stadt sind sie ganz gut. Man kann Gemüse, Brot, Fleisch
kaufen.   b Ja, es gibt einen kleinen Supermarkt. Gibt es einen in Hersbruck?
c Weil Elgin in der Nähe ist, gehen die meisten Leute dorthin zum Einkaufen,
und darum gibt es kein Einkaufszentrum in Lossiemouth. Aber es gibt ein
paar Mode- und Schuhgeschäfte.   d Das Angebot ist nicht sehr gut. Ich

kaufe meine Kleider und Schuhe in Elgin. Wo gehen Sie einkaufen? *oder* Wo machen Sie Ihre Einkäufe? Ist das Angebot gut genug in den Geschäften in Hersbruck? e Gibt es in Hersbruck ein Kaufhaus? f Dann müssen/ brauchen Sie nicht nach Nürnberg fahren?

4 a Eine Stunde pro Tag b Nein, auch am Nachmittag c Eine Stunde d Ab 17 Uhr e Von 20–22 Uhr f Bis 24 Uhr.

Wissenswertes

ist nicht böse gemeint	hasn't any bad connotations
Wanderwege	footpaths
Hochmoore	moors up in the hills

20 Übungen

1 6 – A; 3 – B; 5 – C; 1 – D; 2 – E; 4 – F.

2 a Weil Hersbruck seine 1000-Jahr-Feier hatte. b Die Hersbrucker Bürger und viele Gäste. c Ja, sehr viele. d Die Delegation aus Lossiemouth. e Für die herzliche Begrüßung *oder* Daß sie die Leute von Lossiemouth so herzlich begrüßt hatten. f Weil man sie immer herzlich empfangen hat, und weil sie die Stadt sehr schön finden. g Daß Hersbruck auch in Zukunft seinen Charakter nicht verliert. h Ja.

3 a Weil er so wenig Zeit hat. b Weil er so viel arbeiten muß. c (Er hat gesagt), daß er den ganzen Tag an der Universität ist. d Daß er Geld braucht. e Weil er sich neue Bücher kaufen muß. f Nein, er kann nicht kommen. g Weil er sich ein neues Zimmer suchen muß. h Weil er ausziehen muß. i Seine Wirtln hat gesagt, daß es bei ihm immer so laut ist.

4 a Zum Beispiel: *Herr Renner:* Er würde sein Geld anlegen; er würde weiterarbeiten; er würde sich ein Haus bauen/ein Eigenheim kaufen. *Frau Renner:* Sie würde kündigen; sie würde viel reisen; sie würde eine Weltreise machen. *Annette Renner:* Sie würde eine Wohnung kaufen; sie würde ihren Freund heiraten; sie würde ihrer Familie auch etwas Geld geben. Ihre Mutter würde bestimmt etwas bekommen. *Franz Renner:* Er würde aufhören zu arbeiten; er würde Partys feiern; er würde sich einen Sportwagen kaufen und ein Playboy-Leben führen.

b Zum Beispiel: *Herr Renner:* Ich glaube, daß ich mein Geld anlegen würde; ich glaube, daß ich weiterarbeiten würde; ich glaube, daß ich mir ein Haus bauen oder ein Eigenheim kaufen würde. *Frau Renner:* Ich glaube, daß ich kündigen würde; ich glaube, daß ich viel reisen würde; ich glaube, daß ich eine Weltreise machen würde. *Annette Renner:* Ich glaube, daß ich eine Wohnung kaufen würde; ich glaube, daß ich meinen Freund heiraten würde; ich glaube, daß ich auch meiner Familie etwas Geld geben würde. Meine Mutter würde bestimmt etwas bekommen. *Franz Renner:* Ich glaube, daß ich aufhören würde, zu arbeiten; ich glaube, daß ich Partys feiern würde; ich glaube, daß ich mir einen Sportwagen kaufen und ein Playboy-Leben führen würde.

Wissenswertes

die Männersache	an all-male affair
in ... Dorfwirtshäusern	in ... village pubs
der Frauenbund	Women's Federation
die Fronleichnamsprozession	Corpus Christi Procession

Quiz on chapters 16–20

1 In 1918.   2 No, it is built in many different styles.   3 *Wieskirche.*
4 *Moorseen.*   5 False — it accepts only male members.   6 Ludwig II.
7 False — *Neuschwanstein* and *Linderhof* were built by Ludwig II.
8 No, there aren't.   9 *Turm* (tower).   10 White and blue.   11 *Soldaten-
und Veteranenverein.*   12 True — Munich's problems are much worse than
Steingaden's.   13 The oak tree is an important feature of the countryside;
roads have to be adapted to the countryside, not the other way round.
14 The two most famous are: Rothenburg and Dinkelsbühl; others are
Würzburg, Nördlingen, Augsburg, Füssen.   15 No. Very often they have to
live away from home in order to get to school.   16 The abbot of the monastery.
17 False — about one third of the work force are Turks.   18 *Bayrische
Lebensart.*   19 Because they would have to work on Saturdays and
Sundays.   20 Because there are so many churches and monasteries in the
area.

Grammar summary

A summary of the new grammar points introduced in *Kein Problem*.

du and ihr (*you*)

You use **du** and **ihr** to members of your family, close friends, children and animals. Sometimes also to colleagues. You say **du** (and **dich, dir, dein**) if you're talking to one person (or animal), **ihr** (and **euch, euer**) if you're talking to more than one.

dich and dir

These are used like **mich** and **mir** :

Das ist für dich.	Kann ich mit dir kommen?
Was interessiert dich?	Gefällt dir der Wagen?

dein

is used like **ein, mein, kein,** etc:

Wo ist	dein Bruder?	(**der** Bruder)
	dein Baby?	(**das** Baby)
	deine Mutter?	(**die** Mutter)
Wo sind	deine Kinder?	(**die** Kinder, *pl.*)

Ich kenne	deinen Bruder
	dein Baby
	deine Mutter
	deine Kinder

Wie geht es	deinem Bruder?
	deinem Baby?
	deiner Mutter?
	deinen Kindern?

euch

euch is the plural form of **dich** and **dir**

Diese Blumen sind für euch.	Wie geht es euch?
Wir grüßen euch.	Gehört euch das Haus?

euer

is used like **dein,** but when it has an ending you drop the middle 'e'

Ist das	euer Bruder?
	euer Baby?
	eure Mutter?
Sind das	eure Kinder?

Ich sehe	euren Bruder
	euer Baby
	eure Mutter
	eure Kinder

Gehört das	eurem Bruder?
	eurem Baby?
	eurer Mutter?
	euren Kindern?

VERBS

du

Verbs in the **du** form end with **-st**:

hören	du hör**st**	spielen	du spiel**st**
machen	du mach**st**	verdienen	du verdien**st**

Sometimes the vowel in the stem of the verb changes. (The stem is the verb minus the final -en.) The same vowel change usually occurs in the **er, sie, es** form as well. (See verb list on pages 228–9.)

fahren	du fährst	er, sie, es fährt
sprechen	du sprichst	er, sie, es spricht
sehen	du siehst	er, sie, es sieht

Irregular verbs:

sein	du **bist**	er, sie, es **ist**
haben	du **hast**	er, sie, es **hat**

To give an order to someone you address as **du,** you normally use the **du** form of the verb minus the final -**st**. If the stem has a vowel change which is an *Umlaut,* you leave this off as well:

geben	(du gibst)	**gib**!
hören	(du hörst)	**hör**!
schlafen	(du schläfst)	**schlaf**!
sehen	(du siehst)	**sieh**!
tragen	(du trägst)	**trag**!

An important exception:

sein	(du bist)	**sei**!

ihr

Verbs in the **ihr** form end with **-t.** There is no vowel change in the stem of the verb.

kommen	ihr komm**t**	haben	ihr hab**t**
sehen	ihr seh**t**	sprechen	ihr sprech**t**

Exception:

sein	ihr **seid**

To give an order to people you address as **ihr,** you use the **ihr** part of the verb by itself:

kommen	**kommt**!
sehen	**seht**!
gehen	**geht**!

Notice that an order is usually followed by an exclamation mark.

Reflexive verbs

Reflexive verbs are always accompanied by a *reflexive pronoun*. This is the equivalent of the English 'myself', 'yourself', 'himself', 'ourselves', etc.

e.g. **sich** waschen *to wash oneself*

ich wasche **mich**	**wir** waschen **uns**
du wäschst **dich**	**ihr** wascht **euch**
er, sie, es wäscht **sich**	**Sie, sie** waschen **sich**

More verbs are reflexive in German than in English. Here are some reflexive verbs you've met in *Kein Problem*:

sich interessieren	**Ich** interessiere **mich** für Sport.
sich drücken	**Du** drückst **dich** immer davor.
sich kümmern	**Sie** kümmert **sich** um die Kostüme.
sich treffen	**Wir** treffen **uns** im Theater.
sich beeilen	**Ihr** müßt **euch** beeilen.
sich duzen	**Sie** duzen **sich** mit ihren Kollegen.

If the pronoun means *to* or *for* myself or yourself, you use **mir** and **dir** instead of **mich** and **dich**:

sich etwas kaufen	**Ich** kaufe **mir** ein Haus.
	I'm buying (for myself) a house.
sich etwas verdienen	**Du** könntest **dir** in den Ferien Geld verdienen.
	You could earn (for yourself) some money in the holidays.

The imperfect tense

The two main verb patterns for talking about the past are:

I		II
The Perfect Tense		*The Imperfect Tense*
(See *Wegweiser* Ch 13 and 14)		

Was **haben** Sie **gesagt**?	*What did you say?*	Was **sagten** Sie?
Er **hat** deutsch **gesprochen**.	*He spoke German.*	Er **sprach** deutsch.
Wir **sind** nach Hause **gekommen**.	*We came home.*	Wir **kamen** nach Hause.

In everyday speech the perfect tense is widely used. The imperfect tense occurs less frequently and you will probably not need to use it often. The verbs you are most likely to need in the imperfect tense are:

	sein	**haben**	**können**
ich, er, sie, es	war	hatte	konnte
du	warst	hattest	konntest
wir, Sie, sie	waren	hatten	konnten
ihr	wart	hattet	konntet
	müssen	**sollen**	**wollen**
ich, er, sie, es	mußte	sollte	wollte
du	mußtest	solltest	wolltest
wir, Sie, sie	mußten	sollten	wollten
ihr	mußtet	solltet	wolltet

But you will need to be able to recognise the imperfect tense. The information on the next page will help you:

Regular verbs add 't' after the stem and have the following endings:

sagen

ich, er, sie, es	sag**te**		wir, Sie, sie	sag**ten**
du	sag**test**		ihr	sag**tet**

In many verbs the vowel in the stem changes in the imperfect tense (see verb list on pages 228–9). With these verbs the pattern is:

	fahren	kommen	schreiben
ich, er, sie, es	**fuhr**	**kam**	**schrieb**
du	**fuhrst**	**kamst**	**schriebst**
wir, Sie, sie	**fuhren**	**kamen**	**schrieben**
ihr	**fuhrt**	**kamt**	**schriebt**

Saying what you would do . . .

The most usual way in spoken language is to use the correct form of **würde** plus the appropriate verb. (This is known as the *conditional*):

Ich würde mein Geld auf die Bank **legen.**
I would put my money in the bank.

Du würdest bestimmt viel **faulenzen.**
Er würde kündigen.
Wir würden uns ein Haus **bauen.**
Ihr würdet ein Luxusleben **führen.**
Sie würden das Leben **genießen.**

Notice that in a simple sentence the verb expressing what someone would do e.g. **faulenzen, kündigen** comes at the end.

With **haben** and **sein** the following forms (in grammatical terms the *imperfect subjunctive*) are more usual:

ich, er, sie, es	hätte (*would have*)	wäre (*would be*)
du	hättest	wärst
wir, Sie, sie	hätten	wären
ihr	hättet	wärt

The imperfect subjunctive forms of **dürfen, können, mögen, müssen, sollen** and **wollen** are also usual (see page 224).

. . . and what you would do if . . .

The key word is **wenn** (*if*):

Wenn ich viel Geld **hätte, würde** ich viel **reisen.**
If I had a lot of money, I'd travel a lot.

Wenn ich im Lotto **gewinnen würde, würde** ich **kündigen.**
If I won in the Lotto, I'd give in my notice.

Was **würden** Sie **tun, wenn** Sie reich **wären?**
What would you do if you were rich?

Note: 1 In the **wenn** part of the sentence the verb is at the end.
2 If the **wenn** part of the sentence is first, the second part begins with a verb.
3 The two halves of the sentence are separated by a comma.

Saying what might have happened . . .

You use the perfect tense pattern, but with the appropriate forms of **hätte** or **wäre**,
e.g. **ich hätte verdient** (*I would have earned*), **er wäre gegangen**
(*he would have gone*):

ich, er, sie, es hätte	
du hättest	
wir, Sie, sie hätten	viel Geld verdient.
ihr hättet	

ich, er, sie, es wäre	
du wärst	
wir, Sie, sie wären	nach Moskau gegangen.
ihr wärt	

Notice that **verdient** and **gegangen** are at the end of the sentence.

If the sentence contains **können** or **müssen,** the pattern is like this:

Wir hätten das Geld nicht **ausgeben können.**
We wouldn't have been able to spend the money.

Sie hätte nicht viel **machen müssen.**
She wouldn't have had to do much.

Notice that **ausgeben können** and **machen müssen** come together at the end of
the sentence.

. . . and what might have happened if . . .

Wenn ich nach Moskau **gegangen wäre, hätte** ich viel Geld verdient.
If I'd gone to Moscow, I'd have earned a lot of money.

Wenn ich mich **beworben hätte, hätte** ich eine Stelle in Moskau **haben können.**
If I'd applied I'd have been able to have a post in Moscow.

Note: 1 In the **wenn** part of the sentence **hätte** or **wäre** comes last.
2 If the **wenn** part of the sentence is first, the second part begins with
hätte or **wäre.**
3 The two halves of the sentence are separated by a comma.

dürfen, können, mögen, müssen, sollen, wollen

These verbs are known as *modal verbs.* Many of their forms are irregular:

Present

	dürfen	können	mögen	müssen	sollen	wollen
ich, er, sie, es	darf	kann	mag	muß	soll	will
du	darfst	kannst	magst	mußt	sollst	willst
wir, Sie, sie	dürfen	können	mögen	müssen	sollen	wollen
ihr	dürft	könnt	mögt	müßt	sollt	wollt

Imperfect

	dürfen	können	mögen	müssen	sollen	wollen
ich, er, sie, es	durfte	konnte	mochte	mußte	sollte	wollte
du	durftest	konntest	mochtest	mußtest	solltest	wolltest
wir, Sie, sie	durften	konnten	mochten	mußten	sollten	wollten
ihr	durftet	konntet	mochtet	mußtet	solltet	wolltet

Imperfect Subjunctive

ich, er, sie, es	dürfte	könnte	möchte	müßte	sollte	wollte
du	dürftest	könntest	möchtest	müßtest	solltest	wolltest
wir, Sie, sie	dürften	könnten	möchten	müßten	sollten	wollten
ihr	dürftet	könntet	möchtet	müßtet	solltet	wolltet

Dann **dürfte** ich wieder Wein trinken.
Then I would be allowed to drink wine again.

Ihr **könntet** viel Geld verdienen.
You could earn a lot of money.

Möchten Sie gern ins Theater gehen?
Would you like to go to the theatre?

Du **müßtest** viel arbeiten.
You would have to work hard.

Wir **sollten** eine Reise machen.
We ought to go on a trip.

können and **mögen** often appear in the polite forms **könnten** and **möchten**:

Könnten Sie mir ein Restaurant empfehlen? (*Could you ...?*)
Ich **möchte** gern einen Stadtbummel machen. (*I'd like to ...*)

The Passive

If you want to say what *is or was done* to a person or thing (by someone or something else) you use the appropriate part of **werden** plus **(ge) ... t,** **(ge) ... en,** etc. This is known as the *passive*.

Present

ich werde		*I am*	
du wirst		*you are*	
er wird	jeden Tag zur	*he is*	*taken to school*
wir werden	Schule gebracht	*we are*	*every day*
ihr werdet		*you are*	
sie werden		*they are*	

Imperfect

ich wurde		*I was met at the station*
du wurdest		
er wurde	vom Bahnhof	
wir wurden	abgeholt	
ihr wurdet		
sie wurden		

Perfect

ich bin		*I have been (or was) dismissed*
du bist		
er ist		
wir sind	entlassen worden	
ihr seid		
sie sind		

Note: in the perfect passive you use **worden** and not **geworden**. This comes at the end of the sentence: e.g. Ich bin gestern nach der Mittagspause **entlassen worden**.

After **dürfen, können, mögen, müssen, sollen** and **wollen,** you use the *past participle* (**(ge) . . . t, (ge) . . . en,**) plus **werden**:

Die Hausaufgaben **sollten** heute nachmittag **gemacht werden.**
The homework should be done this afternoon.

Die Kanalisation **muß** noch **ausgebaut werden.**
The drainage system needs to be extended further.

In Steingaden **könnten** noch viele Hotels **gebaut werden.**
Many more hotels could be built in Steingaden.

The Future

To talk about the future, you use the correct part of **werden** plus the appropriate verb. In a simple sentence the verb expressing what you are going to do comes at the end:

Ich **werde** heute nachmittag **vorbeikommen.**
Wirst du mir **schreiben?**
Das **wird** viel **kosten.**
Wir **werden** es bald **wissen.**
Wann **werden** Sie den Apparat **abholen?**

It's important not to confuse the *passive* with the *future*. The second part of the *future* is a straightforward verb, the second half of the *passive* is **(ge) . . . t** or **(ge) . . . en** (the past participle):

Future	*Passive*
Ich **werde** dich Mimo **nennen.**	Ich **werde** Mimo **genannt.**
I'll call you Mimo.	*I'm called Mimo.*

Future of werden

The future of **werden** is **ich werde werden, du wirst werden,** etc. To avoid repetition the final **werden** is often omitted:

Ich werde Kindergärtnerin.
I'm going to be a kindergarten teacher.

Steingaden wird nie eine Großstadt.
Steingaden will never be a big town.

wegen *(because of, on account of)*

When used with **wegen, der** and **das** change to **des** (and the noun adds -s or -es); **die** changes to **der**:

der (ein) Schauer: Wegen **des (eines)** Schauers sind wir nach Hause gegangen.
Because of the (a) shower we went home.

das (ein) Kind: **Des (Eines)** Kind**es** wegen mußte das Auto plötzlich stoppen.
Because of the (a) child the car had to stop suddenly.

die (eine) Kirche: Wegen **der (einer)** Kirche fahren viele Leute nach Steingaden.
Because of the (a) church many people go to Steingaden.

Note: 1 **wegen** can come before or after the noun.
  2 In informal speech you will often hear **dem(einem)** instead of **des(eines),** e.g. **wegen dem Kind, wegen einem Unfall, dem Gewitter wegen.**

dahin, damit, etc.

You'll often hear **hin, zu, mit, für,** etc. used with **da-,** e.g. **dahin, damit, dafür.** This is a short way of referring to something mentioned previously.

damit   Wir haben uns eine Zeitung gekauft. **Damit** (= mit der Zeitung) haben wir uns in eine Kneipe gesetzt.

dabei   Was trinken Sie gern beim Abendessen? **Dabei** (= beim Abendessen) trinke ich gern eine Flasche Wein.

dadurch   Ich habe im Rot-Weiß-Club Tennis gespielt. **Dadurch** (= durch das Spielen im Rot-Weiß-Club) bin ich zum Hockey gekommen.

davon   Glauben Sie, daß sich das günstig auswirkt? **Davon** (= von der günstigen Auswirkung) bin ich überzeugt.

dazu   Ich wollte schon immer nach München ziehen. Ich habe mich endlich **dazu** (= zum Umzug nach München) entschlossen.

dafür   Wir arbeiten teilweise zehn Stunden am Tage und haben **dafür** (= für die lange Arbeitszeit an diesen Tagen) dann in der Woche mal frei.

More about word order

1   As a rule *when* comes before *where*:

Ich arbeite von Montag bis Freitag im Büro.
when   *where*

Cornelia will später einmal ins Ausland gehen.
when   *where*

For emphasis either kind of expression can be placed at the beginning of a sentence:

Früher sind wir immer mit dem Fahrrad zur Schule gefahren.
In Steingaden ist die Bevölkerung in den letzten Jahren nicht sehr gewachsen.

2   Word order after **daß, weil** and **wenn:**

When part of a sentence starts with **daß, weil** or **wenn** the verb comes at the end:

Ich glaube, **daß** die Kirche einen starken Einfluß **hat.**
Sie ist in München, **weil** ihr Freund hier **wohnt.**
Was machen Sie, **wenn** Sie nach Hause **kommen?**

When you're talking about the past, the appropriate form of **sein** or **haben** comes at the end:

Bedauern Sie es, **daß** viele Leute aus der Kirche ausgetreten **sind?**
Ich bin hier, **weil** man mir ein Angebot gemacht **hat.**

Any forms of **dürfen, können, mögen, müssen, sollen, wollen,** come at the end:

Ich glaube, **daß** ich viel faulenzen **würde.**
Ich finde, **daß** man in München gut einkaufen **kann.**
Sie ist hier, **weil** sie ihr Praktikum hier machen **wollte.**

3 When a sentence begins with **wenn, weil** or **daß** the second part starts with a verb:

Wenn ich reich **wäre, würde** ich viel reisen.
Weil wir nicht kommen **konnten, schreiben** wir Ihnen.
Daß sie eine berühmte Sängerin **ist, wissen** wir alle.

Writing letters

You put the place and date in the right-hand corner:

Köln, den 17. Februar 1980
or Dortmund, 9.11.79

It is usual to put a comma after addressing the person you are writing to (although some people still use the more old-fashioned exclamation mark). After a comma you continue with a small letter.

Liebe Martha, *or* Sehr geehrte Herren,

You use capital letters when addressing someone in the familiar form:

Wie geht es Dir? Wann kommst Du? Wann kommt Ihr?

An informal letter

```
                                        Frankfurt, den 17.6.79


        Lieber Frank,

        vielen Dank für Deinen letzten Brief.  Es bleibt
        also dabei: Wir kommen am nächsten Wochenende
        und bleiben bis zum Ende des Monats.  Wahrscheinlich
        werden wir schon am Freitagabend ankommen.

        Wir freuen uns sehr auf Euch alle.

        Bis bald, und viele Grüße,

                Deine Waltraud (und Familie)
```

A formal letter

```
                                        München, 5.10.79


        Sehr geehrte Frau Dr. Meinholf,

        haben Sie vielen Dank für Ihr Schreiben vom 23.9.79.
        Leider muß ich Ihnen mitteilen, daß ich Ihnen die
        gewünschte Information nicht liefern kann.  Es ist
        aber möglich, daß Ihnen unser Büro in Heidelberg
        helfen könnte.

        Mit freundlichen Grüßen,

                Otto Hildebrandt
        (Dr. Otto Hildebrandt)
```

Verb list

This is for reference. It contains irregular verbs and verbs with vowel changes in some parts.

	vowel change with er, sie, es (and du)	imperfect	perfect
beginnen	–	begann	hat begonnen
beißen	–	biß	hat gebissen
bekommen	–	bekam	hat bekommen
biegen	–	bog	ist gebogen
bieten	–	bot	hat geboten
binden	–	band	hat gebunden
blasen	bläst	blies	hat geblasen
bleiben	–	blieb	ist geblieben
brennen	–	brannte	hat gebrannt
bringen	–	brachte	hat gebracht
denken	–	dachte	hat gedacht
dürfen	darf	durfte	hat gedurft
empfangen	empfängt	empfing	hat empfangen
empfehlen	empfiehlt	empfahl	hat empfohlen
erkennen	–	erkannte	hat erkannt
essen	ißt	aß	hat gegessen
fahren	fährt	fuhr	ist gefahren
fallen	fällt	fiel	ist gefallen
fangen	fängt	fing	hat gefangen
finden	–	fand	hat gefunden
fliegen	–	flog	ist geflogen
geben	gibt	gab	hat gegeben
gefallen	gefällt	gefiel	hat gefallen
gehen	–	ging	ist gegangen
genießen	–	genoß	hat genossen
gewinnen	–	gewann	hat gewonnen
gießen	–	goß	hat gegossen
greifen	–	griff	hat gegriffen
haben	hat	hatte	hat gehabt
heben	–	hob	hat gehoben
halten	hält	hielt	hat gehalten
helfen	hilft	half	hat geholfen
heißen	–	hieß	hat geheißen
kennen	–	kannte	hat gekannt
kommen	–	kam	ist gekommen
können	kann	konnte	hat gekonnt
laden	lädt	lud	hat geladen
lassen	läßt	ließ	hat gelassen
laufen	läuft	lief	ist gelaufen
leiden	–	litt	hat gelitten
leihen	–	lieh	hat geliehen
lesen	liest	las	hat gelesen
liegen	–	lag	hat gelegen
mögen	mag	mochte	hat gemocht

	vowel change with er, sie, es (and du)	imperfect	perfect
müssen	muß	mußte	hat gemußt
nehmen	nimmt	nahm	hat genommen
nennen	—	nannte	hat genannt
raten	rät	riet	hat geraten
riechen	—	roch	hat gerochen
rufen	—	rief	hat gerufen
scheinen	—	schien	hat geschienen
schlafen	schläft	schlief	hat geschlafen
schlagen	schlägt	schlug	hat geschlagen
schließen	—	schloß	hat geschlossen
schneiden	—	schnitt	hat geschnitten
schreiben	—	schrieb	hat geschrieben
schreien	—	schrie	hat geschrien
schwimmen	—	schwamm	ist geschwommen
sehen	sieht	sah	hat gesehen
sein	ist	war	ist gewesen
singen	—	sang	hat gesungen
sitzen	—	saß	hat gesessen
sprechen	spricht	sprach	hat gesprochen
springen	—	sprang	ist gesprungen
stehen	—	stand	hat gestanden
steigen	—	stieg	ist gestiegen
streichen	—	strich	hat gestrichen
tragen	trägt	trug	hat getragen
treffen	trifft	traf	hat getroffen
treiben	—	trieb	hat getrieben
treten	tritt	trat	ist getreten
trinken	—	trank	hat getrunken
tun	—	tat	hat getan
vergessen	vergißt	vergaß	hat vergessen
verlieren	—	verlor	hat verloren
wachsen	wächst	wuchs	ist gewachsen
waschen	wäscht	wusch	hat gewaschen
werden	wird	wurde	ist geworden
werfen	wirft	warf	hat geworfen
wissen	weiß	wußte	hat gewußt
ziehen	—	zog	hat/ist gezogen

Glossary

All but the most common or easily recognisable words occurring in the main dialogues, *Überblicke* and exercises are listed. The translations given apply to the words *as used in the texts*. Words occurring in *Hören und Verstehen* and *Wissenswertes* are not automatically included as these passages are intended to provide comprehension practice, though you may sometimes wish to refer to a dictionary.

The plural of words is given in brackets. Where it is not indicated, the plural form is rarely used or non-existent. *pl* shows that the word is used in the plural only.

Verbs marked * form the perfect with *sein*. A list of strong and irregular verbs can be found in the *Grammar Summary* (pages 228–9).

A

ab   *from (the age of)*
ab und zu   *every now and again*
abbiegen*   *to turn*
das Abendessen (-)   *supper*
abends   *in the evening*
das Abenteuer (-)   *adventure*
die Abfahrtsstelle (-n)   *place of departure*
die Abfahrtzeit (-en)   *departure time*
abhängen (von)   *to depend on*
abhängig   *dependant*
abheben   *to distinguish*
abholen   *to fetch*
ablehnen   *to reject*
ablösen   *to relieve*
abschließen   *to sign (contract)*
der Abschnitt (-e)   *section*
absolvieren   *to complete (training)*
die Abteilung (-en)   *section*
abwaschen   *to wash up*
abwechseln   *to alternate, vary*
abwechslungsreich   *varied*
achten (auf)   *to pay attention (to)*
die Agentur (-en)   *agency*
alle   *all, every*
das Alleinsein   *solitude*
allerdings   *indeed*

am allerliebsten   *most of all*
alles   *everything, everyone*
allgemein   *general(ly)*
der Alltag (-e)   *ordinary day*
allzu   *far too*
der Alpenverein (-e)   *Alpine club*
als   *as, than*
also   *so, therefore, that is*
alt   *old*
das Altersheim (-e)   *home for the aged*
die Altstadt (-̈e)   *old part of the town*
an   *at*
an (und für) sich   *on the whole*
das Anbaugebiet (-e)   *wine growing area*
anbieten   *to offer*
die Andacht   *prayers*
andere   *other*
andererseits   *on the other hand*
anders   *different*
anderthalb   *one and a half*
anerkennen   *to acknowledge*
der Anfang (-̈e)   *beginning*
anfangen   *to start, begin*
der Anfangsbuchstabe (-n)   *initial letter*
anfassen   *to touch*
angeben   *to state*
das Angebot (-e)   *offer*
angenehm   *agreeable, pleasant*
die Angst (-̈e)   *fear*
Angst haben   *to be afraid*
angucken   *to look at*
sich anhören   *to listen to*
ankommen*   *to arrive*
ankommen auf*   *to depend on*
anlegen   *to invest, save*
annehmen   *to accept; suppose*
die Annonce (-n)   *advertisement*
annullieren   *to cancel*
anreden   *to ask, speak to*
der Anruf (-e)   *phone call*
anrufen   *to ring, telephone*
anschauen   *to look at*
anscheinend   *apparently*
anschließend   *next, afterwards*
der Anschluß (-̈sse)   *contact, connection*
im Anschluß an   *adjoining*
die Anschrift (-en)   *address*
sich ansehen   *to look at, see*

die Ansicht (-en)   view
ansiedeln   to settle
ansprechen   to raise a subject
in Anspruch nehmen   to take up
anstellen   to engage
anstrengend   strenuous, exhausting
die Anstrengung (-en)   effort
die Antwort (-en)   answer
antworten   to answer, reply
sich anziehen   to dress
der Anzug (-̈e)   suit
die Apotheke (-n)   chemist's
der Apotheker (-)   (dispensing) chemist
der Apparat (-e)   set (television, etc.)
die Arbeit (-en)   work
arbeiten   to work
die Arbeitsgemeinschaft (-en)   (work) team
das Arbeitsklima   working atmosphere
die Arbeitsstelle (-n)   job, place of work
die Arbeitszeit (-en)   working hours
sich ärgern   to get annoyed
arm   poor
die Art (-en)   kind (of); manner
der Arzt (-̈e)   doctor
auch   also
aufbauen   to set up, build
aufessen   to eat up
aufführen   to perform
die Aufführung (-en)   performance
die Aufgabe (-n)   task, duty
aufgeben   to give up
aufgefüllt   filled up
aufhängen   to hang up
aufhören   to stop
aufkommen*   to arise
aufmachen   to open, set up
aufmerksam machen (auf)   to draw someone's attention (to)
aufräumen   to tidy up
aufrufen   to call on
aufstehen*   to get up
aufteilen   to divide
der Auftritt (-e)   appearance
aufwachen*   to wake up
aufwachsen*   to grow up
aufwenden   to spend
aufziehen   to organise, set up
ausbauen   to enlarge
der Ausblick (-e)   outlook
auseinandergehen   to fall apart, separate
ausfallen*   to be omitted, cancelled
der Ausflug (-̈e)   excursion
ausfüllen   to satisfy
ausgeben   to spend
ausgeglichen   balanced
ausgehen*   to go out

ausgerechnet   of all times, of all things
ausgesprochen   decided(ly)
ausgezeichnet   excellent, outstanding
auskommen (mit)*   to get on (with)
die Auskunft (-̈e)   information
das Ausland   abroad
ausländisch   foreign
die Ausnahme (-n)   exception
sich ausruhen   to rest
ausschauen ⎫
aussehen ⎭   to look like, appear
außerdem   besides
außerhalb   outside, out of town
die Aussicht (-en)   outlook, prospect, hope
ausstehen   to stand, bear
aussteigen*   to get off
die Ausstellung (-en)   exhibition
aussuchen   to select
austreten*   to leave (church)
der Austritt (-e)   people leaving (the church)
auswählen   to choose
auswandern*   to emigrate
auswärts   elsewhere
sich auswirken   to have an effect
ausziehen*   to move out
die Autobahn (-en)   motorway
das Autofahren   driving
der Automat (-en)   (ticket) machine, dispenser
die Automobilfabrik (-en)   car factory

B

das Backsteingebäude (-)   brick building
das Bad   bathroom, bath
der Badegast (-̈e)   visitor to a swimming pool
das Badezimmer (-)   bathroom
badisch   from Baden
die Bahn (-en)   train
der Bahnhof (-̈e)   station
die Bahnreise (-n)   train journey
bald   soon
der Ballonfahrer (-)   balloonist
der Bankkaufmann (-kaufleute)   bank clerk
der Bart (-̈e)   beard
der Bastrock (-̈e)   grass skirt
der Bau (-ten)   building
bauen   to build
der Bauer (-)   farmer
der Bauernhof (-̈e)   farm
der Baum (-̈e)   tree
Bayern   Bavaria
bayrisch   Bavarian
der Beamte (-n)   official, civil servant
beantworten   to answer, reply to
der Bedarf   need, requirement

bedauern *to regret*
bedeckt *cloudy*
bedeuten *to mean*
bedeutend *important*
bedingt *restricted to*
sich beeilen *to hurry*
beeinflußt *influenced*
befaßt *concerned*
befürchten *to fear*
begrüßt *greeted*
behaupten *to claim* ˙
bei *at*
beide(s) *both*
beieinander *together*
beinhalten *to comprise*
zum Beispiel (z.B.) *for example (e.g.)*
beispielsweise *for instance*
beißen *to bite*
bekannt *(well) known*
der Bekannte (-n) *friend, acquaintance*
bekommen *to get, receive*
beliebt *popular*
bellen *to bark*
bemalen *to paint (walls)*
die Bemalung (-en) *painting (of the walls)*
benutzen *to use*
beraten *to give advice*
bereuen *to regret*
der Berg (-e) *mountain*
das Bergsteigen *mountaineering*
der Bergsteiger (-) *mountaineer*
der Beruf (-e) *profession, job*
beruflich *professional(ly)*
die Berufsmöglichkeit (-en) *job opportunity*
berühmt *famous*
sich beschäftigen *to occupy oneself*
beschäftigt *employed*
Bescheid: Bescheid sagen *to tell, give a reply;* Bescheid wissen *to know (one's job)*
sich beschweren *to complain*
besichtigen *to visit, view*
der Besitzer (-) *owner*
besonders *in particular, special(ly)*
besser *better*
bestehen *to consist*
besteigen *to climb (up)*
bestellen *to order*
bestimmt *certain(ly)*
zu Besuch *on a visit*
besuchen *to visit*
betreffen *to affect*
betreiben: Sport(be)treiben *to go in for sports*
die Betreuerin (-nen) *someone who looks after children, etc.*

die Bevölkerung (-en) *population*
bevorstehen *yet to come*
bevorzugen *to prefer*
sich bewahrheiten *to come true, prove correct*
sich bewegen *to move*
die Bewegung (-en) *movement*
sich bewerben *to apply, compete*
der Bewohner (-) *inhabitant*
bezahlen *to pay*
die Bezahlung *pay*
bezeichnen *to call, describe*
die Beziehung (-en) *connection*
die Bibliothekarin (-nen) *librarian*
die Biene (-n) *bee*
das Bierfaß (¨sser) *beer barrel*
bieten *to offer*
das Bild (-er) *picture*
bilden *to form*
billig *cheap*
binden *to tie, bind*
die Bindung (-en) *bond, link*
bis (zu) *up to, until*
ein bißchen *a little*
bitte schön *please; don't mention it (reply to* danke schön*)*
blasen *to blow*
das Blaskonzert (-e) *brass band concert*
bleiben* *to stay*
der Blick (-e) *look*
auf den ersten Blick *at first sight*
der Blinker (-) *indicator*
der Blitz (-e) *lightning*
bloß *only*
blühend *in bloom*
die Blume (-n) *flower*
böig *gusty*
das Boot (-e) *boat*
böse *angry, cross*
die Bowle (-n) *punch*
brauchen *to need*
brauen *to brew*
die Braut (¨e) *bride*
brav *good, well-behaved*
der Brief (-e) *letter*
der Brieffreund (-e) *pen-friend*
die Briefmarke (-n) *stamp*
das Briefmarkensammeln *stamp-collecting*
der Briefmarkensammler (-) *stamp-collector*
das Brikett (-e) *briquette*
das Brötchen (-) *(bread) roll*
die Brücke (-n) *bridge*
der Bruder (¨) *brother*
das Buch (¨er) *book*
buchen *to note down*
die Buchhaltung *bookkeeping*

der Buchstabe (-n)   *letter (of alphabet)*
der Bummel (-)   *stroll*
   bummeln   *to stroll*
die Bundesbahn   *Federal Railway*
der Bundesbürger (-)   *citizen of the Federal Republic*
das Bundeshaus   *Federal Parliament building*
die Bundesstraße (-n)   *equivalent to A road*
der Bürger (-)   *citizen*
der Bürgermeister (-)   *mayor*
das Büro (-s)   *office*
die Bürostelle (-n)   *office job*
der Bursche (-n)   *lad*
der Bus (-se)   *bus*
die Busverbindung (-en)   *bus connection*

C

ca. (= zirka)   *approximately*
der Campingplatz (⁻e)   *camping site*
der Chef (-s)   *boss*
die Chemie   *chemistry*
der Chor (⁻e)   *choir*
der Chorleiter (-)   *leader of the choir*
die Chorprobe (-n)   *choir rehearsal*
der Christ (-en)   *Christian*
der Crosslauf   *cross-country run*

D

da   *there, then*
ich dachte   *I thought*
   dadurch   *in this way*
   dafür   *for this, instead*
   dagegen   *on the other hand; against it*
   daheim   *at home*
   daher   *therefore*
   dahin   *there*
   damalig   *at the time*
   damals   *at that time, then*
   damit   *with it; by that*
   danach   *after that*
   daraus   *from there*
   darf ich?   *may I?*
   darum: es geht darum   *the point about it is; it's a question of*
   darunter   *from it, by that*
   dauern   *to last*
   dauernd   *constantly*
   davon   *of these, of it*
   dazu   *for it, with it*
   dazurechnen   *to include*
   dazwischen   *in between*
   denken (an)   *to think (of)*
   deshalb   *for that (the) reason*
   deswegen   *therefore*

dick   *thick*
der Dienst   *duty*
   dienstags   *Tuesdays*
das Ding (-e)   *thing*
   vor allen Dingen   *above all*
der Dirigent (-en)   *conductor*
   doch   *yes, after all*
der Dom (-e)   *cathedral*
das Domizil (-e)   *domicile, residence*
der Domplatz (⁻e)   *cathedral square*
   donnerstags   *Thursdays*
   doppelt   *double*
das Dorf (⁻er)   *village*
das Dorfleben   *village life*
   dort   *there*
   dorthin   *there*
der Dozent (-en)   *university lecturer*
   draußen   *out there, outside*
   dreiviertel   *quarter to (the hour)*
   drin (= darin)   *in it*
   dritte   *third*
das Drittel (-)   *third*
die Drogerie (-n)   *chemist's*
   drüben: dort drüben   *over there*
   drüber (= darüber)   *about it*
der Druck   *pressure, print*
sich drücken   *to get out of something*
der Drucker (-)   *printer*
   drum (= darum)   *for it*
   dunkel   *dark*
   durch   *through*
der Durchschnitt   *average*
   durchschnittlich   *on average*
   durchstudieren   *to study thoroughly*
   dürfen   *to be allowed to*
   dürfte   *might*
der Durst   *thirst*
   düster   *dark, gloomy*
   duzen   *to say 'du'*

E

eben   *after all*
echt   *true, genuine*
die Ecke (-n)   *corner*
egal   *(the) same*
die Ehefrau (-en)   *spouse, wife*
ehemalig   *former*
das Ehepaar (-e)   *married couple*
eher   *rather*
ehrenamtlich   *honorary*
ehrlich   *honest(ly), frank(ly)*
der Eifer   *effort, zeal, hard work*
eigen   *own*
das Eigenheim (-e)   *own home, own house or flat*
eigentlich   *actual(ly)*

die Eigentumswohnung (-en) *owner-occupied flat*

der Eindruck (⁻e) *impression*

eineinhalb *one and a half*

einerseits *in one way*

einfach *simple*

einfallen* *to think of*

der Einfluß (⁻sse) *influence*

eingestellt *set, tuned*

eingetragen *registered*

einige *some*

Einkauf: Einkäufe machen *to go shopping*

einkaufen *to shop, buy*

der Einkaufsbummel (-) *shopping expedition*

die Einkaufsgegend (-en) *shopping area*

die Einkaufsmöglichkeit (-en) *shopping possibility*

einladen *to invite*

einmal *once, for one thing*

einsam *lonely*

einsetzen *to put in, insert*

einsteigen* *to get in, board (train)*

einstudieren *to rehearse, train*

eintönig *monotonous*

einverstanden *agreed*

die Einweihung (-en) *dedication*

der Einzelfahrschein (-e) *single ticket*

das Einzelgespräch (-e) *private talk*

der Einzelne (-n) *individual*

einziehen* *to move in*

einziehen *to collect (taxes)*

einzige *only*

das Elektrogeschäft (-e) *electrical shop*

die Eltern (pl.) *parents*

empfangen *to receive*

empfehlen *to recommend*

empfehlenswert *worth seeing or doing, to be recommended*

Ende: ist zu Ende *finishes*

endlich *finally*

eng *narrow*

der Enkel (-) *grandchild*

(sich) entladen *to discharge*

entlang *along, down*

entlassen *to release*

die Entscheidung (-en) *decision*

sich entschließen *to decide*

der Entschluß (⁻sse) *decision*

entschuldigen Sie *excuse me, sorry*

Entschuldigung *pardon*

die Entspannung *relaxation*

entweder ... oder *either ... or*

entwerten *to cancel*

das Erbe *legacy*

erben *to inherit*

das Erdbeben (-) *earthquake*

sich ereignen *to happen*

die Erfahrung (-en) *experience*

erfolgreich *successful*

erfüllen *to come true*

sich ergeben *to result*

ergreifen *to take up*

erhalten *to receive*

erhitzen *to heat*

sich erinnern *to remember*

erklären *to explain*

(sich) erlauben *to permit (oneself)*

erleben *to experience*

ermorden *to murder*

eröffnen *to open*

erreichen *to reach*

erst *only*

erste *first*

erstens *in the first place*

erstmal *in the first instance*

erwarten *to expect*

erweitern *to enlarge*

erwischen *to catch*

erzählen *to tell*

erziehen *to bring up*

essen *to eat*

das Essen (-) *meal, food*

das Etikett (-en) *label*

etwa *approximately*

etwas *a little, some(thing)*

evangelisch *Protestant*

F

die Fabrik (-en) *factory*

das Fach (⁻er) *subject; task*

die Fahnenweihe (-n) *consecration of the colours*

die Fähre (-n) *ferry*

fahren* *to drive, travel, go*

der Fahrer (-) *driver, chauffeur*

die Fahrkarte (-n) *ticket*

der Fahrkartenautomat (-en) *ticket machine*

das Fahrrad (⁻er) *bicycle*

der Fahrschein (-e) *ticket*

die Fahrt (-en) *journey*

der Fall (⁻e) *case*

in/auf jeden Fall }
auf alle Fälle } *in any case*

fallen *to fall*

falls *if, in case*

der Fallschirmspringer (-) *parachutist*

falsch *wrong*

der Familienbesitz *family ownership, possession*

die Farbe (-n) *colour*

das Faschingsfest (-e) carnival party
das Faß (-sser) barrel
    fassen: den Entschluß fassen to take
        the decision
    fast nearly
    faulenzen to be lazy
    fehlen to miss
die Feier (-n) celebration
    feiern to celebrate
das Feld (-er) field
das Fenster (-) window
die Ferien (pl.) holidays
die Ferne distance
der Fernfahrer (-) long-distance lorry
        driver
das Fernsehen television
    fernsehen to watch television
der Fernseher (-) television set
    fertig ready
    fest firm(ly)
    fest angestellt permanent position,
        with a permanent contract
das Fest (-e) party, festivity, festival
    festgesetzt fixed
das Festhaus (-er) banqueting centre
das Feuer (-) fire
die Feuerwehr fire brigade
die Firma (pl. Firmen) firm
die Flasche (-n) bottle
die Flausen (pl.) nonsense, whims
    fliegen* to fly
das Fließband (-er) assembly line,
        conveyor belt
der Flug (-e) flight
der Flughafen (-) airport
das Flugzeug (-e) plane, aircraft
der Fluß (-sse) river
der Förster (-) forester
    fortfahren to cart away
    fortschleppen to carry away
die Frage (-n) question
    fragen to ask
    Frankreich France
    französisch French
die Frau (-en) woman, wife
die Frauenkirche Church of Our Lady
    frei free, off
    im Freien in the open
das Freibad (-er) open-air swimming pool
    freitags Fridays
    freiwillig voluntary, voluntarily
die Freizeit spare time, leisure time
der Freizeitwert leisure opportunities
das Freizeitzentrum (-zentren) leisure
        centre
    fremd strange
der Fremde (-n) stranger

der Fremdenführer (-) guide
der Fremdenverkehr tourist traffic
der Fremdenverkehrsverein (-e) tourist
        office
die Freude (-n) joy, pleasure
sich freuen to be pleased
der Freund (-e) (boy) friend
der Freundeskreis (-e) circle of friends
die Freundin (-nen) (girl) friend
    freundlich friendly
    mit freundlichen Grüßen yours
        sincerely
die Freundschaft (-en) friendship
der Friede peace
    frisch fresh
    frisch vom straight from
    früh early
der Frühdienst early duty, morning shift
die Frühe early morning
    früher before, earlier on, former(ly)
der Frühling spring
das Frühstück breakfast
sich fühlen to feel
    führen to lead
die Führerrolle (-n) leading role
    funkeln to sparkle
    funktionieren to work, function
    fürchten to fear
    furchtbar ⎫
    fürchterlich ⎭ terrible, terribly
    zu Fuß on foot, walking
der Fußball (-e) football
das Fußballspiel (-e) football game
das Fußgängerparadies pedestrian
        paradise
der Fußgängerweg (-e) walk; footpath
die Fußgängerzone (-n) pedestrian
        precinct

G
sich gabeln to fork, divide
der Gamsbart (-e) beard of chamois goat
    ganz entire, whole
    gar keiner no one
    gar nicht not at all
der Gast (-e) guest
das Gästezimmer (-) guest room
das Gasthaus (-er) inn, restaurant
der Gasthof (-e) inn, restaurant
das Gebäck biscuits
das Gebäude (-) building
    geben to give
das Gebiet (-e) area
das Gebirge (-) mountains
    geboren born
    gebürtig native

die Geburtsstadt (¨e) *native town*
  gefährlich *dangerous*
  gefallen *to please*
die Gefangenschaft *captivity*
die Gefriertruhe (-n) *freezer*
das Gefühl (-e) *feeling*
  gegen *against*
die Gegend (-en) *area, region*
das Gehalt (¨er) *salary*
  gehen* *to go, walk*
  gehören *to belong (to)*
der Geistliche (-n) *priest*
  gekühlt *chilled*
das Gelände (-) *country terrain*
  gelaunt: gut gelaunt *in a good mood*
das Geld *money*
die Gelegenheit (-en) *occasion*
  gelegentlich *occasionally*
  gell? *you see? right?*
das Gemälde (-) *painting*
die Gemeinde (-n) *community*
der Gemeinderat *municipal council*
das Gemeindezentrum (-zentren)
  community centre
  gemeinsam *together*
  gemischt *mixed*
  gemütlich *cosy*
  genau *exactly*
  genauso *the same*
sich genieren *to feel embarrassed*
  genießen *to enjoy*
  genug *enough*
  geöffnet *open*
  gerade *straight*
  geradeaus *straight on*
das Gerät (-e) *apparatus*
  geregelt *regular*
  gering *low*
  gern (e) *gladly, with pleasure*
der Geruch (¨e) *smell*
die Gesamtschule (-n) *comprehensive school*
der Gesangverein (-e) *choir, choral society*
das Geschäft (-e) *shop, business, office*
  geschäftlich *on business*
der Geschäftsführer (-) *business manager*
der Geschäftspartner (-) *business friend, partner*
die Geschäftsreise (-n) *business trip*
die Geschäftsstraße (-n) *shopping street*
die Geschichte (-n) *history; story*
  geschlossen *closed*
das Geschrei *shouting*
die Geschwister (pl.) *brothers and sisters*
die Geselligkeit (-en) *social life*
die Gesellschaft (-en) *society*

das Gesetz (-e) *law*
  gestärkt *invigorated, strengthened*
  gestehen *to admit*
  gestern *yesterday*
  gesund *healthy*
  gesundet *refreshed*
die Gesundheit *health*
  getauft *christened*
das Getränk (-e) *drink, beverage*
  getrennt *separate(ly)*
  gewesen (from sein) *been*
  gewinnen *to win*
der Gewinner (-) *winner*
das Gewissen (-) *conscience*
das Gewitter (-) *thunderstorm*
  gewöhnt *used to*
das Gewürz (-e) *spice*
  gezwungen *forced, obliged*
  es gibt *there is, there are*
  gießen *to pour*
das Glatteis *black ice*
  glauben *to believe*
der Glauben (-) *belief*
  gläubig *practising (believer)*
der Gläubige (-n) *faithful, believer*
  gleich *equal(ly), immediately; same*
  gleichzeitig *at the same time*
das Glockenspiel (-e) *carillon*
  zum Glück *luckily*
  glücklich *happy*
der Glühwein *mulled wine*
  gotisch *Gothic*
  Gott sei Dank! *thank heavens!*
der Gottesdienst (-e) *(church) service*
(um) Gotteswillen! *heavens!*
die Grabkammer (-n) *burial chamber, vault*
der Grad (-e) *degree*
  grauslich *horrible, dreadful*
  Griechenland *Greece*
  grob *rough*
  groß *great, big*
  im großen und ganzen *on the whole*
  groß schreiben *to spell with a capital letter*
  großartig *great, wonderful*
die Größe (-n) *size*
die Großeltern (pl.) *grandparents*
die Großstadt (¨e) *city, big town*
der Großvater (¨) *grandfather*
  großzügig *generous*
  grün *green*
der Grund (¨e) *reason*
  gründen *to found*
  gründlich *thorough(ly)*
das Grundstück (-e) *piece of land, plot*
der Grundstückbesitzer (-) *land owner*

der Gruß (¨e)   greeting
   grüßen   to greet
   es grüßt Sie herzlich   yours sincerely
   günstig   favourable
   Gute: alles Gute   all the best
der Gymnasiast (-en)   grammar school
      pupil
das Gymnasium (-ien)   grammar school

H
der Haartrockner (-)   hair dryer
der Hafen (¨)   harbour
   halbe   half
   halbtags   part-time, half-days
die Hälfte (-n)   half
der Hals (¨e)   throat
   halt   after all
   halten   to stop; keep
   halten (von)   to think (of)
   hängen   to hang; cling
   hassen   to hate
   hätte (n)   would have
   häufig   frequently
der Hauptbahnhof (¨e)   main station
der Hauptgewinn (-e)   first prize
   hauptsächlich   mainly
die Hauptschule (-n)   secondary school
die Hausaufgaben (pl.)   homework
   zu Hause   at home
nach Hause   home
   der Haushalt   household
die Haushaltungsschule (-n)   College of
      Domestic Science
   heftig   violent
die Heide   heath
   heim   home
die Heimat   home, native country
der Heimatabend (-e)   local evening
der Heimatort (-e)   native village
die Heimatstadt (¨e)   home town
   heimfahren*   to travel home
das Heimweh   homesickness
   heiraten   to marry
   heiß   hot
   heißen   to be called; to mean
   heiter   bright
die Heizung   heating
   helfen   to help
der Helfer (-)   helper
das Hemd (-en)   shirt
   heraus   out of
   herb   dry (wine)
der Herbst   autumn
   herkommen*   to come from
   herrlich   marvellous
   herstellen   to make, produce

   herum   round about
   herunter   down
   hervorgehen*   to emerge
   herzlich   sincere(ly), cordial
   herzlichen Dank   many thanks
die Hetze   hurry, haste
   heute   today
   heute abend   tonight
   heutzutage   nowadays
   hierher   here
der Himmel   sky
   hin   there
   hin und her   backwards and forwards,
      there and back
   hin und zurück   return (ticket)
   hinderlich   standing in the way
   hinfahren*   to travel to
   hingesetzt   put there
   hinkommen*   to get there
   hinreisen*   to travel to
   hinten   at the back
der Hintergrund (¨e)   background
   hinterher   afterwards
   hinunter   down
   hinziehen   to attract
   hoch   high
   hochdeutsch   standard German
   hochgehen*   to go up
   höchstens   at best, at most
der Hochzeitstag (-e)   wedding day,
      wedding anniversary
   hoffen   to hope
   hoffentlich   let's hope
die Höhle (-n)   cave
   holen   to fetch
das Holzkommando   Forestry unit
   hören   to hear, listen to
   humorvoll   humorous
der Hund (-e)   dog
der Hut (¨e)   hat

I
   immer   always
der Informationsbeamte (-n)   information
      officer
der Innenraum   inner zone; centre
die Innenstadt   inner city
   innerhalb   inside, within
   insbesondere   in particular
die Insel (-n)   island
   insgesamt   in all, together
sich interessieren (für)   to be interested (in)
   inzwischen   meantime
   irgendein   some kind of
   irgend(et)was   something, anything
   irgendwann   some time, one day

237

irgendwelche *any*
irgendwie *somehow*
irgendwo *somewhere*

J

die Jagd *hunt*
das Jahr (-e) *year*
die Jahreszeit (-en) *season*
jährlich *yearly*
der Japaner (-) *Japanese*
jawohl *yes (indeed)*
je *ever*
oh je! *Heavens!*
je größer ... *the bigger ...*
je nach *depending on*
jeder *every(body), each*
jemand *somebody*
jetzig *present*
jetzt *now*
die Jugend *youth, young people*
der Junge (-n(s)) *boy*
der Juwelier (-e) *jeweller*

K

der Käfer (-) *beetle*
der Kaffeeautomat (-en) *coffee machine*
kalt *cold*
die Kanalisation (-en) *sewerage, drains*
kandidieren *to be a candidate, stand (for election)*
die Kanzel (-n) *pulpit*
die Kapelle (-n) *chapel*
das Kapitel (-) *chapter*
die Karnevalsgesellschaft (-en) *carnival committee*
der Karnevalsruf (-e) *carnival slogan*
die Karte (-n) *map; card; ticket*
der Käse *cheese*
die Kasse (-n) *box office*
die Kassenleitung *responsibility for the box-office*
der Kastanienbaum (Ꞌe) *chestnut tree*
katholisch *Catholic*
die Katze (-n) *cat*
kaufen *to buy*
das Kaufhaus (Ꞌer) *department store*
der Kaufmann (-leute) *businessman, shopkeeper*
kaum *hardly*
die Kaution (-en) *deposit*
die Kegelbahn (-en) *bowling alley*
kegeln *bowling*
keiner *no one*
keinesfalls *on no account*
der Keller (-) *cellar*

der Kellner (-) *waiter*
kennen *to know*
kennenlernen *to get to know, meet*
die Kenntnis (-se) *knowledge*
der Kilometerstand *mileage (in kilometers), kilometrage*
das Kind (-er) *child*
die Kindergärtnerin (-nen) *kindergarten teacher*
das Kino (-s) *cinema*
die Kirche (-n) *church*
die Kirchenbindung *links with the church*
die Kirchenglocke (-n) *church bell*
die Kirchensteuer (-) *church tax*
die Kiste (-n) *box*
die Kläranlage (-n) *filter plant*
die Klasse (-n) *form; class*
das Kleid (-er) *dress, clothes*
die Kleidung *clothes*
klein *small, little*
das Kleingeld *small change*
die Kleinigkeit (-en) *small matter; snack*
kleinlich *petty*
klingeln *to ring*
der Klingenblock *blade assembly*
die Kneipe (-n) *type of pub, tavern*
der Knüller (-) (*slang*) *hit*
kochen *to cook*
der Koffer (-) *suitcase*
der Kognak *brandy*
komisch *funny*
der Kommandant (-en) *commander, commanding officer*
kommen* *to come; get (to a place)*
der Kommentar (-e) *commentary*
kompliziert *complicated*
der Komponist (-en) *composer*
der König (-e) *king*
die·Königin (-nen) *queen*
konkret *concrete(ly), firm(ly)*
der Konkurrenzneid *professional jealousy, rivalry*
können *to be able (to)*
könnte (-n) *could*
kontaktfreudig *extrovert, makes friends easily*
der Konzertgesang *concert singing*
körperlich *physically*
das Kostüm (-e) *costume, fancy dress*
kräftig *strong*
das Krankenhaus (Ꞌer) *hospital*
die Krankenschwester (-n) *nurse*
die Krawatte (-n) *tie*
die Kreuzung (-en) *crossing, crossroads*
das Kreuzworträtsel (-) *crossword puzzle*
der Krieg (-e) *war*
kriegen *to get, receive*

die Kröte (-n) *toad*
die Küche (-n) *kitchen*
kühl *cool*
der Kuhstall (¨e) *cow shed*
sich kümmern (um) *to look after*
der Kunde (-n) *client, customer*
kündigen *to give notice*
die Kunst (¨e) *art*
der Künstler (-) *artist*
kurz *short, briefly*
vor kurzem *a short while ago*

L

die Laborantin (-nen) *laboratory worker*
lachen *to laugh*
der Laden (¨) *shop*
das Lampenfieber *stage fright*
das Land (¨er) *country, Federal state*
ländlich *rural*
die Landstraße (-n) *country road*
der Landwein (-e) *local wine*
lange *for a long time*
die Langeweile *boredom*
langweilig *boring*
lassen *to leave, let*
der Lastwagen (-) *lorry*
lau *mild*
laufen* *to run*
laut *noisy*
lauter Dinge *all kinds of things*
leben: er lebe hoch *long live . . .*
das Leben (-) *life*
die Lebensart (-en) *way of life*
das Lebensjahr (-e) *year of life*
lecker *tasty, delicious*
leer *empty*
legen *to put*
legitim *legitimate*
die Lehre (-n) *apprenticeship, training*
der Lehrer (-) *teacher*
der Lehrling (-e) *apprentice*
leicht *easy; slight*
leichtfallen* *to find easy*
leid: leid tun *to be sorry*
leiden *to suffer*
leider *unfortunately*
leihen *to lend*
leisten *to provide, do*
die Leistung (-en) *capacity, performance, efficiency*
leiten *to be in charge*
die Leiter (-n) *ladder, steps*
lesen *to read*
der Leser (-) *reader*
letzte *last*
die Leute (*pl.*) *people*

lieb *dear, nice*
das Liebchen (-) *darling*
lieben *to love*
lieber *rather*
es ist mir lieber *I prefer*
lieblich *sweet (wine)*
der Lieblingskomponist (-en) *favourite composer*
die Lieblingsplatte (-n) *favourite record*
der Lieblingswein (-e) *favourite wine*
liegen *to lie*
die Linie (-n) *number (tram, bus, etc.)*
in erster Linie *in the first place*
links *left*
sich lohnen *to be worthwhile*
das Lokal (-e) *restaurant, pub*
los *off*
das Los: das große Los *first prize (in lottery draw), jackpot*
lösen *to solve*
löschen *to quench*
losgehen* *to start*
losgelöst von *free from*
der Lotteriespieler (-) *lottery player*
das Löwenbaby (-s) *lion cub*
der Luftsport *amateur flying*
die Lust *desire*
lustig *funny, amusing, jolly*
das Luxushotel (-s) *luxury hotel*
die Luxusseite (-n) *luxury angle*

M

machen *to make, do*
das Mädchen (-) *girl*
ich mag *I like*
der Makler (-) *(estate) agent*
das Mal (-e) *time*
mal *once*
malen *to paint*
manche *some*
manchmal *sometimes*
der Mann (¨er) *man; husband; person*
der Männersport *men's sport*
die Mannschaft (-en) *team*
der Mannschaftssport *team game*
der Mantel (¨) *coat*
die Maschine (-n) *plane*
die Maß Bier *litre of beer*
maßgeschneidert *tailored, made to measure*
mäßig *moderate(ly)*
das Meer (-e) *sea*
mehr *more*
mehrere *several*
die Mehrfahrtenkarte (-n) *multiple journey ticket*

das Mehrfamilienhaus (¨er) *house with self-contained flats*
meinen *to mean, be of the opinion*
die Meinung (-en) *opinion*
die Meinungsverschiedenheit (-en) *difference of opinion*
meiste *most*
meistens *mostly*
meistern *to master, get over*
die Menge (-n) *lot, crowd*
der Mensch (-en) *person, pl. people*
Mensch! *Heavens!*
merken *to notice*
die Messe (-n) *trade fair*
das Messegelände *exhibition grounds*
die Miete (-n) *rent*
mieten *to rent, hire*
der Mietvertrag (¨e) *tenancy agreement*
der Mietwagen (-) *hired car or van*
die Mietwohnung (-en) *rented flat*
die Milch *milk*
der Mitarbeiter (-) *member of staff, colleague*
mitbringen *to bring (along)*
miteinander *together*
das Mitglied (-er) *member*
mithelfen *to lend a hand*
mitkommen* *to come along*
mitmachen *to take part in*
mitnehmen *to take along*
das Mittagessen (-) *lunch*
mittags *midday, at lunch time*
die Mittagspause (-n) *lunch break, break at midday*
mittanzen *to join in the dancing*
die Mitte *middle*
das Mittelalter *Middle Ages*
die Mittelwelle (-n) *medium wave*
mitten (in) *in the middle*
mittlere *medium-sized*
mittwochs *Wednesdays*
die Möbel (*pl.*) *furniture*
der Möbelwagen (-) *removal van*
möchte (-n) *would like*
der Modellflieger (-) *someone who flies model aircraft*
mögen *to like*
möglich *possible;* alles mögliche *all sorts of things*
die Möglichkeit (-en) *possibility*
die Molkerei (-en) *dairy*
momentan *at the moment*
der Monat (-e) *month*
montags *Mondays*
der Monteur (-e) *mechanic, fitter*
der Moorsee (-n) *moor lake*
morgen *tomorrow*

der Morgen (-) *morning*
der Motor (-en) *engine*
der Motorflieger (-e) *someone who flies (engine-powered) planes*
das Motorflugzeug (-e) *(engine-powered) plane*
das Motorrad (¨er) *motor cycle*
die Motorüberholung *engine overhaul*
müde *tired*
die Müllabfuhr *refuse collection*
die Müllgrube (-n) *refuse dump*
der Muskelkater *sore muscles, stiffness*
müssen *to have to*
die Mutter (¨) *mother*

N
na ja *well (then)*
nach *to; after*
der Nachbar (-n) *neighbour*
nachdem *after*
der Nachfolger (-) *successor*
die Nachhilfe *coaching*
nachlassen *to decrease, diminish*
nachmittags *in the afternoon*
die Nachrichten (*pl.*) *news*
nachsehen *to check, have a look*
nächste *next*
die Nacht (¨e) *night*
das Nachtleben *night life*
nachts *at night*
die Nähe *nearness;* in der Nähe *near(by)*
nähen *to sew*
der Name (n) *name*
nämlich *that is*
naturverbunden *close to nature*
der Nebel *fog*
nebenan *next door*
nebenbei *besides, on the side*
der Nebel *fog*
neblig *foggy*
nehmen *to take;* zu sich nehmen *to consume, have something to eat*
die Nelke (-n) *clove, carnation*
nennen *to call*
sich nennen *to be called, call oneself*
der Nerv (-en) *nerve*
nett *nice*
neu *new; anew*
der Neuseeländer *New Zealander*
nichts *nothing*
nie *never*
die Niederlassung (-en) *branch*
niedrig *low*
nirgends *nowhere*
noch *yet, still*

noch ein   *another, one more*
noch (ein) mal   *once more, again*
normalerweise   *normally*
Norwegen   *Norway*
nötig   *necessary*
die Notrufsäule (-n)   *emergency phone*
null   *zero*
die Nummer (-n)   *number; size*
nun   *now, then*
nur   *only*

O

ob   *whether*
oben   *at the top*
der Ober (-)   *waiter*
obwohl   *although*
oder?   *that's right, isn't it?*
offen   *open*
öffentlich   *public*
die Öffnungszeit (-en)   *opening hours*
öfter   *quite often*
ohne   *without*
das Olympia-Stadion   *Olympic stadium*
die Ordnung   *order*
organisatorisch   *organisational*
originell   *original; funny*
der Ort (-e)   *place, village*
örtlich   *locally*
die Ortschaft (-en)   *place, village*
der Ortsfriede   *peace in the village*
die Ortsgruppe (-n)   *local group*
der Ortsteil (-e)   *local district*
ostasiatisch   *from East Asia*
die Osterferien (pl.)   *Easter holidays*
das Osterfest ⎫
Ostern   ⎬ *Easter*
Österreich   *Austria*
Ostpreußen   *East Prussia*

P

das Paar (-e)   *couple*
ein paar   *some*
die Panne (-n)   *breakdown*
parken   *to park*
die Partei (-en)   *party, side*
die Partnerstadt (¨e)   *twin town*
passieren*   *to happen*
pendeln*   *to commute*
die Pension (-en)   *boarding house*
per   *by*
persönlich   *personal(ly)*
der Pfarrer (-)   *parson, vicar*
die Pflanze (-n)   *plant*
die Pflege   *care*
pflegen   *to care, attend to*

die Pflicht (-en)   *duty*
der Pförtner (-)   *doorkeeper*
der Photograph (-en)   *photographer*
photographieren   *to take pictures*
die Physik   *physics*
die Piste (-n)   *ski-run*
planen   *to plan*
der Platz (¨e)   *room, seat; square*
plötzlich   *suddenly*
der Pluspunkt (-e)   *point in favour*
das Podium (-ien)   *stage, rostrum*
die Politik   *politics, political line*
die Polizei   *police*
das Praktikum   *practical studies, work*
praktisch   *practically*
praktizieren   *to practise*
der Preis (-e)   *price*
preisgünstig   *good value*
die Preisverteilung (-en)   *prize-giving*
die Premiere (-n)   *first night*
der Preuße (-n)   *Prussian*
prinzipiell   *as a matter of principle*
die Privatpraxis   *private practice*
das Privatzimmer (-)   *room with breakfast*
pro   *per*
die Probe (-n)   *rehearsal; test; (wine) tasting*
proben   *to rehearse*
die Probenarbeit (-en)   *rehearsal*
die Probenzeit   *rehearsal time*
probieren   *to try, taste (wine)*
Prost!   *cheers!*
das Prozent (-e)   *per cent*
prüfen   *to test*
das Publikum   *audience, public*

Q

qualifiziert   *requiring qualifications*

R

der Radball   *bicycle polo*
das Radrennen   *cycle racing*
der Rasenmäher (-)   *lawn mower*
der Rasierapparat (-e)   *shaver*
sich rasieren   *to shave*
raten   *to advise*
das Rathaus (¨er)   *town hall*
das Rätsel (-)   *puzzle*
raufholen (= heraufholen)   *to bring upstairs*
der Raum (¨e)   *space; area*
die Räumlichkeit (-en)   *room, accommodation*
rausfahren* (= herausfahren)   *to go, drive out*
rauskommen (= herauskommen)*   *to come out*

raussuchen (= heraussuchen) *to choose, pick out*

die Realschule (-n) *secondary school (leading to* Mittlere Reife)

rechnen *to count*

recht *fairly; alright*

rechts *(on the) right*

der Redner (-) *speaker*

rege *lively, active*

die Regel (-n) *rule*

regelmäßig *regular(ly)*

der Regen *rain*

regnen *to rain*

die Reiberei (-en) *friction, quarrel*

reichen *to be sufficient, adequate*

die Reihe (-n) *number, series*

rein (= hinein) *into*

reinführen (= hineinführen) *to dump*

die Reinigung (-en) *dry cleaners*

reinkommen* (= hereinkommen) *to put in*

reinpacken (= hereinpacken) *to pack in*

reinsehen (= hereinsehen) *to look in*

reinstellen (= hereinstellen) *to stand in*

die Reise (-n) *journey*

Gute Reise! *have a pleasant trip*

das Reisebüro (-s) *travel agency*

der Reiseleiter (-) *guide, courier*

reisen* *to travel*

reiten* *to ride*

der Reiter (-) *horseman*

der Religionsunterricht *religious education*

renovieren *to redecorate, renovate*

der Rentner (-) *pensioner*

die Reparatur (-en) *repair*

reparieren *to mend, repair*

das Repräsentationsbüro (-s) *representative branch office*

restlich *remaining*

der Rettich (-e) *radish*

der Rhythmus (-men) *rhythm*

richten *to repair, put in order*

sich richten nach *to depend on*

richtig *right, real; properly, really*

die Richtung (-en) *direction*

riechen *to smell*

der Rohbau *semi-finished building*

die Rolle (-n) *part, role*

römisch *Roman*

der Rosenmontagszug *carnival procession on last Monday before Lent*

rot *red*

rüber (= herüber) *across*

die Rücksicht (-en) *consideration*

der Rückweg (-e) *return journey*

rufen *to call*

die Rufnummer (-n) *telephone number*

die Ruhe *peace, quiet*

ruhig *peaceful(ly), quiet(ly)*

rühren *to move, stir*

rum (= herum) *about*

rumbringen (= herumbringen) *to spend*

rund um *right round*

die Runde (-n) *round*

der Rundfunk *radio*

der Rundgang (-̈e) *stroll, walk (e.g. round the town)*

runterfallen* (= herunterfallen)* *to fall down*

runtergehen* (= heruntergehen) *to go down, walk down*

runterkommen* (= herunterkommen)* *to go, come down*

rustikal *rustic*

S

der Saal (*pl.* Säle) *hall*

die Sache (-n) *thing, affair*

sagen *to say*

die Saison (-s) *season*

das Salz *salt*

die Sammelkarte (-n) *multiple journey ticket*

sammeln *to collect*

die Sammlung (-en) *collection*

samstags *Saturdays*

die Sängerin (-nen) *singer (fem.)*

die Sauberkeit *cleanliness*

sauer *sour*

schade: es ist schade *it's a pity*

wie schade! *what a pity*

der Schaden (-̈) *damage*

schaffen *to manage, achieve*

die Schallplatte (-n) *record*

die Schande *shame*

die Schau *show, spectacle, fuss*

schauen *to look*

die Schauer (*pl.*) *showers*

der Scheibenwischer (-) *windscreen wiper*

scheinen *to shine*

scheitern* *to fail*

das Scherblatt (-̈er) *cutting blade*

schicken *to send*

das Schiff (-e) *ship*

schlafen *to sleep*

der Schlamm *sludge*

schlecht *bad*

der Schleier (-) *veil*

schließen *to close*

schließlich *after all; eventually*

schlimm *bad*

die Schlingpflanze (-n) *type of water weed*

das Schloß (¨sser) *castle, palace*

der Schluß *the end;*

zum Schluß *in the end*

der Schlüssel (-) *key*

das Schmankerl (-n) *Bavarian speciality*

schmecken *to taste;* es schmeckt mir *I like (the taste of) it*

der Schmuck *jewellery*

der Schnee *snow*

schneiden *to cut*

schneien *to snow*

schnell *quick(ly)*

schon *already*

schon lange *for a long time*

schön *nice, beautiful*

der Schreck *shock, fright*

schrecklich *terrible, awful*

schreiben *to write*

der Schreibtisch (-e) *writing desk*

schreien *to shout*

das Schuhgeschäft (-e) *shoe shop*

die Schuld (-en) *debt*

die Schule (-n) *school*

der Schüler (-) *pupil*

die Schülerin (-nen) *(girl) pupil*

die Schulzeit (-en) *school hours*

der Schützenmeister (-) *president of rifle club*

der Schützenverein (-e) *rifle club*

schwach *weak*

schwarz *black*

der Schwarzwald *Black Forest*

die Schweiz *Switzerland*

schwer *difficult, heavy, heavily*

schwerfallen* *to find difficult*

die Schwester (-n) *sister*

die Schwesternhelferin (-nen) *junior nurse*

die Schwiegereltern (*pl.*) *parents-in-law*

die Schwiegermutter (¨) *mother-in-law*

schwierig *difficult*

die Schwierigkeit (-en) *difficulty*

das Schwimmbad (¨er) *swimming pool*

schwimmen* *to swim*

der See (-n) *lake*

die Seele (-n) *soul*

der Segelflieger (-) *glider pilot*

der Segelflug (¨e) *gliding*

das Segelflugzeug (-e) *glider*

segeln *to sail, go sailing*

die Sehbehindertenschule (-n) *school for partially sighted pupils*

sehen *to see*

sehenswert *worth seeing*

die Sehenswürdigkeit (-en) *place or thing worth seeing*

sein* *to be*

die Seite (-n) *page, side*

die Sekretärin (-nen) *secretary*

der Sekt *champagne*

selber } *myself, yourself, itself, etc.;*

selbst } *personally*

selbständig *independent*

die Selbsterfahrungsgruppe (-n) *group therapy*

selbstverständlich *of course*

selten *rare(ly)*

die Sendung (-en) *broadcast*

der Senioren-Paß (¨sse) *senior citizen's pass*

senkrecht *down (in crossword)*

sich setzen *to sit down*

sicher *sure(ly)*

die Sicherheit *security*

sicherlich *surely*

die Siedlung (-en) *housing estate*

die Silbe (-n) *syllable*

das Silbenrätsel (-) *syllable puzzle*

sitzen *to sit*

die Sitzung (-en) *meeting*

der Sitzungssaal (-säle) *conference room or hall*

skifahren } *to ski*

skilaufen }

so *so, like that, such*

sofort *immediately*

sogar *even*

sogenannt *so-called*

solche *such*

solide *steady, stable*

sollen *to be supposed*

soll ich? *shall I, should I?*

der Sommer (-) *summer*

das Sonderangebot (-e) *special offer*

sondern *but*

die Sonne (-n) *sun*

der Sonnenschein *sunshine*

sonntags *Sundays*

sonst *otherwise*

die Sorge (-n) *worry*

sich Sorgen machen *to worry*

sorgen (für) *to care for, ensure*

die Sorte (-n) *sort, kind*

soweit *as far as*

sowohl ... als auch *as well as*

sozusagen *so to speak*

Spanien *Spain*

sparen *to save*

der Spaß *fun*

spaßhalber *for fun*

spät *late*

der Spätdienst *late duty, evening shift*
die Spätvorstellung (-en) *late performance*
spazierengehen* *to go for a walk*
die Sperre (-n) *barrier*
speziell *special(ly)*
das Spiel (-e) *play, game*
spielen *to play*
die Spitze *peak time*
Sport treiben *to go in for sports*
die Sportart (-en) *type of sport*
die Sporthochschule (-n) *College for Physical Education*
der Sportler (-) *sportsman*
sportlich *sporty, sporting*
die Sprache (-n) *language*
sprechen *to speak*
die Sprecherin (-nen) *(woman) announcer*
die Sprechstunde (-n) *surgery hours*
springen* *to jump*
das Sprudelwasser *soda water*
die Staatsangestellte (-n) *civil servant (woman)*
die Stadt (-e) *town, city*
die Stadtbesichtigung (-en) *sightseeing tour (of town)*
der Stadtbummel *stroll around the town*
die Stadtmitte (-n) *town centre*
der Stadtrand *outskirts of the town*
das Stadtzentrum (-zentren) *town centre*
stammen (aus) *to originate, come from*
der Stammkunde (-n) *regular customer*
der Stammtisch (-e) *table reserved for regular customers*
ständig *constant(ly), permanent(ly)*
stark *strong(ly), heavy*
stattfinden *to take place*
stecken *to stick, put*
stehen *to stand; suit*
steht auf *is written on*
steigen* *to climb, rise*
die Stelle (-n) *place, job*
stellen *to put, stand*
das Stellenangebot (-e) *job offer*
stellenweise *in parts*
die Stellung (-en) *position*
der Stellvertreter (-) *deputy, substitute*
stempeln *to stamp*
der Stern (-e) *star*
das Steuer (-) *steering wheel*
die Steuer (-n) *tax*
die Stimme (-n) *voice*
stimmen *to be correct*
es stimmt *that's right*
die Stimmung (-en) *mood*
der Stoff (-e) *material*

stören *to disturb*
stottern *to splutter, stammer*
der Strand (-e) *beach*
die Straße (-n) *street, road*
die Straßenbahn (-en) *tram*
die Straßenwacht *road patrol service*
streichen *to paint*
der Streifen (-) *section; stripe*
die Streifenkarte (-n) *multiple journey ticket*
streitend *in dispute*
streng *strict*
der Streß *pressure, nervous strain*
das Stück (-e) *piece, play*
der Studienplatz (-e) *university place*
studieren *to study*
das Studium (pl. Studien) *studies*
die Stunde (-n) *hour; lesson*
der Stundenlohn (-e) *hourly wage*
der Sturm (-e) *storm*
stürmisch *stormy*
suchen *to look for*
südöstlich *south-east*
die Südsee *South Pacific*
süß *sweet*
die Süße *sweetness*

T

der Tag (-e) *day*
der Tagesablauf *daily routine*
die Tageskarte (-n) *one-day ticket*
die Tageskasse (-n) *daytime box office*
die Tageszeit (-en) *time of day*
täglich *daily*
tagtäglich *day in, day out*
tagsüber *during the day*
die Tante (-n) *aunt*
der Tanz (-e) *dance*
tanzen *to dance*
tapezieren *to paper*
das Taschengeld *pocket money*
tätig *active*
die Tätigkeit (-en) ⎫
das Tätigsein ⎭ *activity*
tatsächlich *really*
tauchen *to dive*
taufen *to christen*
tauschen *to swap*
die Technik *technology*
der Techniker (-) *technician*
der Tee *tea*
die Teestube (-n) *tea room*
teilnehmen *to take part*
teilweise *in parts, partly*
telefonisch *by phone*
der Termin (-e) *appointment*

die Terrassenwohnung (-en)   *flat with terrace*

teuer   *expensive*

der Teufel (-)   *devil*

die Theatersaison (-s)   *theatre season*

das Thema (*pl.* Themen)   *topic, theme*

tief   *deep, low*

das Tier (-e)   *animal*

der Tierarzt (¨e)   *vet*

das Tischtennis   *table tennis*

die Tochter (¨)   *daughter*

todunglücklich   *desperately unhappy*

toll   *fantastic, incredible; crazy*

der Ton (¨e)   *sound*

der Topf (¨e)   *pot*

tot   *dead*

die Tracht (-en)   *traditional dress, national costume*

tragen   *to wear*

trainieren   *to train*

trampen   *to hitchhike*

der Traum (¨e)   *dream*

träumen   *to dream*

(sich) treffen   *to meet*

der Treffpunkt (-e)   *meeting place*

treiben   *to do, go in for, pursue*

trennen   *to separate*

die Trennung (-en)   *separation*

treu   *faithful*

trocken   *dry*

der Trockenrasierer (-)   *electric shaver*

trotzdem   *nevertheless*

tun   *to do*

der Turm (¨e)   *spire; tower*

das Turnen   *gymnastics*

U

die U-Bahn (-en)   *underground, tube*

üben   *to practise*

über   *via, across; about; more than*

überall   *everywhere*

der Überblick (-e)   *summary*

überfahren   *to run over*

übergeben   *to hand over*

überhaupt   *at all, anyway*

überholt   *overhauled*

überlassen   *to leave to someone*

überlegen   *to consider*

die Überlegung (-en)   *consideration, reason*

übermorgen   *the day after tomorrow*

übernehmen   *to take over*

überqueren   *to cross*

übertreiben   *to overdo, exaggerate*

überwiegend   *mainly*

überzeugen   *to convince*

übrig   *remaining*

die Übung (-en)   *exercise*

das Ufer (-)   *river bank*

die Uhr (-en)   *watch, clock, o'clock*

das Uhrengeschäft (-e)   *watch-maker's*

um   *at; in order to; around*

sich umdrehen   *to turn round*

die Umfrage (-n)   *survey, opinion poll*

die Umgebung (-en)   *surroundings*

umgehen   *to deal with*

die Umgehungsstraße (-n)   *by-pass*

umliegend   *in the surroundings*

sich umschauen   *to look round*

der Umstand (¨e)   *circumstance*

die Umweltverschmutzung   *pollution*

umziehen*   *to move*

sich umziehen   *to change (clothes)*

der Umzug (¨e)   *move; procession*

die Umzugsleute (*pl.*)   *people helping with the move; removal men*

unbedingt   *absolute(ly)*

und so weiter (usw.)   *and so on (etc.)*

ungefähr   *approximate(ly)*

ungewöhnlich   *unusual*

ungleich   *uneven(ly)*

ungünstig   *unfavourable*

unheimlich   *tremendous(ly)*

unregelmäßig   *irregular*

unser   *our*

unten   *below*

unter   *under; below*

unterbrechen   *to interrupt*

untergebracht   *housed*

unterhalten   *to entertain*

sich unterhalten   *to talk (with someone)*

die Unterhaltung (-en)   *conversation*

unternehmen   *to undertake*

das Unternehmen (-)   *enterprise*

der Unterricht   *lessons, instruction*

die Unterrichtsstunde (-n)   *lesson*

die Unterrichtsvorbereitung (-en)   *lesson preparation*

unterschiedlich   *variable, different*

unterschreiben   *to sign*

unterstützen   *to support*

unterwegs   *on the way, on the road*

unzufrieden   *discontented*

der Urlaub   *leave, holiday*

ursprünglich   *originally*

usw (= und so weiter)   *etc.*

V

der Vater (¨)   *father*

die Veranstaltung (-en)   *event, function*

verbessern   *to improve*

die Verbindung (-en)   *connection*

verbreitet *widely held, popular*
verbrennen *to burn*
verbringen *to spend (time)*
verdeutschen *to put into proper German*
verdienen *to earn (money)*
die Verdienstmöglichkeit (-en) *opportunity to earn money*
der Verein (-e) *society, club*
vereinzelt *scattered*
sich verfahren *to get lost (driving)*
verfehlen *to miss*
verfolgen *to follow*
verfrachten *to dispatch*
verfügen *to dispose (of)*
zur Verfügung *at my (your) disposal*
vergessen *to forget*
das Vergnügungsviertel (-) *amusement quarter*
sich verhalten *to behave, conduct oneself*
das Verhältnis (-se) *relationship*
verhältnismäßig *comparative(ly)*
verheiratet *married*
verkaufen *to sell*
der Verkäufer (-) *shop assistant (man)*
die Verkäuferin (-nen) *shop assistant (woman)*
der Verkehr *traffic*
das Verkehrsamt (¨er) *tourist office*
das Verkehrsmittel (-) *means of transport*
der Verkehrsunterricht *kerb drill*
verkracht (*slang*) *bankrupt*
verlängert *renewed*
verlassen *to leave*
sich verlaufen *to get lost (walking)*
verlieren *to lose*
sich verloben *to get engaged*
vermachen *to leave (legacy)*
vermieten *to let*
verreisen* *to go away, go on a trip*
verschieden *different*
das Verständnis *understanding, sympathy*
verstehen *to understand*
sich verstehen (mit) *to get on with*
versuchen *to try*
der Vertrag (¨e) *contract*
sich vertragen *to get on*
vertrinken *to spend on drink*
die Verwaltung *administration*
der Verwandte (-n) *relation*
die Verwandtschaft (-en) *relations, relatives*
viel *much, a lot*
vielleicht *perhaps*
vielseitig *varied*
der Viersitzer (-) *four-seater*

das Viertel (-) *quarter*
die Viertelstunde (-n) *quarter of an hour*
der Volkslauf *cross-country race*
die Volksschule (-n) *elementary school*
der Volkstanz (¨e) *folk dance*
voll *full*
vollkommen *perfect*
von *from; by*
von . . . her *from*
vor *from; ago; to (time)*
vor allem *above all*
der Vorabend (-e) *evening before*
vorbeifahren* *to drive past*
vorbeikommen* *to pass by*
vorbereiten *to prepare*
die Vorbereitung (-en) *preparation*
vorgehen* *to happen*
vorhaben *to plan*
der Vorhang (¨e) *curtain*
vorher *previously, beforehand*
vorherbestimmt *predetermined*
die Vorhersage (-n) *forecast*
vorkommen* *to happen*
die Vorliebe *preference*
vormittags *in the morning*
der Vorort (-e) *suburb*
der Vorschlag (¨e) *suggestion*
vorschlagen *to suggest*
der Vorsitzende (-n) *chairman*
vorstellen *to present, introduce*
sich vorstellen *to imagine*
die Vorstellung (-en) *performance*

W

waagerecht *across (in crossword)*
wachsen* *to grow*
der Wagen (-) *car*
die Wahl *choice*
wählen *to choose*
wahnsinnig viel *an enormous amount*
wahr *true*
nicht wahr? *isn't that so?*
während *during*
wahrscheinlich *probably*
der Wald (¨er) *wood, forest*
die Wand (¨e) *wall*
wandern* *to walk*
der Wanderer (-) *hiker*
die Wanderung (-en) *walking tour*
die Ware (-n) *goods*
wäre (-n) *would be*
wärmsten; am wäarmsten *warmest*
warten *to wait*
warum *why*
was (= etwas) *something, anything*
was für *what kind of*

waschen *to wash*
das Wasser *water*
der Wecker (-) *alarm clock*
weg *away*
der Weg (-e) *way*
wegen *because of*
wegfahren* *to leave, drive off*
wegnehmen *to take away*
der Wegweiser (-) *signpost*
Weihnachten (*pl.*) *Christmas*
weil *because*
weinen *to cry*
der Weinkenner (-) *wine connoisseur or expert*
weiß *white*
ich weiß *I know*
die Weißwurst (⁻e) *type of Bavarian sausage*
weit *far*
weit darüber hinaus *far beyond it*
weiterarbeiten *to go on working*
weiterfahren* *to continue one's journey*
weiterführen *to continue, run (business, club etc.)*
weitergehen* *to go further*
welche *which; some*
die Welt *world*
wenig *little, few*
die Werbung (-en) *publicity, advertising*
werden* *to be, become, get*
werfen *to throw*
werten *to assess*
das Wetter *weather*
der Wetterbericht (-e) *weather report*
die Wetterkarte (-n) *weather chart*
die Wettervorhersage (-n) *weather forecast*
der Wettkampf (⁻e) *competition, contest*
wichtig *important*
wie *how; as*
wieder *again*
wiederholen *to repeat*
wiederum *once more*
wieso *why*
wieviel *how much, how many*
wieviele *how many*
der Winzer (-) *wine grower*
wirklich *really*
die Wirtin (-nen) *hostess, landlady*
die Wirtschaft (-en) *pub, inn*
die Wirtschaftslehre *economics*
wissen *to know*
Wissenswertes *worth knowing*
der Witz (-e) *joke*
die Woche (-n) *week*
das Wochenende (-) *weekend*

wochenlang *for weeks*
wofür *what for*
woher *where from*
wohin *where to*
wohl *presumably*
sich wohl fühlen *to feel happy, content*
wohnen *to live*
die Wohngegend (-en) *residential area*
das Wohnhaus (⁻er) *block of flats, house*
die Wohnung (-en) *flat*
das Wohnzimmer (-) *living room*
der Wolfspelz (-e) *wolfskin*
die Wolke (-n) *cloud*
wolkig *cloudy*
wollen *to wish, want*
das Wort (⁻er) *word*
das Wortspiel (-e) *word game*
wovon *of what*
wunderbar
wunderschön } *wonderful*
wundervoll
der Wunsch (⁻e) *wish*
wünschen *to wish*
der Wunschtraum (⁻e) *dream of one's life*
würde (-n) *would*
würzen *to spice*
würzig *full of flavour, spicy*

Z
zahlen *to pay*
der Zahnarzt (⁻e) *dentist*
die Zauberflöte *Magic Flute*
z.B. (= zum Beispiel) *e.g.*
zeigen *to show*
die Zeit (-en) *time*
zur Zeit *at present*
der Zeitpunkt (-e) *point in time*
der Zeitraum (⁻e) *space of time*
die Zeitung (-en) *newspaper*
das Zelt (-e) *tent*
der Zeltplatz (⁻e) *camp-site*
ziehen* *to move*
ziehen *to pull; draw*
die Ziehharmonika (-s) *accordion*
ziemlich *rather*
das Zimmer (-) *room*
zirka (= ca.) *approximately*
die Zitrone (-n) *lemon*
der Zölibat *celibacy*
der Zucker *sugar*
zuerst *(at) first*
zufällig *by chance*
zufassen *to take*
zufrieden *satisfied*
der Zug (⁻e) *train*
zugleich *at the same time*

zukommen* *to fall to*
die Zukunft *future*
die Zulassung (-en) *car registration
   certificate, licence*
zumal *particularly, since*
zunächst *first of all*
zunehmen *to increase, grow*
zurück *back*
zurückgeben *to give back (change)*
zurückgehen* *to go back*
zurückkehren* *to return*
zurücklassen *to leave (behind)*
zusammen *together*
zusammenarbeiten *to work together*
zusammensetzen *to assemble*
der Zustand (¨e) *state, condition*
zuviel *too much*
zwanglos *informal*
zwar *indeed*
zweimal *twice*
zweitens *secondly*
die Zweitwohnung (-en) *second home*
zwischen *between*
zwischendurch *in between*
der Zwositzer (= Zweisitzer) (-) *two-
   seater*

*Acknowledgment is due to the following for permission to
reproduce photographs:-*

FRAU BALSAM page 82; BARNABY'S PICTURE LIBRARY page 94 top left;
FRAU BIRNSTIEL: page 56; ALASTAIR BISSETT page 164;
BUNDESBILDSTELLE, BONN page 172(b); CAMERA PRESS LTD (Wallace
Driver) page 90; FRAU DENNING page 37 right; DEUTSCHE
BUNDESBAHN page 51; DEUTSCHER SPORTBUND (Albrecht Gaebele)
page 44; HANS ECVTLER page 187; JUTTA ELSHOLTZ page 147; HERR
EßER page 110 left; FRAU ESSER page 37 left; FESTKOMITEE DES
KÖLNER KARNEVALS page 96; FOTO BURKHARD page 168;
FOTO-ZELLERHOFF page 97; FREMDENVERKEHRSAMT BAMBERG page
107; FREMDENVERKEHRSAMT DÜSSELDORF page 94 bottom left;
FREMDENVERKEHRSAMT LANDESHAUPTSTADT MÜNCHEN pages 99,
100, 108; FREMDENVERKEHRSVERBAND MÜNCHEN-OBERBAYER page
183 top; FREMDENVERKEHRSVEREIN GÖTTINGEN page 95 top right;
GERMAN NATIONAL TOURIST OFFICE page 183 bottom left; BABETTE
HERBST page 175; HERSBRUCKER ZEITUNG page 191; HESSISCHER
RUNDFUNK (Kurt Bethke) page 135; FANDA HOLUBOVSKY page 74;
VOLKMAR HORCHER page 176; ERNST ITTNER page 113; JOSEPH
JOERGER pages 165 & 188; HERR JURICH page 65; SULTANA
KATSIGIANNIS page 122 left; ANDREA KUNERT page 54; SABINE
KYNAST page 110 right; HERR LINNARTZ page 88; FRL. LOLI page 122
centre; HERTA LUTZ page 149; ANNE MARTINSDORF page 55; FRAU
MARTINSDORF page 29; W. MÜLLER page 24; ERIKA MUNDORF page
45; OLYMPIA PHOTOS page 103; PHOTO KINO RUDOLF GIGL pages 157,
166, 172(c); EBERHARD PFADLER pages 46, 73; FRL. POSL page 119;
SABINE RAUTENBERG pages 28, 81; HEINRICH REICHART page 186;
WOLFGANG SCHNEIDER page 120; DOMENICO DE SENA page 122 right;
HERR SIERON page 10; STAATLICHE LANDESBILDSTELLE HAMBURG page
94 top right; STAATSTHEATER AM GÄRTNERPLATZ (Oda Sternberg)
pages 137, 138, 139, 140; ANITA STERNER page 130; STUDIO TANNER
page 183 bottom right; SÜDDEUTSCHER VERLAG page 172(a);
VERKEHRSAMT BERLIN page 95 top left; VERKEHRSAMT DER STADT
KÖLN page 9; VERKEHRSVEREIN HAMELN page 94 bottom right;
ERNST WEEBER page 177; DR. W. WEIMER page 102; HERR WILLEKEN
page 12; FRL. WITT page 39; Z.D.F. page 118.

The following photographs were taken by RODNEY MANTLE:-
pages 10, 12, 37 left, 55, 81 and 82.

Acknowledgment is also due to:

J.P. BACHEM for the cartoon on page 18; PETER HAGENAUER for the
cartoon on page 60; STERN PIX FEATURES for the cartoon on page
70; WESTFALEN-BLATT for the advertisement on page 78.